“一带一路”倡议下中国对外直接投资模式研究

宋勇超　周广亮◎著

中国经济出版社
CHINA ECONOMIC PUBLISHING HOUSE
北 京

图书在版编目（CIP）数据

“一带一路”倡议下中国对外直接投资模式研究 / 宋勇超，周广亮著 . -- 北京：中国经济出版社，2021.11（2023. 8 重印）

ISBN 978-7-5136-6700-5

Ⅰ . ①一… Ⅱ . ①宋… ②周… Ⅲ . ①对外投资 - 直接投资 - 投资模式 - 研究 - 中国 Ⅳ . ① F832.6

中国版本图书馆 CIP 数据核字（2021）第 212370 号

责任编辑　张　户
责任印刷　巢新强
封面设计　久品轩

出版发行　中国经济出版社
印 刷 者　北京建宏印刷有限公司
经 销 者　各地新华书店
开　　本　710mm×1000mm　1/16
印　　张　18
字　　数　250 千字
版　　次　2021 年 11 月第 1 版
印　　次　2023 年 8 月第 2 次
定　　价　88.00 元
广告经营许可证　京西工商广字第 8179 号

中国经济出版社 **网址** www.economyph.com **社址** 北京市东城区安定门外大街 58 号 **邮编** 100011
本版图书如存在印装质量问题，请与本社销售中心联系调换（联系电话：010-57512564）

Preface 前言

自“一带一路”倡议提出以来，中国与沿线各国的经贸合作不断推进，生产要素流动趋向纵深发展，国际投资便利化程度显著提高。商务部公布的数据显示，2019 年中国对“一带一路”沿线国家非金融类直接投资额为 150.4 亿美元，占全年对外直接投资总额的 13.6%。2013—2019 年，中国对“一带一路”沿线国家直接投资累计超过 1000 亿美元，年均增长率为 3.6%。

从全球价值链的视角来看，中国对“一带一路”沿线国家的直接投资加快了生产要素有序自由流通，提高了资源配置效率，促进了市场需求的深度融合，实现了更高水平、更深层次、更广范围的价值链分工，这与“一带一路”沿线国家积极融入全球价值链、实现经济快速发展、提升本国国际竞争力的愿景不谋而合。应当看到，“一带一路”框架下的国际直接投资，既有利于上、下游产业链协同布局，实现紧密衔接、生产融合的价值链分工新格局，又有利于通过企业集群式发展、链条式转移，有效加快生产要素的跨国流通，为全球价值链的升级拓展新的发展思路。在“一带一路”倡议的背景下，如何提高中国企业对外直接投资水平、优化投资模式，是一个重要的现实问题。

本书从全球价值链的视角研究对外直接投资模式，是研究视角上的拓展。随着国际分工的进一步加深，产品生产过程被不断细化，不同国家、不同规模的企业根据自身竞争优势融入跨国生产体系，形成全球价值链。本书首先从全球价值链的嵌入位置和附加值两个维度，对跨国公司在全球价值链中的地位进行客观评价，分析其对 OFDI 模式的影响，其次在理论分析的基础上，结合对外直接投资过程中的具体问题，提出差异化的多元投资模式。同时，由于不同的对外直接投资模式具有不同的协调成本，跨国公司也需要承担不同的风险、投入不同的资源，因此对外直接投资绩效存在差异。本书在模型构建的基础上，进一步探讨上述模式的投资绩效。

本书以“一带一路”倡议为背景，以当前中国对外直接投资中的制约因素为切入点，融合全球价值链理论、国际直接投资理论、竞争优势理论，构建“全球价值链地位—投资模式—投资绩效”的分析框架，并有针对性地提出中国对“一带一路”沿线国家直接投资模式；使用微观企业数据对理论模型进行实证分析，提出针对优化“一带一路”沿线国家投资模式的对策建议，具体研究内容如下。

一是对中国向“一带一路”沿线国家直接投资的现状研究。本书在世界经济新格局、地区经济新形势的大背景下，分析推进“一带一路”建设的国际环境；从加强地区协调发展、化解过剩产能等角度，分析“一带一路”倡议的国内环境；从推动经贸合作、规避贸易壁垒等方面，阐述“一带一路”沿线国家直接投资面临的机遇和挑战。本书运用指数分析法、统计分析法等，对中国向“一带一路”沿线国家直接投资的存量、流量及产业分布进行科学评判，总结投资主体结构的发展趋势及主要特征。本书系统梳理了中国在中亚、南亚、东南亚等地区的直接投资现状；从国内企业特征、东道国因素及中外双边关系三个方面，剖析中国对“一带一路”沿线国家直接投资分布的影响因素。本书构建投资区位选择影响因素的指标体系，使用中国对“一带一路”沿线国家直接投资数据，采用面板模型对OFDI区位选择影响因素进行实证研究。

二是在理论层面阐释价值链地位作用于对外直接投资模式的内在逻辑。通过梳理国内外相关论述，本书对全球价值链、对外直接投资模式、对外直接投资绩效等核心概念进行界定；明确对外直接投资的传统模式，总结全球价值链的地位和对外直接投资绩效的度量方法；阐述在经济全球化背景下，从全球价值链角度重构对外直接投资模式分析框架的合理性和重要性。本书融合全球价值链理论、国际直接投资理论、竞争优势理论，通过构建“全球价值链地位—投资模式—投资绩效”的分析框架，揭示价值链地位对投资模式的影响；从全球价值链理论组织分工角度，研究跨国公司的全球化战略，认为企业竞争优势源自价值链活动。各国要素禀赋的差异使跨国公司为了获取竞争优势将价值链环节在全球布局，企业的全球价值链地位决定了对外直接投资的基本格局。

三是本书基于全球价值链视角，构建中国企业对“一带一路”沿线国家直接投资模式。本书从全球价值链嵌入位置和附加值两个维度，将对外直接投资企业细分为四类，并针对其特点提出四种投资模式。位于全球价值链上游、拥有较高附加值的企业，与国际先进水平尚有一定差距，很难依靠技术优势在日益激烈的全球竞争中站稳脚跟，为此本书提出多元发展投资模式，即跨国公司同时在多个相关领域布局，进行多元化生产经营，扩张企业规模，进而提升企业的国际竞争力。位于全球价值链下游，拥有高附加值的营销、服务类企业，在投资过程中可以采取市场渗透投资模式，通过提高生产能力、扩大生产规模、增加产品功能、降低生产成本、拓宽营销渠道等策略，在利用现有产品不断开拓市场的同时，针对不同的市场需求提供新产品，在市场中获得比较优势，从而实现市场扩张。以加工、组装为代表的国内传统制造企业，位于全球价值链下游且产品附加值较低，应采用纵向整合投资模式，通过对上、下游企业优势资源的整合，充分利用产业链作用，加强与相关企业的合作，以提升企业竞争力。上游低附加值企业如钢铁、水泥生产企业等，在国内面临产能过剩、产业链条较短等问题的同时，又在对“一带一路”沿线国家投资的过程中面临复杂的投资环境。资源类企业容易与东道国产生摩擦，可以采取战略联盟投资模式，有效缓解冲突、平衡各方利益诉求、实现合作共赢。

四是本书利用世界投入产出表（WIOD），测算全球价值链位置指数，从嵌入位置和附加值两个维度，对跨国公司全球价值链地位进行评价。本书采用多元离散选择 Logit 模型，并加入影响对外直接投资模式的控制变量，具体包括企业生产效率、国际直接投资经验、东道国市场规模及与中国是否签订双边投资协定等，实证检验价值链地位对投资模式选择的影响；使用中国上市公司与境外投资企业（机构）名录匹配后的数据，采用倾向得分匹配倍差法，以 OFDI 模式对企业创新绩效的影响进行实证研究；以总资产净利润率、主营业务收入为因变量，以对外直接投资模式为自变量，实证检验 OFDI 模式对企业经营绩效的影响。

五是本书总结德国、日本、韩国等的对外直接投资经验，对当前中国对“一带一路”沿线国家直接投资模式进行评述；针对国内企业在“走出去”过程中遇到的现实问题，讨论多元发展投资模式、市场渗透投资模式、纵向整合投资模式和战略联盟投资模式的适用性，并阐述上述四种投资模式的保障措施；结合理论和实证研究得出的基本观点，探寻以政策为引导、以市场为主体、以企业为中心的对外直接投资模式的优化路径，提出对“一带一路”沿线国家直接投资的对策建议。

本书的主要创新点有以下三个方面。

一是基于全球价值链的视角，构建“全球价值链地位—投资模式—投资绩效”的分析框架，进一步丰富对外直接投资模式的理论研究。跨国公司的价值链地位影响企业竞争优势的形成，而且不同的竞争优势与企业对外直接投资模式的选择密切相关，进而决定对外直接投资的基本格局。因此，本书在构建“全球价值链地位—对外直接投资模式”模型时，将企业竞争优势作为中间变量，从全球价值链视角，建立“全球价值链地位—企业竞争优势—对外直接投资模式”的分析框架。同时，由于不同的对外直接投资模式具有不同的协调成本，跨国公司需要承担不同的风险、投入不同程度的资源，因此对外直接投资绩效存在差异。本书根据控制程度、规模经济、学习曲线效应、要素密集度、逆向技术溢出五个传导机制，构建“对外直接投资模式—对外直接投资绩效”的分析框架。

二是针对中国企业对“一带一路”沿线国家直接投资的瓶颈制约，提出相应的投资模式，具有一定的前瞻性，也更加契合“一带一路”建设的发展要求。本书从全球价值链嵌入位置和附加值两个维度，将对外投资企业分为四类，针对其特点提出以下四种投资模式。①多元发展投资模式，即中国对“一带一路”沿线国家进行投资的企业，同时在多个相关领域布局，进行多元化生产经营、扩张企业规模，进而提升企业的国际竞争力。②市场渗透投资模式，即跨国公司在投资过程中通过扩大生产规模、增加产品功能、降低生产成本、拓宽营销渠道等策略，利用现有产品不断开拓市场。同时，针对不同的市场需求提供差异化产品，在市场中获得比较优势，从而实现市场扩张。③纵向整合投资模式，即跨国公司通过对上、下游企业优势资源的整合，充分利用产业链作用，加强与相关企业的合作，以提升企业竞争力。④战略联盟投资模式，即跨国公司通过构建战略联盟实现互利合作，以缓解利益冲突；平衡国内企业和东道国之间的利益诉求，以弥补中国企业在技术、市场等方面的劣势，实现共赢。

三是在理论研究的基础上，运用多元离散选择 Logit 模型，对中国对“一带一路”沿线国家直接投资模式的影响因素进行实证研究；使用中国上市公司与境外投资企业（机构）名录匹配后的数据，采用倾向得分匹配倍差法，以 OFDI 模式对企业创新绩效的影响进行实证研究；以上市公司数据为样本，实证检验中国 OFDI 模式对企业经营绩效的影响；构建投资区位选择影响因素指标体系，使用中国对“一带一路”沿线国家进行直接投资数据，采用面板模型对 OFDI 影响因素进行回归分析。由于本书注重研究方法的综合运用及其适用性，因此研究结论更具说服力。

由于本书项目组成员在知识结构及数据收集方面存在一定局限性，所以本书的研究存在一些不足之处。第一，使用上市公司数据库与商务部《境外投资企业（机构）名录》匹配之后的数据进行研究，未包括非上市企业，因此本书结论的普遍适用性存在一定局限性。第二，未能分析不同投资模式产生的长期绩效。本书仅从静态角度，分析了不同对外直接投资模式产生的经营绩效和创新绩效，但企业对外直接投资是一种长期战略，跨国公司的长期投资绩效值得深入探讨，这也是本书可以进一步深入研究的方向之一。

Contents 目录

第一部分　现状研究篇

第二部分 理论研究篇

第三部分 实证研究篇

第四部分 对策研究篇

第一部分

现状研究篇

第一章 绪 论

2013 年 9 月，习近平主席在出访哈萨克斯坦时提出，要用创新的合作模式共同建设“丝绸之路经济带”。同年 10 月，习近平主席在印度尼西亚发表题为《携手建设中国—东盟命运共同体》的演讲，提出共同建设“21 世纪海上丝绸之路”的重大倡议。“丝绸之路经济带”与“21 世纪海上丝绸之路”合称“一带一路”倡议，其核心要义是坚持共商、共建、共享原则，沿线各国共同面对世界经济新问题，谋求发展新动力，拓展新空间，实现优势互补、互利共赢。自“一带一路”倡议提出以来，越来越多的国家积极响应，共建“一带一路”成为中国积极参与全球开放合作、改善全球治理体系、促进全球共同繁荣、推动构建人类命运共同体的中国方案，在促进生产要素合理流动、实现资源有效配置、推动投资便利化水平等方面发挥着越来越重要的作用。同时，共同建设“一带一路”，既能够有效整合地区生产要素，推动各国共同繁荣发展，也为中国积极融入全球经济合作、参与制定国际经济新秩序提供重要动力支撑。

第一节　研究背景

2015年3月，国家发展改革委、外交部、商务部联合发布《推动共建丝绸之路经济带和21世纪海上丝绸之路的愿景与行动》，全面阐述了“一带一路”建设的框架思路、合作重点和合作机制，这标志着“一带一路”倡议进入全面推进阶段。2017年5月，在北京召开“一带一路”国际合作高峰论坛，多国元首及国际组织领导人参加会议，“一带一路”倡议主张的合作理念得到国际社会的高度认可，“一带一路”倡议由顶层设计进入务实合作阶段。2018年8月，习近平总书记在出席推进“一带一路”建设工作5周年座谈会时提出，今后将搭建更多投融资促进平台，引导有实力的企业到“一带一路”沿线国家开展投资合作，鼓励社会资金合规有序地参与沿线国家的基础设施、资源和能源等开发性项目建设。

自“一带一路”倡议提出以来，中国与沿线各国的经贸合作不断推进，生产要素流动趋向纵深发展，国际投资便利化程度显著提高。其原因一方面是中国经济进入新常态，“稳增长、调结构”成为当前经济发展的主旋律，积极推动优势企业“走出去”，是化解过剩产能的有效举措；另一方面是“一带一路”沿线大多是新兴工业化国家和发展中国家，经济发展水平有待进一步提高，急需外商直接投资以发展经济。同时，与传统经贸合作相比，在“一带一路”倡议下，中国同沿线国家建立一系列合作平台，对外直接投资拥有更多的政策支持和政府间的协调，大大降低了对外直接投资面临的风险，国内企业以此为契机，积极开展对外投资合作。因此，近年来，中国对“一带一路”沿线国家直接投资发展迅速。

商务部公布的数据显示，2019 年中国对“一带一路”非金融类直接投资额为 150.4 亿美元，占全年对外直接投资总额的 13.6%。2013—2019 年，中国对“一带一路”沿线直接投资额累计超过 1000 亿美元，年均增长率为 3.6%。从存量来看，《2018 年度中国对外直接投资统计公报》显示，2017 年末中国对“一带一路”沿线的直接投资存量达 1543.98 亿美元，占对外直接投资存量总额的 8.5%。可以看出，虽然近年来中国对“一带一路”沿线国家投资发展迅速，但整体上占比仍然较低，发展前景十分广阔。另外，中国在“一带一路”沿线国家建设了一批境外经贸合作区，累计投资超过 300 亿美元，带动东道国近 30 万人就业，成为地区经济发展、产业集聚的重要平台。

从全球价值链视角来看，中国对“一带一路”沿线国家的直接投资加快了生产要素有序自由流通，提高了资源配置效率，促进了市场需求的深度融合，实现了更高水平、更深层次、更广范围的价值链分工，这与沿线国家积极融入全球价值链、提升自身国际竞争力、实现经济快速发展的愿景不谋而合。应当看到，“一带一路”框架下的国际直接投资，既有利于上、下游产业链协同布局，实现紧密衔接、生产融合的价值链分工新格局，又有利于通过企业集群式发展、链条式转移，有效加快生产要素的跨国流通，为全球价值链升级拓展了新的发展思路。在“一带一路”倡议的背景下，如何提升中国跨国公司的对外直接投资水平、优化对外直接投资模式，是非常重要的现实问题。

第二节　研究意义

一、理论意义

本书从全球价值链的视角研究对外直接投资模式，是研究视角上的拓展。随着国际分工的进一步加深及产品生产过程的不断细分，不同国家、不同规模的企业根据自身竞争优势融入跨国生产体系，形成全球价值链。本书从全球价值链的嵌入位置和附加值两个维度，对跨国公司在全球价值链中的地位进行客观评价，分析全球价值链地位对OFDI模式的影响。在理论分析的基础上，结合对外直接投资过程中的具体问题，提出差异化的多元投资模式。从全球价值链嵌入位置来看，上游多为技术研发、零配件制造、资源开发等产业，技术研发投入较高且有一定的失败率，为降低风险，跨国公司可采取多元发展投资模式；资源类产业易与东道国产生摩擦，跨国公司应采取战略联盟投资策略，以平衡与东道国的利益关系。下游多为管理营销、加工装配类产业，市场需求对其影响较大，宜采取市场逐步渗透、上下游纵向整合等投资模式。从附加值来看，附加值较低的产业应当重视对优势资源的整合，充分发挥产业链作用，加强与相关企业的合作，以提升企业竞争力；附加值较高的产业应当通过提高研发能力、拓宽营销渠道、合理定位产品、实现规模经济，以达到市场扩张的目的。同时，由于不同的对外直接投资模式具有不同的协调成本，跨国公司需要承担不同的风险、投入不同的资源，因此对外直接投资绩效存在差异。本书在模式构建的基础上，进一步探讨了上述投资模式的绩效，丰富了对外直接投资的理论研究。

二、实践意义

“一带一路”东连极具经济活力的亚太地区，西接经济发展一体化程度较高的欧洲经济圈，中间腹地是自然资源丰富、发展潜力巨大、地缘位置十分重要的中亚、西亚、南亚地区经济体，这为中国企业“走出去”提供了良好的机遇。当前，“一带一路”沿线直接投资的提升空间较大，对“一带一路”沿线国家投资模式的研究具有重要的应用价值。

从微观层面来看，对外直接投资有利于培育具有国际竞争力的跨国公司、知名品牌，逐渐改变中国企业在全球价值链中的被动局面。以往全球价值链多由发达国家的跨国公司主导，引导中国国内有实力的企业到“一带一路”沿线国家开展直接投资，有助于提高中国企业在国际市场上的话语权和影响力；具备实力的龙头企业与海外企业建立战略联盟、开展全方位合作，有利于其融入全球主流商业模式，与国际通行规则接轨，实现从研发、设计到生产、管理能力上的全面提高，提高国内企业的核心竞争力；推动国内企业“走出去”，有利于企业吸纳更多的国际化专业人才，打造开放式创新体系，实现向技术密集型升级。

从产业层面来看，扩大和深化对“一带一路”沿线国家直接投资，有助于中国实现产业的国际转移、化解产能过剩，在全球范围内优化资源配置，促进国内产业转型升级；优化对“一带一路”沿线国家的投资模式，有助于提升“走出去”的水平，实现中国产业布局的全球优化以及资源整合的加速推进；有助于优化投资结构、拓展海外市场，更多地嵌入研发设计、市场营销等高端环节，提升国内产业在全球价值链中的地位。

从宏观层面来看，对外直接投资有利于落实国家的总体部署，推进与“一带一路”沿线国家的经贸合作，促进共同发展，实现互利共赢；有利于打造聚集地区优势要素的新平台，开辟资源整合新渠道，化解资源依赖难题，优化资源配置水平。

第三节　研究内容

本书以“一带一路”倡议为背景，以当前中国对外直接投资的制约因素为切入点，融合全球价值链理论、国际直接投资理论、竞争优势理论，构建“全球价值链地位—投资模式—投资绩效”的分析框架，并有针对性地提出中国企业对“一带一路”沿线直接投资模式，使用微观数据对理论模型进行实证分析，提出优化“一带一路”沿线国家投资模式的对策建议，具体研究内容如下。

第一，对中国“一带一路”沿线国家直接投资现状的研究。本书在世界经济新格局、地区经济新形势下，阐述共建“一带一路”的国际环境；从加强地区协同、化解过剩产能等方面，分析“一带一路”倡议的国内环境；从“一带一路”建设持续推进、全球经济增速下滑等方面，分析“一带一路”沿线直接投资面临的机遇和挑战。运用指数分析法、统计分析法等，对中国向“一带一路”沿线直接投资的流量、存量与产业分布进行科学评判，总结投资主体结构的发展趋势及主要特征。系统梳理中国企业在中亚、中东欧、东南亚等地区的直接投资现状；从国内企业特征、东道国因素及中外双边关系三个方面，研究中国对“一带一路”沿线直接投资分布的影响因素。构建投资区位选择影响因素的指标体系，基于中国对“一带一路”沿线直接投资的数据，通过面板模型对 OFDI 区位选择影响因素进行实证研究。

第二，本书在理论层面阐释了价值链地位对对外直接投资模式的内在逻辑影响。通过梳理国内外相关论述，对全球价值链地位、对外直接投资模式、对外直接投资绩效等核心概念进行界定；明确对外直接投资的传统模式，总结价值链地位和对外直接投资绩效的度量方法；阐述在经济全球化的背景下，从全球价值链角度重构对外直接投资模式分析框架的合理性和重要性。本书融合全球价值链理论、国际直接投资理论、竞争优势理论，通过构建“全球价值链地位—对外直接投资模式—对外直接投资绩效”的分析框架，揭示全球价值链地位对投资模式的影响。

第三，本书基于全球价值链视角，提出中国企业对“一带一路”沿线国家的直接投资模式。本书从全球价值链嵌入位置与附加值两个维度，将对外直接投资企业分成四个类别，并针对其特点提出四种投资模式，即多元发展投资模式、战略联盟投资模式、市场渗透投资模式、纵向整合投资模式。

第四，本书利用世界投入产出表，测算全球价值链位置指数，从嵌入位置和附加值两个维度，对跨国公司的全球价值链地位进行评价。采用多元离散选择 Logit 模型，加入影响对外直接投资模式的控制变量，具体包括企业生产效率、国际直接投资经验、东道国市场规模及与中国是否签订双边投资协定等，实证检验价值链地位对投资模式选择的影响；使用中国上市公司与境外投资企业（机构）名录匹配后的数据，采用倾向得分匹配倍差法，以 OFDI 模式对企业创新绩效的影响进行实证研究；以总资产净利润率、主营业务收入为因变量，以对外直接投资模式为自变量，实证检验 OFDI 模式对企业经营绩效的影响。

第五，本书借鉴德国、日本、韩国等的成功经验，评述当前中国企业对“一带一路”沿线国家直接投资模式；针对国内企业在“走出去”过程中遇到的现实问题，讨论市场渗透投资模式、纵向整合投资模式、战略联盟投资模式的适用性；结合理论研究、实证研究得出的基本观点，探寻以政策为引导、以市场为主体、以企业为中心的对外直接投资模式的优化路径，提出对“一带一路”沿线直接投资的对策建议。

第四节　研究方法

一、系统归纳法

本书梳理了对外直接投资模式的相关文献，追踪学科前沿，明确了有待进一步研究的问题；融合全球价值链理论、国际直接投资理论、竞争优势理论，构建对外直接投资影响因素模型、全球价值链视角下的对外直接投资模式选择模型、对外直接投资模式对投资绩效的影响模型，对现有理论研究进行补充，同时为后续研究打下坚实基础。

二、比较分析法

本书按驱动机制的不同，将全球价值链分为生产者驱动型、购买者驱动型、混合驱动型，并比较跨国公司在不同类型全球价值链中实现升级的关键点；将对外直接投资东道国划分为发达国家和发展中国家，比较分析两种类型对外直接投资对母国价值链升级的不同影响；将“一带一路”沿线国家划分为东南亚、南亚、中亚、西亚、中东欧等地区，研究中国对不同地区进行直接投资时面临的机遇和挑战，并提出针对性的投资策略。

三、博弈分析法

为分析纵向整合模式对跨国公司利润的影响，本书构建一个产品从低端到高端分布的 Hotelling 模型，从企业利润最大化的角度，分析下游低附加值企业进行跨国垂直并购的时机选择及决定因素。博弈分析结果显示，跨国垂直并购之后的利润高于并购之前，纵向整合有助于低端下游企业扩大市场份额、实现产品升级，其战略意义十分突出。

四、计量分析法

本书构建投资区位影响因素的指标体系，使用中国对“一带一路”沿线国家直接投资的数据，通过面板模型对 OFDI 区位选择影响因素进行回归分析；运用多元离散选择 Logit 模型，实证检验价值链地位对投资模式的影响；使用中国上市公司与境外投资企业（机构）名录匹配后的数据，以 OFDI 模式对企业创新绩效的影响进行实证研究；以上市公司数据为样本，采用倾向得分匹配倍差法，实证检验中国 OFDI 对企业经营绩效的影响。

五、案例分析法

本书以利亚德光电股份有限公司为例，分析其对斯洛伐克、印度等“一带一路”沿线国家的投资，探讨上游高附加值企业的多元发展投资模式；以奇瑞汽车股份有限公司开拓俄罗斯市场为例，研究下游高附加值企业对“一带一路”沿线的市场渗透投资模式；以海螺水泥对东南亚的投资为例，探讨上游低附加值企业对“一带一路”沿线的战略联盟投资模式。

第二章

中国对“一带一路”沿线国家直接投资概述

本章首先对中国对外直接投资（Outward Foreign Direct Investment，OFDI）的总体情况、地区及行业分布等进行概述；其次深入分析中国对“一带一路”沿线国家直接投资现状，并结合国内外投资环境，总结中国对“一带一路”沿线国家进行直接投资所面临的机遇和挑战，以及新冠肺炎疫情给中国对外直接投资带来的影响。

第一节　中国对外直接投资的总体概况

一、中国对外直接投资的发展情况

自实施“走出去”战略以来，中国对外直接投资流量整体呈稳中有升的趋势。从投资流量来看，2003—2010年，中国对外直接投资流量增速并不稳定，表现出较大的波动态势；2010年后的对外直接投资流量增速虽有所放缓，但整体发展较为平稳。值得注意的是，2017年中国对外直接投资流量下降了 19.30%；2018 年，中国对外直接投资流量虽然持续下降，但是降幅较上年减少了 9.70%，这是由于近年来中国限制在房地产、酒店、影院等领域的对外直接投资，所以进一步加强对外直接投资的真实性与合规性审查，这也使中国对外投资行业结构得到进一步优化。另外，根据联合国贸易和发展会议公布的《2019 世界投资报告》数据，2018 年中国 OFDI 流量为 1430.4 亿美元，全球排名第 2，在全球国际直接投资总流量中占比达 14.1%，较 2017 年提升了 3 个百分点。总的来说，近年来中国 OFDI 流量呈平稳发展态势，未来将更加注重投资质量的提升，由此导致的短期投资流量下降也在正常范围内。2003—2018 年中国对外直接投资流量情况如图 2-1 所示。

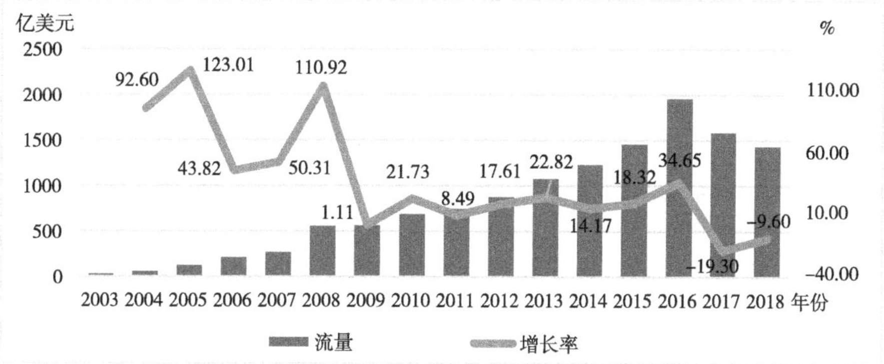

图 2-1 2003—2018 年中国对外直接投资流量

资料来源:《2018 年度中国对外直接投资统计公报》。

对外直接投资存量体现了国内企业“走出去”积累的结果。从图 2-2 可以看出，从 2003 年开始，虽然中国年均 OFDI 存量增长率接近 32%，整体保持较快发展，但随着近几年质量的日益提升，其增速有所放缓。截至 2018 年末，中国对外直接投资存量达 19822.7 亿美元，较上年增加

9.58%。根据《2018 年度中国对外直接投资统计公报》，中国 OFDI 存量在全球总量中占比为 6.4%，较上年提高了 0.5 个百分点，仅次于美国与荷兰，全球排名第 3。其中，虽然美国以 64747 亿美元的投资存量位居榜首，中国投资存量不足其 1/3，但是历年投资公报数据显示，中国与美国的存量差距在不断缩小。

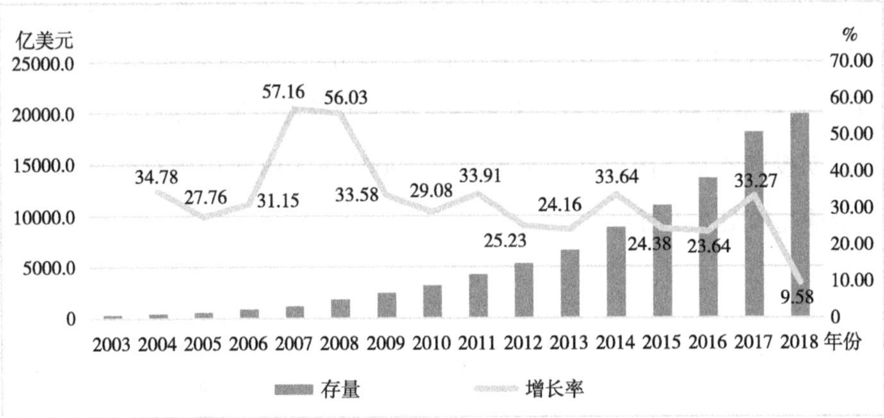

图 2-2　2003—2018 年中国对外直接投资存量

随着中国积极融入世界经济全球化，大量国内企业开始"走出去"，中国对外直接投资开始高于外商直接投资。商务部相关统计数据显示，自 2015 年起，中国连续保持资本净输出态势。其中，2018 年中国资本净输出达 40 亿美元。由此可见，近年来通过积极开展对外直接投资活动，中国由之前的国际直接投资流入国向国际直接投资流出国转变，进一步奠定了中国参与国际竞争、提高国际综合竞争力的基础。同时也表明，改革开放以来，中国在国际收支、资源禀赋、产业结构方面发生了巨大变化，中国凭借对外直接投资，参与国际分工并不断调整自身经济结构，强化了国际竞争地位，逐渐实现向对外直接投资强国的转变。

二、中国对外直接投资的地区分布情况

（一）洲际分布统计

近年来，虽然越来越多的中国企业走向国际舞台，在全球范围内开展投资活动，但仍需要看到，中国对外直接投资区位分布并不平衡。从表2-1可以看出，从2009年开始，中国每年约有80%的对外直接投资主要流向两个地区，即亚洲和拉丁美洲，对非洲和大洋洲的直接投资流量合计不足10%，其中2015年和2016年甚至不足5%。

表2-1 2009—2018年中国对外直接投资流量地区分布 单位：%

年份	亚洲	北美洲	拉丁美洲	欧洲	非洲	大洋洲
2009	71.4	2.7	13.0	5.9	2.6	4.4
2010	65.3	3.8	15.3	9.8	3.1	2.7
2011	60.9	3.3	16.0	11.1	4.3	4.4
2012	73.8	5.6	7.0	8.0	2.9	2.7
2013	70.1	4.5	13.3	5.5	3.2	3.4
2014	69.0	7.5	8.6	8.8	2.6	3.5
2015	74.4	7.4	8.6	4.9	2.0	2.7
2016	66.4	10.4	13.9	5.4	1.2	2.7
2017	69.5	4.1	8.9	11.7	2.6	3.2
2018	73.8	6.1	10.2	4.6	3.8	1.5

资料来源：笔者根据2010—2018年《中国对外直投资接统计公报》计算得出。

中国的OFDI不但在各大洲之间表现出一定的投资差异，而且在同一个大洲内部也具有明显的聚集性。例如，中国近年来对亚洲的直接投资流量中的一半以上流向了中国香港地区；对拉丁美洲的直接投资多数流向了英属维尔京群岛、开曼群岛等地区。

一直以来，亚洲都是中国对外直接投资最重要的目的地之一。2018年，中国对亚洲地区投资流量达1055.1亿美元，占对外投资总额的73.8%，虽然与上年相比，对亚洲直接投资同比下降了4.1%，但是投资流量仍居各大洲之首。中国流向拉丁美洲、北美洲、欧洲、非洲和大洋洲的投资流量分别为146.1亿美元、87.2亿美元、65.9亿美元、53.9亿美元和22.2亿美元。同2017年相比，2018年中国对北美洲、非洲的投资力度进一步加大，对欧洲和大洋洲投资比例有较大幅度下降。2018年，中国向北美洲地区的投资比上年增长34.2%，在总投资额中的占比为6.1%；向非洲的投资达53.9亿美元，同比增长31.5%，在总投资额中的占比为3.8%。与2017年相比，2018年中国对欧洲和大洋洲的投资流量均有不同程度下降，下降幅度分别为64.3%和56.5%。同时可以看到，近年来中国对欧洲的投资份额波动较大，对大洋洲的投资呈逐渐减少的趋势。

截至2018年底，中国共对全球188个国家和地区进行了直接投资，约占全球国家和地区总数的80.7%。中国对亚洲的投资存量为12761.4亿美元，占比超过总额的60%，对亚洲的直接投资存量主要集中在中国香港、新加坡、印度尼西亚等地。对拉丁美洲的投资存量为4067.7亿美元，占总额的20.5%；对欧洲的投资存量为1128亿美元，占总额的5.7%；对北美洲的投资存量为963.5亿美元，占总额的4.9%；对非洲的投资存量为461.0亿美元，占总额的2.3%；对大洋洲的投资存量为441.1亿美元，占总额的2.2%。总体来看，中国对外直接投资存量地区分布具有一定的集聚性，主要分布在亚洲和拉丁美洲，且不同洲际的投资存量分布也集中在一些特定国家和地区。

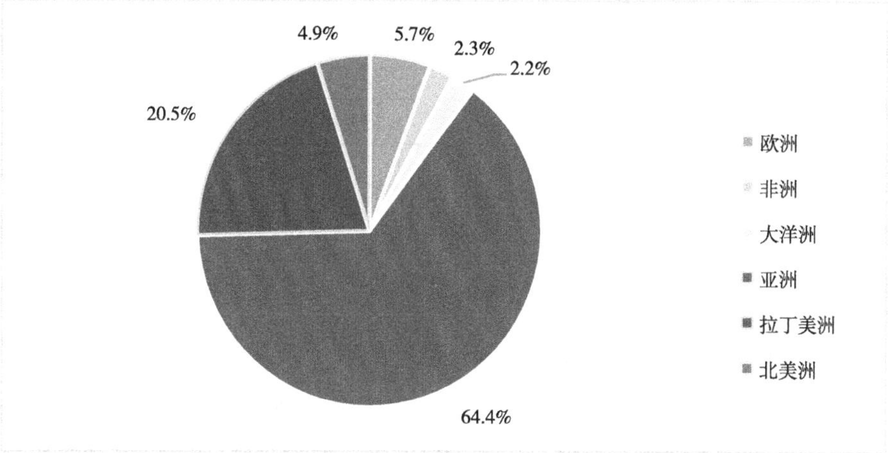

图 2-3 2018 年对外直接投资存量地区占比统计

（二）分国家（地区）统计

根据商务部公布的数据，2018 年中国 OFDI 流量排名前 5 的地区和国家分别是中国香港地区、美国、英属维尔京群岛、新加坡及开曼群岛，对这些地区的累计投资金额达 1133.8 亿美元，占中国 OFDI 流量总额的 79.2%，具体内容见表 2-2。另外，2018 年中国 OFDI 流量中有接近 70% 流向了中国香港地区和英属维尔京群岛，这些地区通常被称为“避税港”，是中国企业开展 OFDI 活动较为集中的地区。

表 2-2 2018 年中国对外直接投资排名前 5 的地区和国家

排名	地区和国家	流量 / 亿美元	占总额比重 /%
1	中国香港地区	868.7	60.7
2	美国	74.8	5.2
3	英属维尔京群岛	71.5	5.0
4	新加坡	64.1	4.5

续表

排名	地区和国家	流量 / 亿美元	占总额比重 /%
5	开曼群岛	54.7	3.8
合计	—	1133.8	79.2

资料来源:《2018 年度中国对外直接投资统计公报》。

表 2–3 为 2018 年中国对主要经济体的投资流量分布，可以看出，中国香港地区、东盟国家、欧盟国家、美国、澳大利亚和俄罗斯是 2018 年中国 OFDI 的主要目的地，其投资流量共计 1196.17 亿美元，占中国 OFDI 投资流量比重的 83.6%。另外，中国 OFDI 在主要经济体中的流量分布相对集中，主要分布在中国香港地区，其 2018 年的投资流量为 868.69 亿美元，占比达 60.7%；其次分布在东盟国家和欧盟国家，投资流量分别为 136.94 亿美元、88.66 亿美元，占比分别为 9.6%、6.2%；对澳大利亚和俄罗斯的投资占比均不足 5%，其中对俄罗斯的投资流量为 7.25 亿美元，占比仅为 0.5%。同 2017 年相比，2018 年中国对美国的投资增加了 16.3%，对其他经济体的投资流量均有不同程度的下降。其中，对澳大利亚和俄罗斯的投资流量下降幅度最大，均下降 53.2%；对东盟国家、中国香港地区及欧盟国家的投资也有所下降，下降幅度分别为 3.0%、4.7% 和 13.6%。

表 2–3　2018 年中国对主要经济体投资流量分布

经济体名称	投资额 / 亿美元	同比 /%	比重 /%
中国香港地区	868.69	–4.7	60.7
东盟国家	136.94	–3.0	9.6
欧盟国家	88.66	–13.6	6.2
美国	74.77	16.3	5.2
澳大利亚	19.86	–53.2	1.4
俄罗斯	7.25	–53.2	0.5
合计	1196.17	–6.4	83.6

表 2–4 显示，截至 2018 年末，中国对外直接投资存量排名前 5 的地区和国家分别是中国香港地区、开曼群岛、英属维尔京群岛、美国和新加坡，累计投资存量达 16157.1 亿美元，共占中国 OFDI 存量总额的 86.7%。结合表 2–2 可知，中国 OFDI 存量分布高度集中在一些国家（地区），中国的对外直接投资地区分布有待进一步优化。

表 2–4 2018 年末中国对外直接投资存量排名前 5 的地区和国家

排名	地区和国家	存量 / 亿美元	占总额比重 /%
1	中国香港地区	11003.9	60.7
2	开曼群岛	2592.2	13.1
3	英属维尔京群岛	1305.0	6.6
4	美国	755.1	3.8
5	新加坡	500.9	2.5
合计	—	16157.1	86.7

从中国对外直接投资经济体构成来看，2018 年末，中国 OFDI 存量主要集中在发展中经济体，投资存量总额达 17085.3 亿美元，占中国对外直接投资存量总额的 86.2%；对发达经济体的投资存量为 2431.7 亿美元，占比为 12.3%；对转型经济体的投资存量相对最少，投资存量额为 305.7 亿美元，占比仅为 1.5%，如图 2–4 所示。

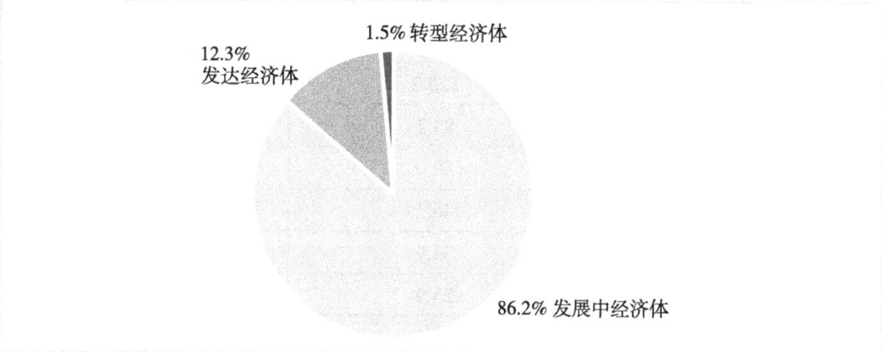

图 2–4 2018 年末中国对各经济体的直接投资存量

根据对不同发展程度经济体的直接投资存量分布可以看出，中国对外直接投资具有明显的聚集性。对发展中经济体的投资存量主要集中在中国香港地区，为 11003.9 亿美元；其次是东盟国家，投资存量为 1028.6 亿美元，占比为 6%。

表 2-5 显示，2018 年末中国对发达经济体的投资存量主要分布在欧盟国家和美国，分别占中国在发达经济体投资存量总额的 37.3%、31.1%；澳大利亚居第 3 位，占比为 15.8%；对其他国家（地区）的投资存量均相对较少。转型经济体中，中国对俄罗斯的投资存量最多，2018 年末为 142.1 亿美元，占转型经济体投资存量总额的 46.5%；排第 2 位的是哈萨克斯坦，投资存量额为 73.4 亿美元，占比 24%。由此可见，中国在不同经济体的直接投资存量具有一定的集聚性，这可能和这些国家（地区）与中国的投资需求较为互补、双方经贸合作较为密切等因素有关。同时，从侧面反映中国需要积极对 OFDI 地区分布进行优化，不断发掘东道国投资潜力，逐步提高本国对外直接投资质量及投资效益。

表 2-5　2018 年末中国对发达国家和地区的直接投资存量

地区和国家	存量 / 亿美元	占比 /%
欧盟国家	907.4	37.3
美国	755.1	31.1
澳大利亚	383.8	15.8
加拿大	125.2	5.1
百慕大	83.2	3.4
瑞士	50.0	2.1
以色列	46.2	1.9
日本	34.9	1.4
新西兰	25.9	1.1
挪威	20.0	0.8
合计	2431.7	100.0

三、中国对外直接投资的三次产业分布情况

从投资流量的三次产业分布来看，2018 年中国对外直接投资主要流向第三产业，投资总额达 1167.4 亿美元，占中国对外直接投资总额的 81.6%，相比 2017 年增加了 1.8 个百分点；流向第一、第二产业的投资额分别为 25.6 亿美元、237.4 亿美元，分别占比 1.8%、16.6%，具体内容如图 2–5 所示。近年来，中国企业在开展对外直接投资的过程中不断调整产业分布，投资重点逐渐转向第三产业，第一、第二产业占比不断缩小，这使得国内产业结构不断优化，促进了相关产业的转型升级。

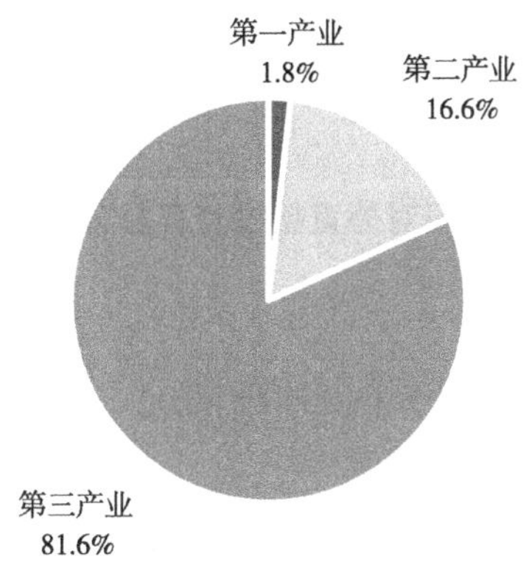

图 2–5　2018 年中国对外直接投资流量（按三次产业划分）

从投资存量的三次产业分布来看，截至 2018 年末，中国对外直接投资存量最多的是第三产业，存量额达 15457.9 亿美元，占比为 78.0%，其主要分布在租赁和商务服务、金融、批发和零售等领域，具体内容如图 2–6 所示。第一产业存量占比最小，投资存量为 128.4 亿美元，占比仅为 0.6%；第二产业介于第一、第三产业之间，投资存量为 4236.4 亿美元，占比为 21.4%，主要集中分布在制造业以及采矿业，这两个行业投资存量均

超过千亿美元，分别为1820.3亿美元、1662.8亿美元，存量分别占比为43.0%、39.3%。

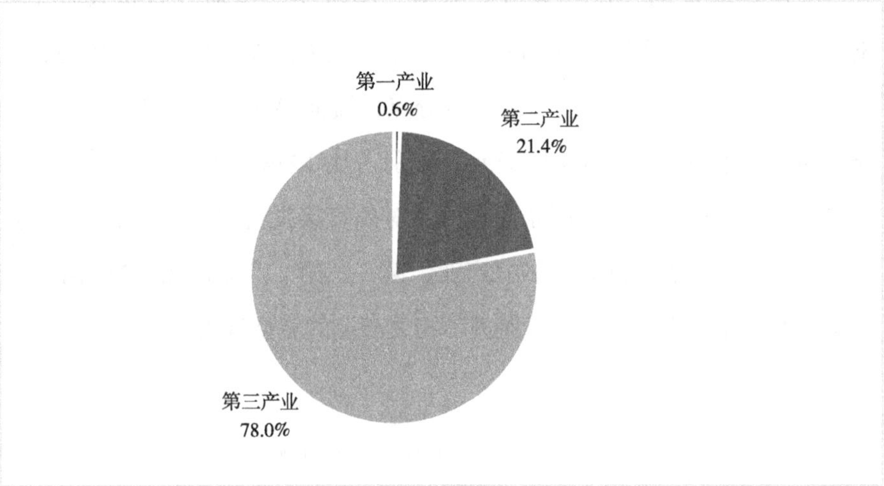

图 2-6　2018 年末中国对外直接投资存量分布（按三次产业划分）

四、中国对外直接投资的行业分布情况

（一）中国对外直接投资流量的行业分布

中国对外直接投资的行业分布较为广泛，涉及18个行业大类。从图2-7可以看出，中国OFDI流量排名前4的行业投资额均超百亿美元，其中租赁和商务服务业以507.8亿美元的投资额居首位；金融业以217.2亿美元的投资额居第二位；第三位是制造业，投资额为191.1亿美元；第四位是批发和零售业，投资额为122.4亿美元。对房地产行业和建筑业的投资与2017年相比均有较大幅度的下降，下降幅度分别达54.9%、59.9%。与2017年相比，中国对采矿业、住宿和餐饮业的投资有所增加，分别增加至

46.3 亿美元、13.5 亿美元。

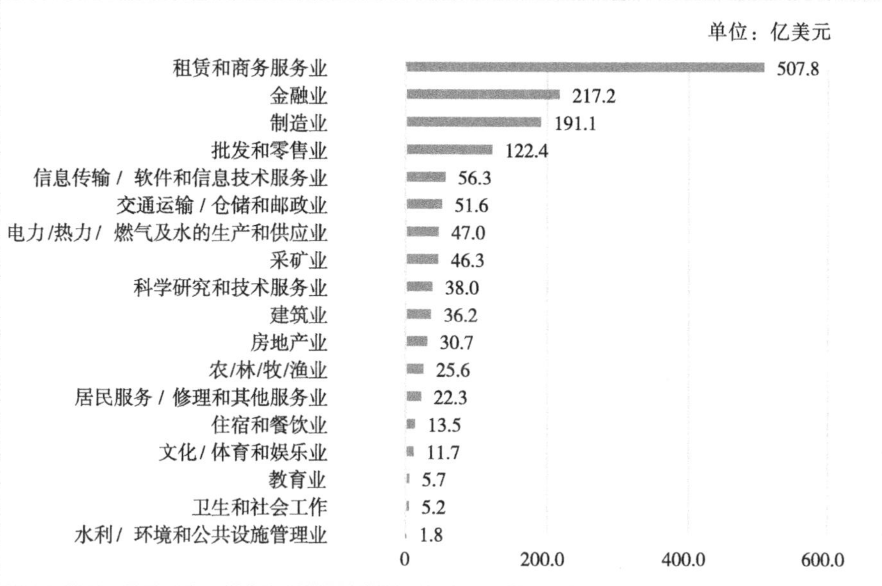

图 2-7 2018 年中国对外直接投资流量（按行业划分）

从增长速度来看（见图 2-8），相比 2017 年，2018 年中国大多数行业的对外投资增速加快，增速最快的两个行业分别为文化 / 体育和娱乐业、教育业，增速分别达 341.1%、328.5%；其他增速较快的行业分别是电力 / 热力 / 燃气及水的生产和供应业、科学研究和技术服务业、卫生和社会工作，同比分别增加 100.6%、59.0%、48.8%。投资流量行业排名前 4 的租赁和商务服务业、制造业、批发和零售业的投资增长速度均为负数，降幅最大的是批发和零售业，同比下降 53.5%；其他降幅较大的行业为建筑业、房地产业；交通运输 / 仓储和邮政业、水利 / 环境和公共设施管理业，较上年投资增长速度均有小幅度下降；信息传输 / 软件和信息技术服务业的 OFDI 流量为 56.3 亿美元，较上年增加 27.1%。以上数据反映中国对外直接投资流量的行业分布持续优化，未来发展前景呈向好态势。

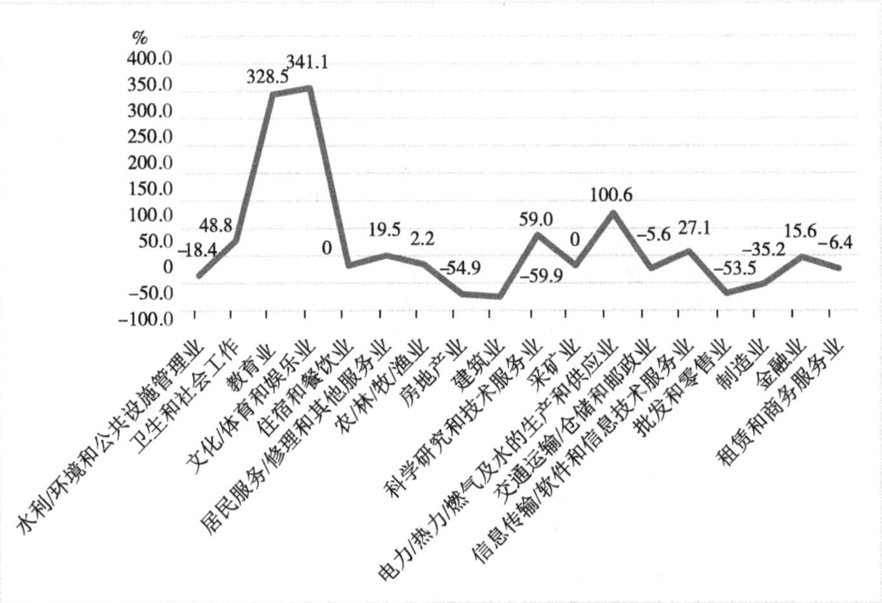

图 2–8 2018 年中国对外直接投资增速（按行业划分）

（二）中国对外直接投资存量的行业分布

截至 2018 年末，中国对外直接投资存量行业分布比较广泛，包含 18 个行业。由图 2–9 可知，2018 年中国对外直接投资存量规模超千亿美元的行业有 6 个，分别为租赁和商务服务业、批发和零售业、金融业、信息传输 / 软件和信息技术服务业、制造业和采矿业。其中，租赁和商务服务业的投资存量为 6754.7 亿美元，占中国对外直接投资存量总额的 34.1%；批发和零售业、金融业、信息传输 / 软件和信息技术服务业的投资存量规模比较接近，分别为 2326.9 亿美元、2179.0 亿美元、1935.7 亿美元，占比分别为 11.7%、11.0%、9.8%；制造业和采矿业的投资存量分别为 1823.1 亿美元、1734.8 亿美元，占比分别为 9.2%、8.8%。上述 6 个行业的 OFDI 存量达 16754.2 亿美元，占中国 OFDI 存量总额的 84.6%。

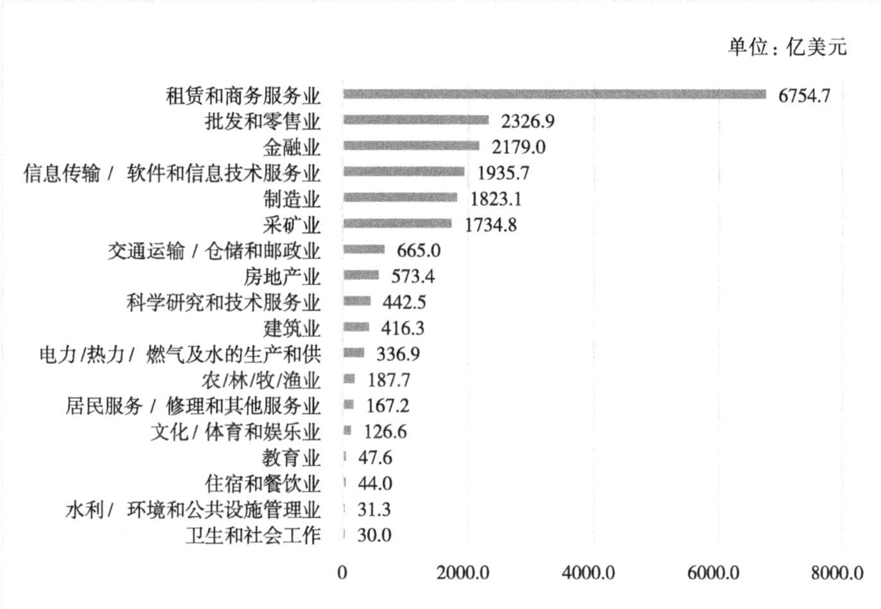

图 2-9 2018 年中国对外直接投资存量（按行业划分）

第二节 中国对“一带一路”沿线国家直接投资现状

一、中国对“一带一路”沿线国家直接投资整体概况

（一）中国对“一带一路”沿线国家直接投资总规模

自 2013 年“一带一路”倡议提出以来，支持并参与“一带一路”建设的国家越来越多，中国对“一带一路”沿线国家的投资流量实现较快增长。由图 2-10 可知，近年来中国对“一带一路”沿线国家直接投资流量

整体呈现波动增长态势。2013—2017年，中国对“一带一路”沿线国家直接投资流量从131.7亿美元增加至201.7亿美元，平均增速达14.0%。受世界经济形势变化的影响，2018年中国对“一带一路”沿线国家直接投资流量为178.9亿美元，较上年有小幅度回落。结合全球国际直接投资形势，以及中国对“一带一路”沿线国家直接投资近几年趋于平稳、投资领域越来越广泛的状态，可以预见，随着“一带一路”建设的进一步推进，中国与“一带一路”沿线国家将会迎来更加广阔的合作空间，对外直接投资的深度与广度也会进一步扩大。

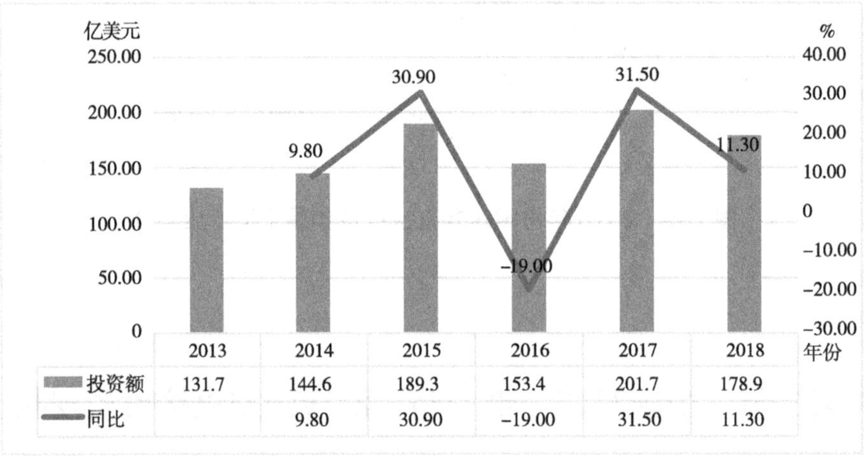

图2–10　2013—2018年中国对“一带一路”沿线国家直接投资流量

由图2–11可知，2013—2018年，中国对“一带一路”沿线国家的投资存量持续增加，2018年末中国对“一带一路”沿线国家直接投资存量达1727.7亿美元。从存量占比来看，2013—2015年，中国对“一带一路”沿线国家直接投资存量从720.16亿美元增加至1156.80亿美元，占存量总额的比重均超过10%。2016年、2017年、2018年占比分别下降至9.53%、8.53%、8.70%，均在10%以下。可以看出，近年来中国对“一带一路”

沿线国家直接投资存量占比较稳定，且略有下降。

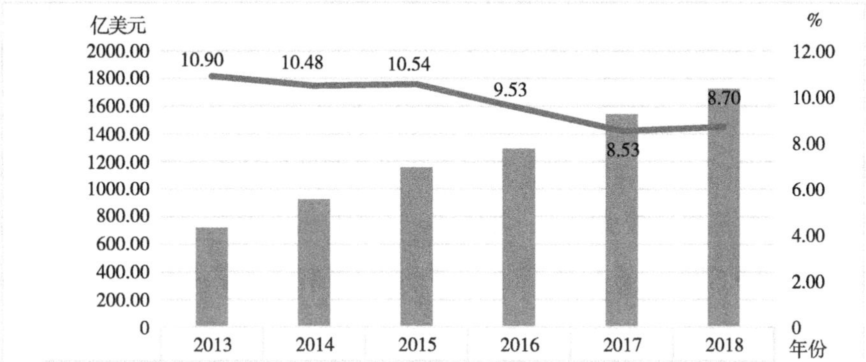

	2013	2014	2015	2016	2017	2018
投资额	720.16	924.60	1156.80	1294.10	1543.98	1727.70
占比	10.90	10.48	10.54	9.53	8.53	8.70

图 2–11　2013—2018 年中国对“一带一路”沿线国家直接投资存量

“一带一路”沿线各国人口众多、市场广阔，具有较大的经济发展潜力。世界银行统计数据显示，“一带一路”沿线国家总人口在世界总人口中的占比超 60%，GDP 占全球份额的 30%，中国对“一带一路”沿线国家直接投资具有较大潜力。随着中国持续扩大对外开放、不断优化对“一带一路”沿线国家的投资布局、强化政策支持，越来越多的企业积极参与对“一带一路”沿线国家的投资。

（二）中国对“一带一路”沿线国家直接投资的分布

近年来，中国对“一带一路”沿线国家直接投资流量分布排名前 10 中，来自东南亚地区的国家最多，占一半以上，具体内容见表 2–6。其中，新加坡是中国对“一带一路”沿线国家开展投资的首选地，2016—2018 年流量排名均为第 1，2018 年中国对新加坡的投资流量达 64.1 亿美元，占中国对“一带一路”沿线国家直接投资流量总额的 35.84%。2018 年排名前 10 的东南亚国家还有马来西亚、印度尼西亚、老挝、泰国、越南、柬埔寨，中国对上述国家的投资流量共计 138.4 亿美元，占排名前 10 国家总投资流量的 85.49%。横向对比投资流量国别分布可以发现，每年投资流向的排名前 10 的国家虽有动态变动，但差别不大，这也表明中国对“一带一路”沿线国家直接投资流向较为集中。但从对排名前 10 国家的投资流量占中国对“一带一路”沿线国家直接投资总额的比重来看，投资集中度随着时间的推移呈波动状态，阿联酋、孟加拉国等国家逐渐进入投资流量排名前 10 的行列，这有利于进一步优化中国对“一带一路”沿线国家的投资布局。

表 2-6　2016—2018 年中国对“一带一路”直接投资流量排名前 10 国家的投资情况

排名	2016 年	2017 年	2018 年
1	新加坡（31.7）	新加坡（63.1）	新加坡（64.1）
2	以色列（18.4）	哈萨克斯坦（20.7）	印度尼西亚（18.6）
3	马来西亚（18.3）	马来西亚（17.2）	马来西亚（16.6）
4	印度尼西亚（14.6）	印度尼西亚（16.8）	老挝（12.4）
5	俄罗斯（12.9）	俄罗斯（15.5）	越南（11.5）
6	越南（12.8）	老挝（12.2）	阿联酋（10.8）
7	泰国（11.2）	泰国（10.6）	柬埔寨（7.8）
8	巴基斯坦（6.3）	越南（7.6）	泰国（7.4）
9	柬埔寨（6.3）	柬埔寨（7.4）	俄罗斯（7.3）
10	哈萨克斯坦（4.9）	巴基斯坦（6.8）	孟加拉国（5.4）

续表

排名	2016 年	2017 年	2018 年
合计	137.4	177.9	162.0
占比	89.6%	88.2%	90.5%

注：括号内数字为中国对该国的直接投资流量，单位为亿美元。

从存量来看，如表 2–7 所示，截至 2018 年末，中国对“一带一路”沿线排名前 10 的国家投资存量共计 1251.13 亿美元，占中国对“一带一路”沿线国家投资存量总额的 72.41%，且投资存量排名前 10 的国家主要来自东南亚地区。截至 2018 年末，中国对新加坡投资存量达 500.94 亿美元，在投资存量中排名第 1，占其总投资存量的 28.99%。中国对“一带一路”沿线国家直接投资存量排名第 2 的是俄罗斯，直接投资存量达 142.08 亿美元，占比为 8.22%。中国与俄罗斯邻近，两国经贸关系密切，在很多领域具有较强的互补性，吸引了中国大量对外直接投资。另外，中国对哈萨克斯坦、阿联酋的投资存量分别为 73.41 亿美元、64.36 亿美元，位列第 6、第 7。

表 2–7　2018 年末中国对“一带一路”沿线排名前 10 的国家直接投资存量

排名	国家	存量 / 亿美元	占比 /%
1	新加坡	500.94	28.99
2	俄罗斯	142.08	8.22
3	印度尼西亚	128.11	7.42
4	马来西亚	83.87	4.85
5	老挝	83.10	4.81
6	哈萨克斯坦	73.41	4.25
7	阿联酋	64.36	3.73
8	柬埔寨	59.74	3.46
9	泰国	59.47	3.44
10	越南	56.05	3.24
合计	—	1251.13	72.41

（三）中国对“一带一路”沿线国家直接投资的主体

中国企业“走出去”需要承担一定的风险，国有企业具有独特优势，一直以来是中国进入国际市场开展对外直接投资的主体，并在企业国际化中扮演重要角色，但随着中国逐步扩大对外开放，越来越多的非国有企业开始走出国门，积极参与国际投资活动，中国的对外直接投资主体日益多元化。如图 2-12 所示，近十年来，非国有企业在中国 OFDI 企业中所占比例逐年提升，国有企业比例呈逐年下降态势，2017 年非国有企业的比例首次超过国有企业，占比达 50.90%，这说明随着中国企业“走出去”的经验越来越丰富，非国有企业在风险识别与防范方面的能力不断提高，其在对外直接投资主体中的地位越来越重要。

图 2-12　2010—2018 年中国对外直接投资主体

资料来源：笔者根据《2018 年度中国对外直接投资统计公报》数据整理所得。

自“一带一路”倡议提出以来，中国企业开展的对外直接投资活动虽然常集中在基础设施领域，但对该领域的投资通常需要较高的资金数额，同时企业回收投资成本所需的时间也较长。因此，对于非国有企业来说，其承受的投资成本以及与之相对应的投资风险较高，然而国有企业风险承受能力一般较强，且资金充裕、融资能力强，所以在投资活动中占据重要地位。随着“一带一路”沿线国家投资环境的持续改善，以及“一带一路”倡议的深入推进，中国企业对“一带一路”沿线国家有了更为全面的了解，开展投资活动的风险得到一定程度的降低，从而促使更多的非国有企业加入对沿线国家投资的队伍，进一步丰富了中国对外投资主体。非国有企业在开展对外直接投资活动时有其独特优势，其灵活性更强，能够迅速根据市场环境特点改变自身生产经营策略，降低企业投资风险。可以预见，非国有企业在“一带一路”沿线国家直接投资中的地位将越来越重要。

二、中国对“一带一路”沿线国家的地区投资现状

（一）“一带一路”沿线国家的地区划分

《推动共建丝绸之路经济带和21世纪海上丝绸之路的愿景与行动》指出，“丝绸之路经济带”经中亚、俄罗斯至欧洲（波罗的海），经中亚、西亚至波斯湾、地中海，向南至南亚、东南亚、印度洋；“21世纪海上丝绸之路”的重点方向是从中国沿海港口到印度洋，延伸至欧洲，再到南太平洋。从空间走向来看，这与第二欧亚大陆桥及中国西行远洋航行路线基本一致，即分别从欧亚大陆北面的核心地带和南面大陆边缘地带，由东向西贯穿几乎所有的重要战略枢纽。本书采用推进“一带一路”建设工作领导小组办公室指导下的中国“一带一路”网的划分方式，将“一带一路”沿线64个国家大致分为以下6个地区，即东南亚、东北亚、南亚、西亚北非、中东欧、中亚，具体划分见表2-8。按照上述地区划分，本书后续对

各地区近年来的投资流量、存量进行深入分析，具体包括六大地区的流量、存量分布特征，以及对地区内各国投资流量、存量及行业分布的分析。

表 2-8 “一带一路”沿线国家地区划分

地区名称（国家数量）	包括国家
东南亚地区（11）	新加坡、缅甸、柬埔寨、越南、文莱、马来西亚、老挝、菲律宾、东帝汶、印度尼西亚、泰国
东北亚地区（2）	俄罗斯、蒙古国
南亚地区（7）	印度、巴基斯坦、孟加拉国、马尔代夫、斯里兰卡、尼泊尔、不丹
西亚北非地区（20）	伊朗、土耳其、约旦、以色列、沙特阿拉伯、阿曼、卡塔尔、巴林、格鲁吉亚、亚美尼亚、伊拉克、叙利亚、黎巴嫩、巴勒斯坦、也门、阿联酋、科威特、埃及、阿富汗、阿塞拜疆
中东欧地区（19）	波兰、爱沙尼亚、捷克、匈牙利、克罗地亚、黑山、阿尔巴尼亚、保加利亚、乌克兰、摩尔多瓦、立陶宛、拉脱维亚、斯洛伐克、斯洛文尼亚、波黑、塞尔维亚、罗马尼亚、马其顿、白俄罗斯
中亚地区（5）	乌兹别克斯坦、塔吉克斯坦、哈萨克斯坦、土库曼斯坦、吉尔吉斯斯坦

资料来源：中国推进“一带一路”建设官方网站。

（二）中国对“一带一路”沿线六大地区直接投资的分布特征

1. 中国对“一带一路”沿线六大地区直接投资流量的分布特征

首先，2014—2018 年，中国对东南亚地区的投资流量，在各年对沿线国家投资流量总额中占有相当大的比重，其中 2015 年、2017 年、2018 年占比均在 70% 以上，2014 年和 2016 年占比在 50% 左右。虽然投资流量出现波动现象，但东南亚地区一直是中国对外直接投资流量的主要目的地。中国与东南亚地区地理距离较近、产业互补性强，按照当前中国对东南亚地区的投资规模与投资增速来看，预计未来中国对该地区的投资仍将占较大比重。相比之下，中国对其余五大地区的投资流量尚有较大的提升空间。

其次，近年来中国对南亚地区、中亚地区的投资具有较大的波动性。观察 2014—2018 年中国对南亚地区的投资流量数据可以发现，2016 年中国对该地区的投资流量达 69.10 亿美元，占对沿线地区直接投资总额的 32.05%；2017 年对该地区的投资流量急剧下降到 10.81 亿美元，占比仅为 5.36%；2018 年的占比仅为 3.4%。中国对中亚地区的投资流量虽然在 2015 年跌为负值，但随后三年中国对中亚地区的投资流量保持增长趋势。

再次，近年来中国对东北亚地区的直接投资流量较少，尤其是对蒙古国的投资，个别年份的投资流量为负值。但由于俄罗斯、蒙古国与中国相邻，中国与其开展投资合作的机会较多，双方在投资需求方面具有较大的互补性，未来东北亚地区仍可能是中国对“一带一路”沿线国家直接投资的重要地区。

最后，近年来中国对西亚北非地区的直接投资流量呈波动回升态势，流向中东欧地区的投资逐渐增加。2014—2015 年，中国对西亚北非地区的投资在“一带一路”沿线国家投资流量总额中占比均超过 10%；随后，每年对其投资流量不断下降，到 2017 年降至 6.59 亿美元，占比仅为 3.27%；但 2018 年中国对西亚北非地区的投资回升至 19.58 亿美元，占比为 10.95%。中国在中东欧地区的投资流量历年来均较低，每年的投资流量占比只有 2% 左右。虽然西亚北非、中东欧是这六大地区中国家数量最多的两大地区，但中国对其投资流量的占比相对较低。究其原因，可能是地理距离较远、文化差异大及地区不稳定等，使企业在该地区开展直接投资活动时面临的风险较大，进而导致投资数额较小。2014—2018 年中国对“一带一路”沿线六大地区投资流量的分布状况如图 2–13 所示。

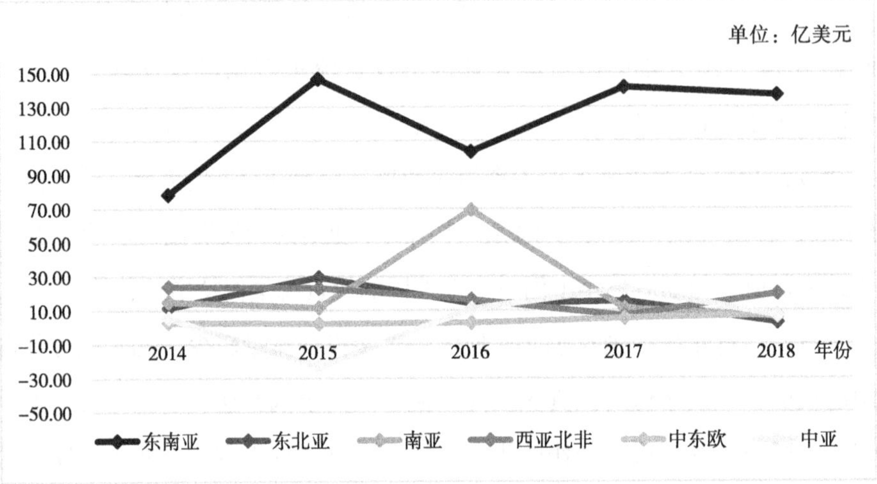

图 2-13　2014—2018 年中国对“一带一路”沿线六大地区直接投资流量分布

资料来源：笔者根据历年《中国对外直接投资统计公报》数据计算得出。

2. 中国对“一带一路”沿线六大地区直接投资存量的分布特征

自提出“一带一路”倡议以来，中国对“一带一路”沿线六大地区的投资存量整体上呈现上升趋势，其中对东南亚地区的投资存量一直稳居第1位，历年来均远超其他地区。2014年末，中国对东南亚地区的投资存量已占对“一带一路”沿线六大地区投资总存量的一半，随后各年占比不断提升；2018年末的投资存量达1030.25亿美元，占对“一带一路”沿线六大地区直接投资总存量的59.63%。西亚北非地区的投资存量排名第2，且投资存量逐年增长，每年占比均在13%以上。截至2018年末，中国对西亚北非地区的投资存量达239.18亿美元。东北亚地区排名第3，中国在该地区的投资存量每年都不断增加。排名在第4、第5的分别为中亚、南亚，近年来中国对这两个地区的投资存量呈波动上升趋势。其中，2015年末，对中亚地区的直接投资存量占中国对“一带一路”沿线六大地区投资存量总额的 6.99%，为历年最低；虽然对南亚地区的投资存量逐年递增，但在 2018 年末投资存量较上年度有小幅下降。2018 年末，中国对中亚、南亚地区的投资存量分别为 146.81 亿美元、107.03 亿美元。虽然中东欧地区包含的国家数量众多，但多年以来中国对该地区的投资存量普遍较低。2018 年末，中国对中东欧地区的投资存量占投资存量总额的 1.66%。中国对"一带一路"沿线六大地区的投资存量如图 2-14 所示。

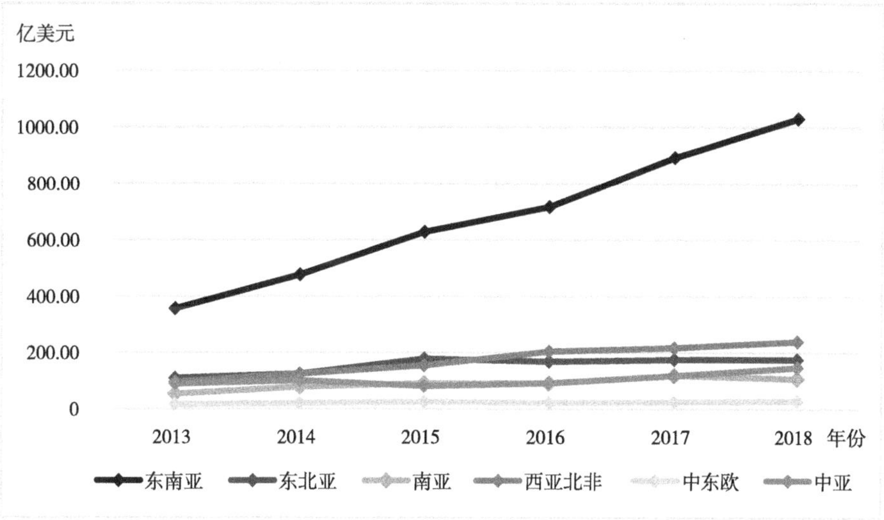

图 2-14 2013—2018 年中国对"一带一路"沿线六大地区直接投资存量分布

资料来源：笔者根据历年《中国对外直接投资统计公报》数据计算得出。

（三）中国对"一带一路"沿线六大地区的直接投资现状

1. 东南亚地区

图 2-15、图 2-16 分别为 2014—2018 年中国对东南亚地区的直接投资流量、存量统计。从图 2-15 可以看出，2018 年中国对东盟国家的投资流量共计 136.94 亿美元，与上年相比下降了 3%，占中国对东南亚地区投

资流量总额的 99% 以上；截至 2018 年末，中国对东盟国家的投资存量为 1028.60 亿美元，占中国对东南亚地区投资存量总和的 99.80%。这表明，中国对东南亚地区的投资几乎全部在东盟 10 国，对东帝汶的投资份额非常小。从投资流量国别分布来看，近年来中国对东南亚地区的投资流量大多分布在新加坡、马来西亚、印度尼西亚等国家；对泰国、老挝、越南的投资流量有所波动，每年的投资额差别较大；对缅甸和柬埔寨的投资流量相对平稳，且稳中有升；虽然对文莱和菲律宾的投资流量在个别年份出现负值，但近几年投资流量状况较好；作为唯一非东盟国家的东帝汶，其吸引的中国投资流量很少，2018 年的投资流量不足中国对东南亚地区投资流量总额的 1%。

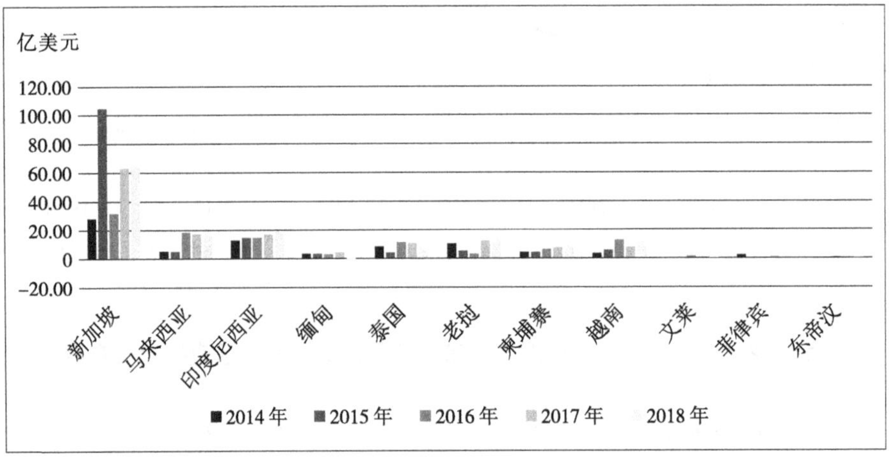

图 2-15　2014—2018 年中国对东南亚地区直接投资流量分布

从投资存量来看，如图 2-16 所示，中国对东南亚地区的投资整体上保持稳中有增的趋势。其中，对新加坡、马来西亚、印度尼西亚等国家的投资存量保持持续增长，且对新加坡的投资存量遥遥领先于其他东南亚国家。2018 年末，中国对马来西亚、缅甸、柬埔寨、越南、泰国、老挝 6 国的投资存量较接近，对文莱、菲律宾、东帝汶的投资存量相对较小。

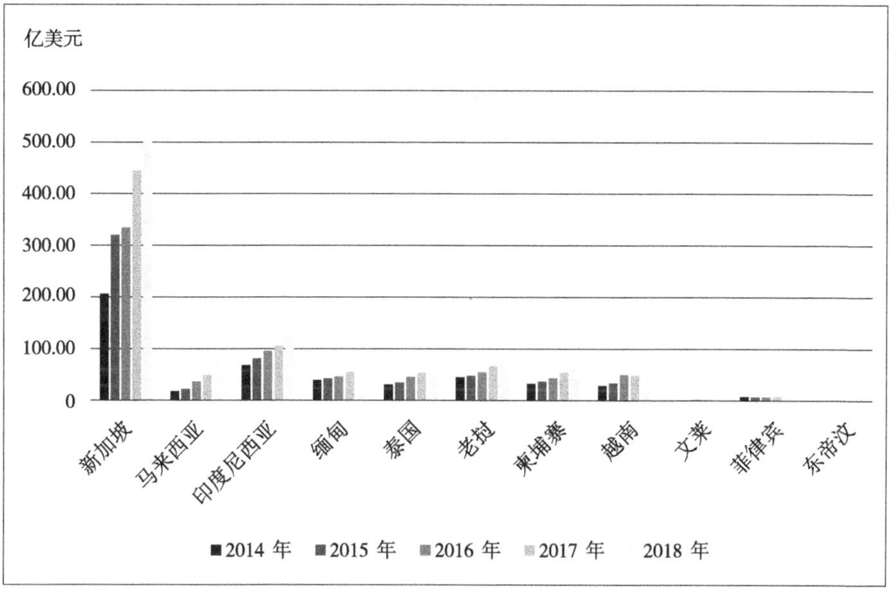

图 2–16　2014—2018 年中国对东南亚地区直接投资存量分布

根据图 2–17 可知，2018 年中国对东南亚地区直接投资的行业排名前 4 的投资流量均超过 10 亿美元，居首位的是制造业，投资流量达 44.97 亿美元，在中国对东盟各国投资流量总额中占比 32.8%；对批发和零售业、租赁和商务服务业、电力 / 热力 / 燃气及水的生产和供应业的投资流量额分别为 34.73 亿美元、15.02 亿美元、8.61 亿美元，占比分别为 25.4%、11.0%、6.3%。整体而言，中国对东南亚地区多个行业均有涉及，其中在制造业、批发和零售业、租赁和商务服务业等产业的投资额度较大，而且通过与中国对外直接投资流量在全球的行业分布进行对比可以发现，上述行业也是中国对外直接投资的主要行业，因此中国在对“一带一路”沿线国家进行直接投资时行业分布具有高度集中的特征。

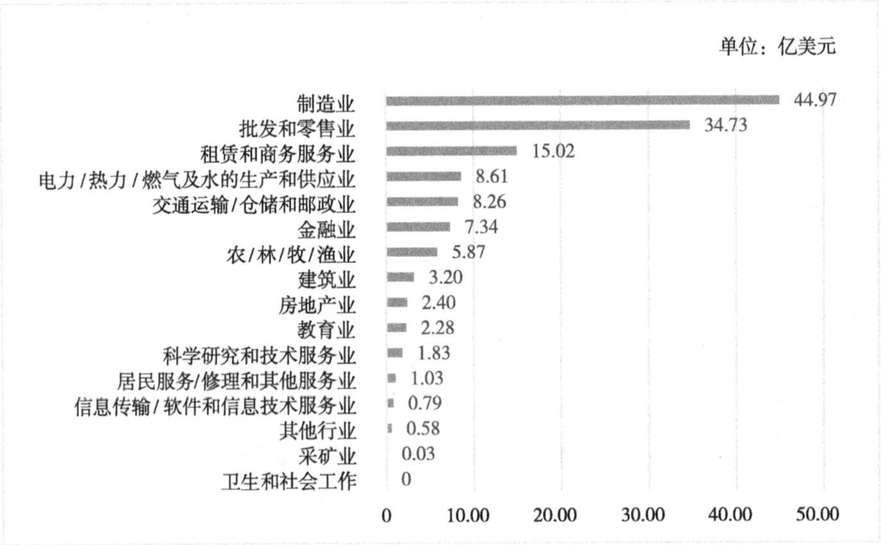

图 2–17　2018 年中国对东盟各国直接投资流量的行业分布

从投资存量的行业分布来看，截至 2018 年末，中国对东盟 10 国投资存量行业分布排名前 4 的分别为制造业、租赁和商务服务业、批发和零售业、电力 / 热力 / 燃气及水的生产和供应业，其投资存量均超过百亿美元，其占中国对东盟 10 国投资存量总额的 63.8%，具体内容如图 2–18 所示。中国对东南亚地区制造业的投资存量达 214.18 亿美元，主要分布在泰国、印度尼西亚、越南等；租赁和商务服务业的投资存量达 188.74 亿美元，主要分布在新加坡；批发和零售业占投资存量总额的 15.0%，主要分布在新加坡、印度尼西亚、老挝等；电力 / 热力 / 燃气及水的生产和供应业的投资存量达 100.05 亿美元，占投资存量总额的 9.7%，主要分布在新加坡、缅甸、老挝等。可以看出，东南亚地区是中国对“一带一路”沿线国家直接进行投资的重点地区，中国对东南亚各国的直接投资流量、存量的行业分布均相对集中，且有待进一步优化。

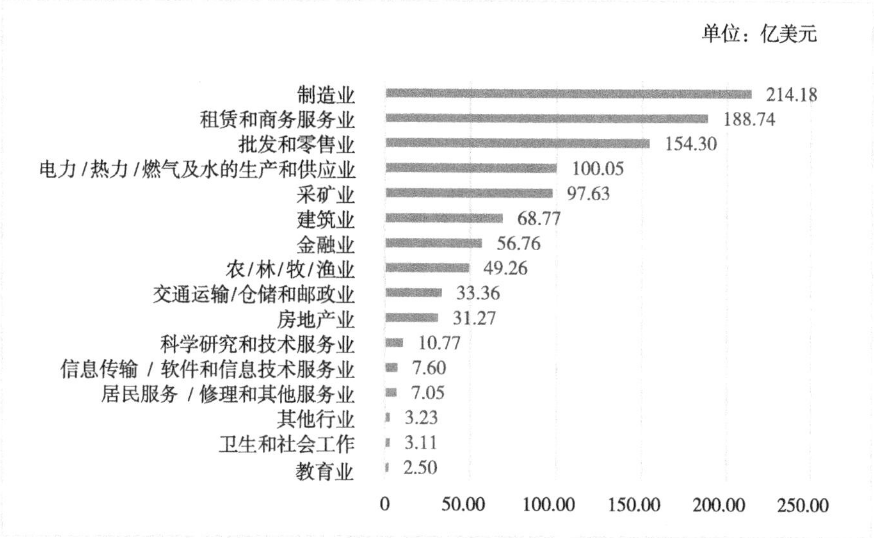

图 2–18　2018 年中国对东盟各国直接投资存量的行业分布

2. 东北亚地区

按照划分，东北亚地区的“一带一路”沿线国家包括俄罗斯和蒙古国。俄罗斯是中国对外直接投资的重要国家，中国共在俄罗斯设立超过 1000 家境外企业，雇佣员工约 2.3 万人，2018 年俄罗斯居中国对外直接投资流量国家第 9 位。对蒙古国来说，中国历来都是其资金流入的大国。如图 2–19 所示，中国对东北亚地区的投资流量多集中在俄罗斯，2018 年中国对俄罗斯的投资流量为 7.25 亿美元。中国对蒙古国的直接投资流量在 2015 年、2017 年及 2018 年为负值，这说明中国在蒙古国的投资存在较大的不确定性。

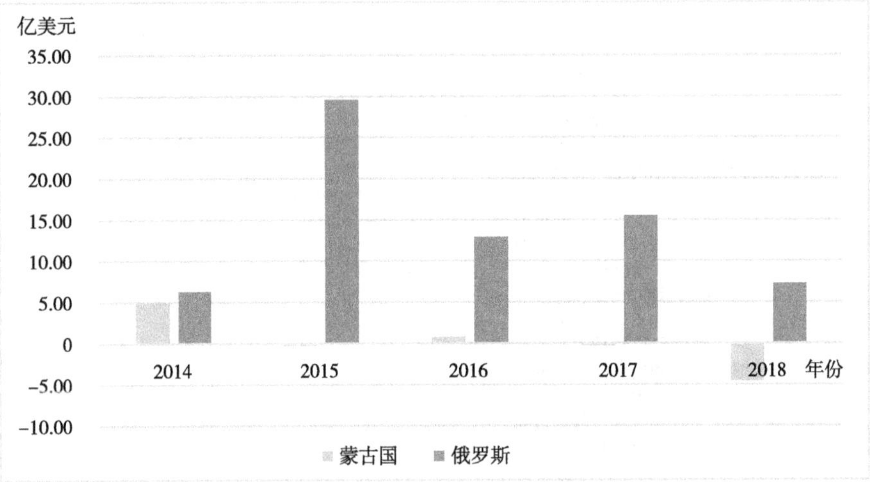

图 2-19　2014—2018 年中国对东北亚地区的直接投资流量分布

图 2-20 为 2014—2018 年中国对东北亚地区的直接投资存量分布。截至 2018 年末，中国对俄罗斯的投资存量为 142.08 亿美元，占中国对“一带一路”沿线国家直接投资存量总额的 8.2%，但对蒙古国的投资存量变化不大，且有下降趋势。

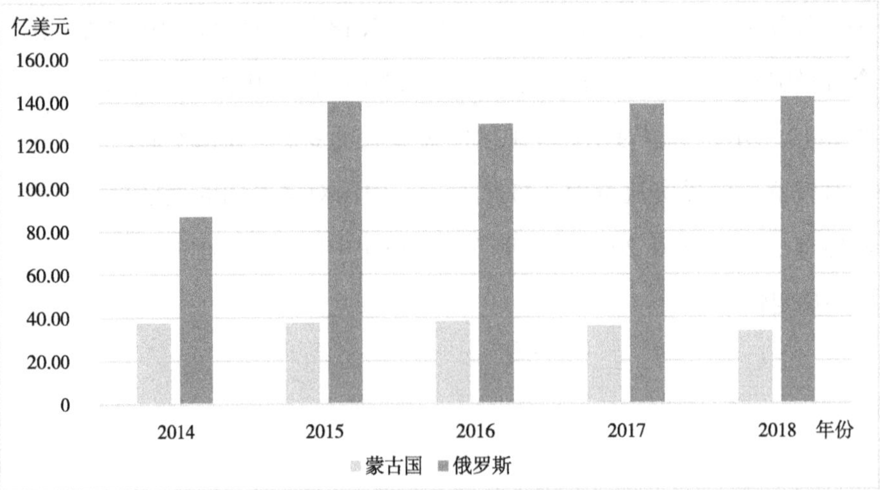

图 2-20　2014—2018 年中国对东北亚地区的直接投资存量分布

从投资流量的行业分布来看，中国对俄罗斯的直接投资主要流向农 / 林 / 牧 / 渔业、制造业、采矿业、建筑业、信息传输 / 软件和信息技术服务业、科学研究和技术服务业，具体数据如图 2-21 所示。2018 年，上述行业在中国对俄罗斯直接投资流量中的占比分别为 54.9%、29.2%、10.2%、9.8%、2.3%、1.2%。

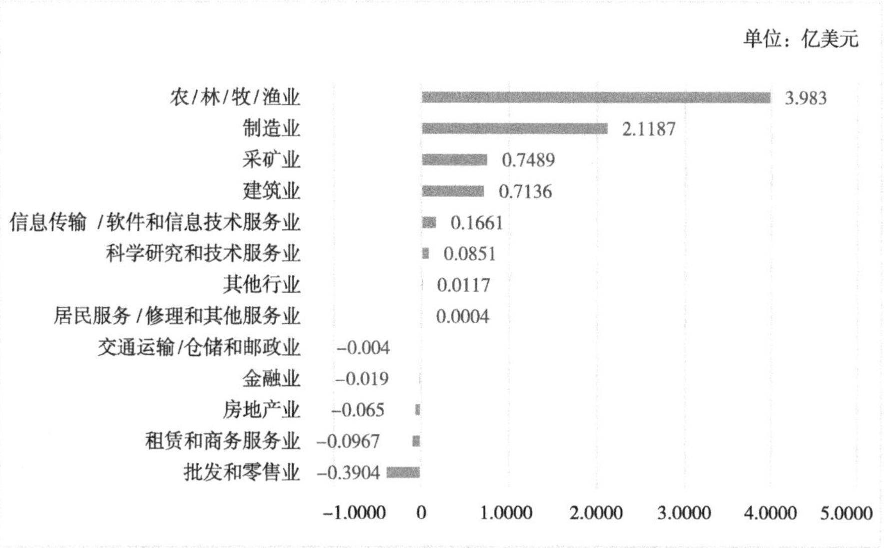

图 2-21 2018 年中国对俄罗斯的直接投资流量行业分布

从投资存量的行业分布来看，中国对俄罗斯采矿业的直接投资存量排名第 1，2018 年末约达 66.73 亿美元，占中国对俄罗斯直接投资存量总额的 47.0%；农 / 林 / 牧 / 渔业、制造业、租赁和商务服务业分别居于第 2、第 3、第 4 位，其投资存量额分别约为 30.29 亿美元、17.60 亿美元、8.99 亿美元，占比分别为 21.3%、12.4%、6.3%。具体情况如图 2-22 所示。中国对蒙古国的投资额度相对较小，从行业分布来看，由于蒙古国拥有丰富的矿产资源，所以中国对蒙古国的直接投资主要集中在采矿业、旅游业上。

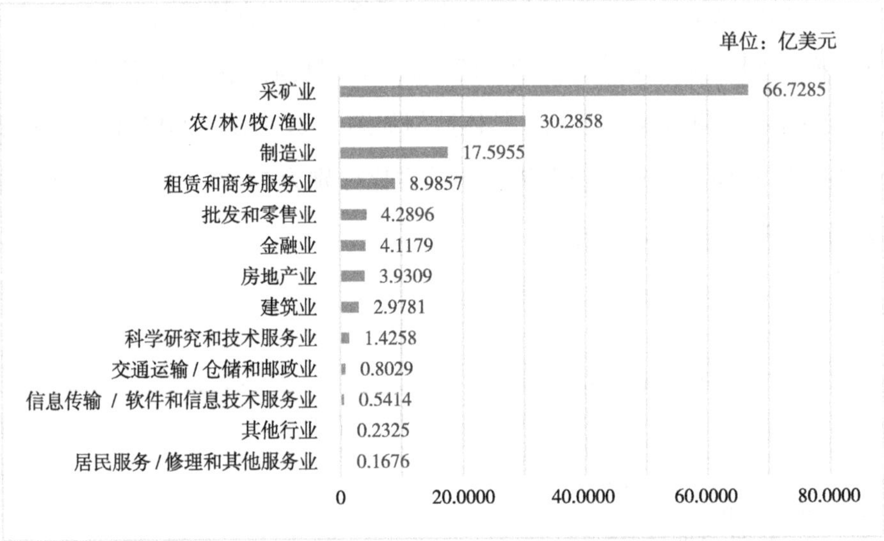

图 2–22　2018 年中国对俄罗斯的直接投资存量行业分布

中国与蒙古国和俄罗斯邻近，经贸关系十分密切。2014 年，中国与蒙古国签订了《中华人民共和国政府与蒙古国政府经贸合作中期发展纲要》，进一步加深了两国的交流与合作。中国与俄罗斯建立全面战略合作伙伴关系，双方比较优势明显，贸易结构互补性强，投资合作潜力巨大。随着“一带一路”建设的稳步推进，中国与俄罗斯、蒙古国的国际投资合作将达到新的高度。

3. 南亚地区

从图 2–23 可以看出，2014—2018 年中国对南亚地区的投资流向较为集中，主要集中在印度和巴基斯坦。其中，2018 年中国对孟加拉国的投资流量达 5.40 亿美元，孟加拉国成为当年中国对南亚地区投资流量最多的国家，占中国对南亚地区投资流量的 89.3%；对印度的投资流量为 2.10 亿美元，仅次于孟加拉国。近年来，中国对马尔代夫的投资呈上升趋势，未来对该国的投资具有较大空间；对斯里兰卡、尼泊尔、不丹的投资较少，甚至对部分国家出现撤资现象。

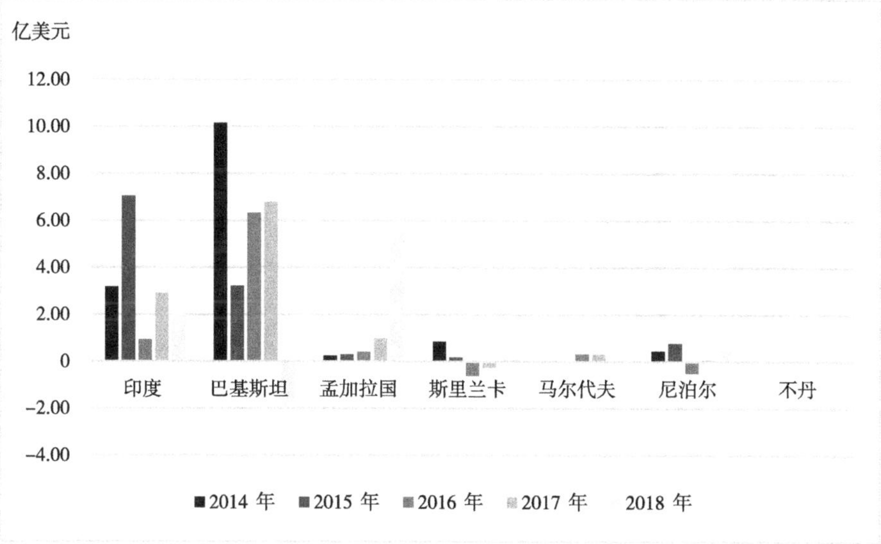

图 2-23 2014—2018 年中国对南亚地区的直接投资流量分布

从直接投资存量来看，截至 2018 年末，印度和巴基斯坦分别居中国对南亚地区投资存量的第 1、第 2 位。其中，中国对印度的投资存量为 4.60 亿美元，占对南亚地区投资存量总额的 43.6%；对巴基斯坦的投资存量占对南亚地区投资存量总额的 39.7%。孟加拉国排名第 3。可以看出，近年来中国对南亚地区的直接投资存量主要集中在印度、巴基斯坦、孟加拉国，且呈现快速增长趋势，对南亚其他国家的投资潜力尚待进一步开发。具体内容见图 2-24。

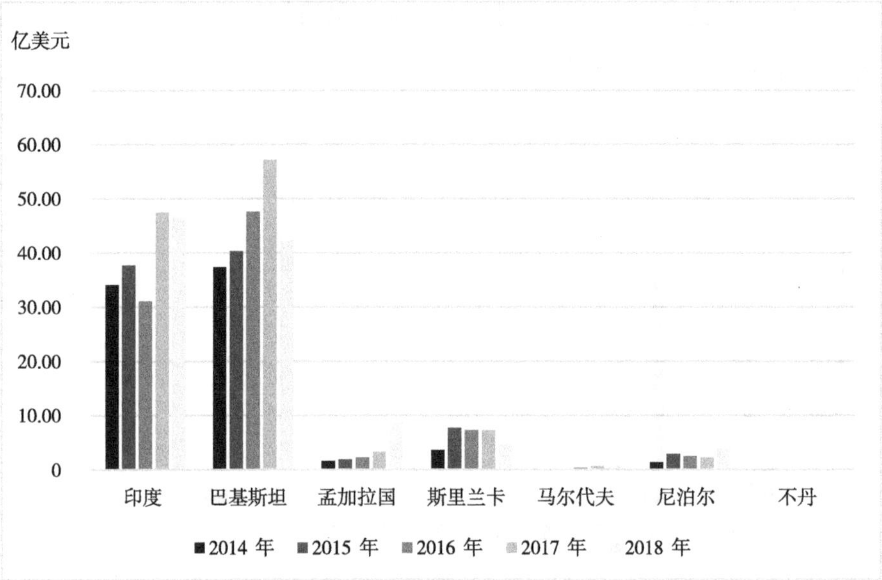

图 2-24　2014—2018 年中国对南亚地区的直接投资存量分布

南亚各国资源禀赋、自然环境等的差异决定了中国对其开展投资的重点产业各有侧重。印度虽然是世界上人口较多的国家之一，经济发展起步较晚，基础设施及生产设备相对落后，但经济增速较快。近年来，中国和印度的经贸关系进一步发展，投资增加，尤其提出“一带一路”倡议以来，通过发挥双方比较优势，中国在基础设施建设、服务外包、制造业等产业向印度开展了广泛的直接投资。中国与巴基斯坦在政治、经济、文化交往等方面联系十分密切，2015 年 4 月，中巴两国关系升级为全天候战略合作伙伴关系。根据商务部的统计数据，截至 2017 年底，中国企业在巴基斯坦共设立各类代表处 120 多个、各类公司 300 余家，主要分布在能源、基建、通信、金融、机械等领域。不丹、马尔代夫及斯里兰卡等国家的产业结构相对单一，中国对这些国家的投资以农业和旅游业为主，且投资量较小。

4. 西亚北非地区

商务部公布的数据显示，2018 年中国对西亚北非地区的直接投资流量为 19.58 亿美元，较 2017 年增加了 197%。图 2–25 为 2014—2018 年中国对西亚北非地区的直接投资流量分布情况，可以看出，中国对该地区各国的投资差别较大，且出现同一国家在不同年份的投资波动幅度较大的情况。这主要和西亚北非地区投资环境复杂多变、政治经济环境不稳定等因素密切相关。近年来中国对西亚北非地区的投资主要流向阿联酋、土耳其、以色列，对其他国家的投资流量较小。

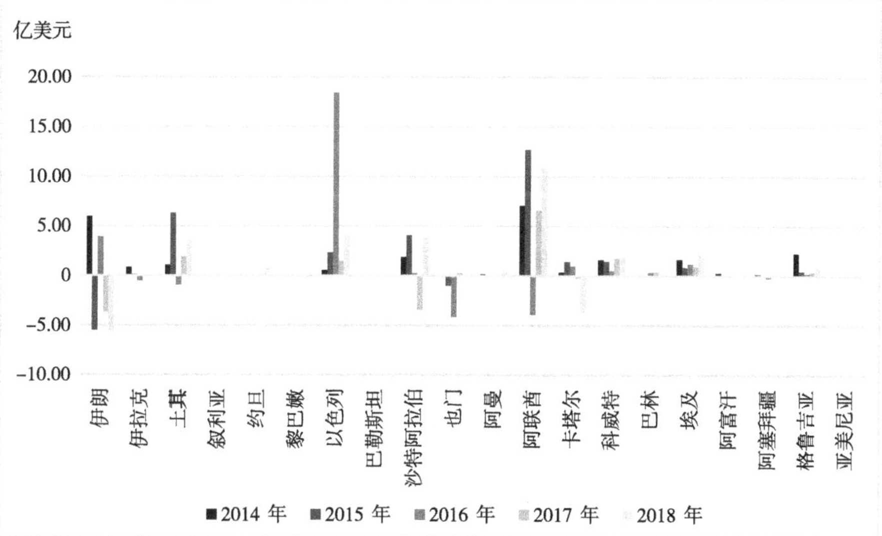

图 2–25　2014—2018 年中国对西亚北非地区的直接投资流量分布

从投资存量来看，截至 2018 年末，中国对西亚北非地区的投资存量占中国对“一带一路”沿线国家直接投资存量总额的 13.84%。其中，中国对阿联酋的直接投资存量达 64.40 亿美元，是中国对西亚北非地区投资存量最多的国家。以色列和伊朗分别以 46.20 亿美元、32.30 亿美元的存量额居第 2、第 3 位。中国对沙特阿拉伯、土耳其、卡塔尔、埃及等国家的投资存量波动较大，且对部分国家的投资存量有下降趋势。中国对西亚北非地区各国的直接投资存量分布情况如图 2-26 所示。

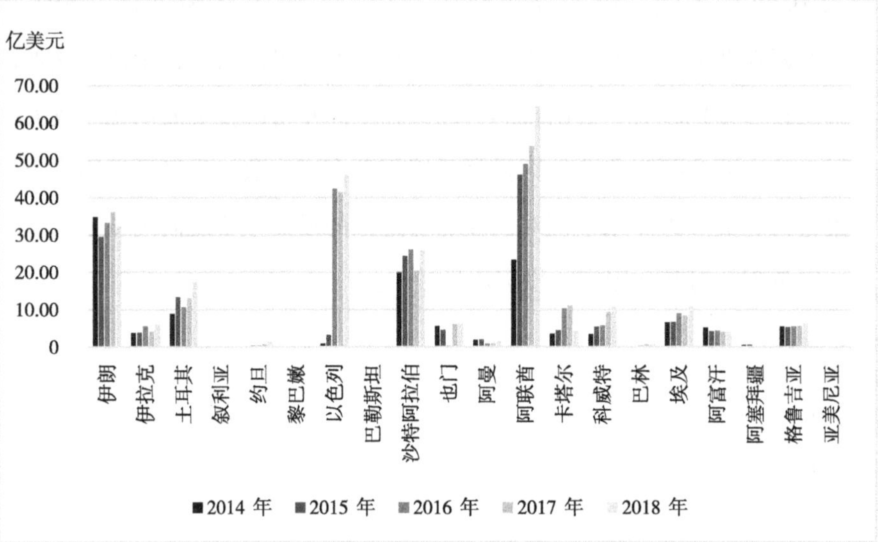

图 2-26　2014—2018 年中国对西亚北非地区的直接投资存量分布

从产业分布来看，西亚北非各国资源禀赋和产业结构差异较大，中国企业针对各国特点，开展了相应的对外直接投资。过去，古丝绸之路促进了中国与西亚北非地区的经贸合作；当前，中国与西亚北非地区通过“一带一路”倡议密切联系。西亚北非地区有丰富的石油资源，有“世界石油宝库”之称，其石油储量占全球石油储量的一半以上；但同时西亚北非地区基础设施建设有待进一步提升，且劳动力供给不足。当前，中国对西亚北非地区的直接投资中能源行业占重要地位，对其他领域的直接投资也逐渐增多，如信息技术行业、新材料行业等。沙特阿拉伯是最早积极回应“一带一路”倡议的国家之一，该国是全球第一大原油出口国，中国是原油进口和消费大国，双方在能源领域展开了深入合作。除能源合作外，中国也在基础设施建设等多个领域对沙特阿拉伯开展直接投资。当前，中国对其他西亚北非国家的直接投资主要集中在资源、能源和基础设施建设等领域。

5. 中东欧地区

整体来看，虽然中国对中东欧地区的直接投资流量、存量均较少，但发展前景广阔。2018 年，中国对中东欧地区的投资流量为 7.03 亿美元，同比增长 36.2%。中国对中东欧国家的直接投资主要分布在白俄罗斯、匈牙利、罗马尼亚、保加利亚、塞尔维亚、波兰等。从图 2–27 可以看出，2014—2018 年中国对白俄罗斯、匈牙利、塞尔维亚投资流量的上升趋势明显，投资前景较好。近年来，中国与匈牙利、塞尔维亚在铁路建设方面取得显著成果；中国对爱沙尼亚、波黑、阿尔巴尼亚、马其顿、摩尔多瓦等的投资额较小。

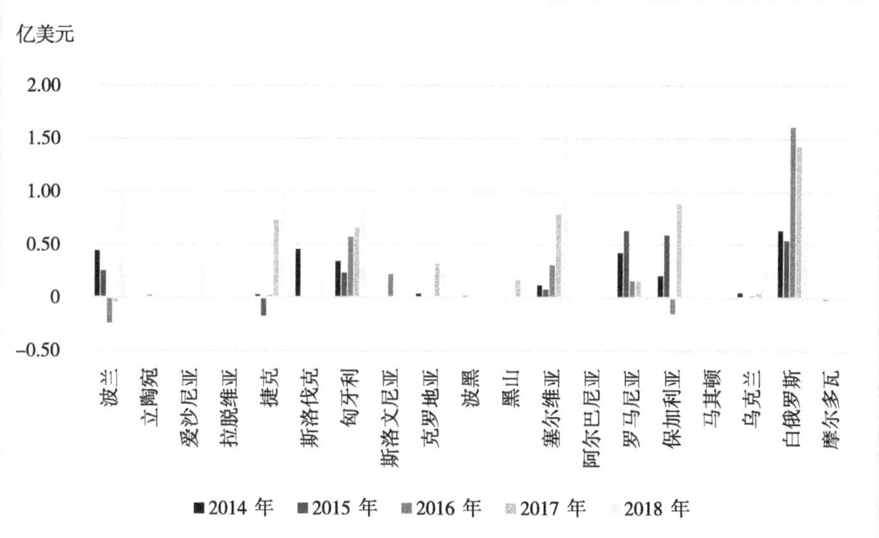

图 2–27 2014—2018 年中国对中东欧地区的直接投资流量分布

从投资存量来看，截至 2018 年末，中国对中东欧地区直接投资存量最大的国家为波兰，其次是白俄罗斯、匈牙利、罗马尼亚等。需要注意的是，中国对部分国家的投资存量虽然较大，但有下降趋势，如 2018 年末中国对罗马尼亚的投资存量为3.0亿美元，较2017年下降1.8%。2014—2018年中国对中东欧地区的直接投资存量如图2-28所示。

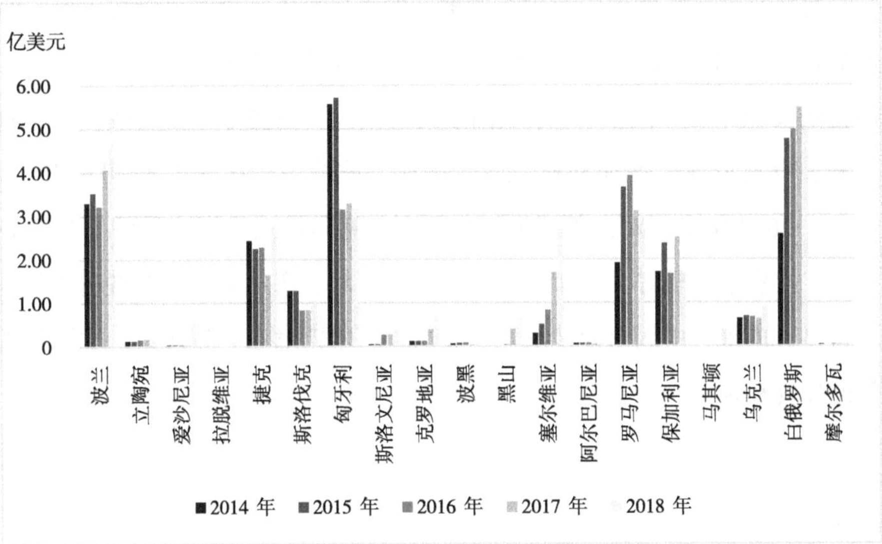

图2-28 2014—2018年中国对中东欧地区的直接投资存量分布

中东欧地区多数国家的经济体制较完善，政治环境相对稳定，且发展程度较高，其19个"一带一路"沿线国家中有11个为发达国家。中国对该地区的直接投资尚处于起步阶段，未来发展潜力巨大。中国在中东欧地区直接投资的行业分布非常广泛，主要涉及基础设施建设、农林牧渔业、交通运输业、机械制造业、电信行业等领域，和"一带一路"沿线其他地区相比，中国在中东欧地区直接投资的行业集中度不高，涉及的投资行业较多。需要注意的是，中东欧地区国家的市场准入门槛较高，且对外商直接投资有较为严苛的法律法规、市场监管制度及技术标准，这些因素均会限制中国企业在中东欧地区的直接投资。但近几年，中国深化与中东欧地区国家的交流与合作，未来投资前景较好。如2015年6月，中国与匈牙利签署"一带一路"建设谅解备忘录，为两国的后续合作和交流奠定了坚实基础。

6. 中亚地区

近年来，中国对中亚地区的投资流量有一定波动，2018 年中国对中亚地区的投资流量为 6.67 亿美元，较 2017 年下降了 70%。从图 2-29 2014—2018 年中国对中亚地区的直接投资流量分布可以看出，在投资流量国别分布上，哈萨克斯坦占绝对优势，其余各国占比较小，这反映中国对中亚地区直接投资的国别分布较为集中，有待进一步优化。中亚地区虽然能源丰富，但经济发展水平较低，其营商环境有待进一步优化，这给中国企业在该地区开展投资活动带来一定的风险。

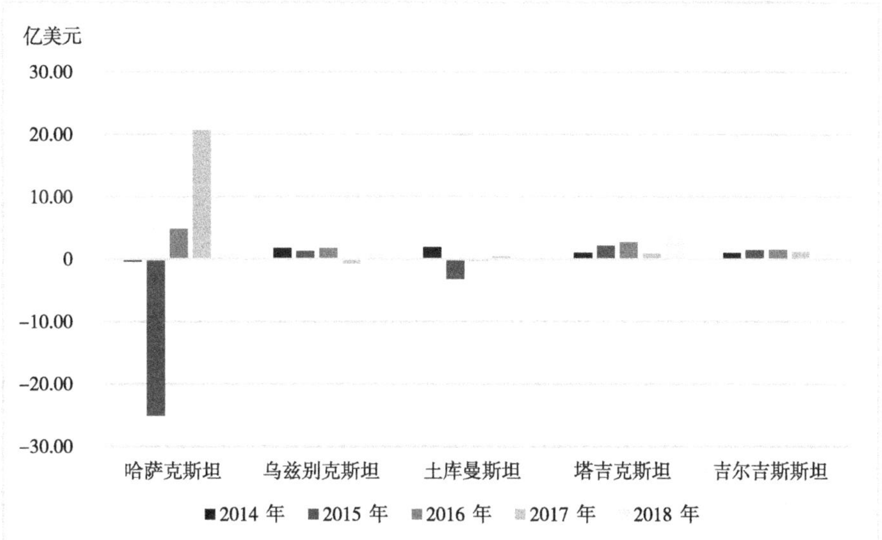

图 2-29 2014—2018 年中国对中亚地区的直接投资流量分布

从投资存量来看，尽管近年来中国在中亚地区部分国家出现撤资现象，但长期来看，中国对中亚地区的直接投资存量仍呈现稳中有升的趋势。截至 2018 年末，中国对哈萨克斯坦的投资存量为 73.41 亿美元，是中国对中亚 5 国中投资存量最多的国家，其占整个中亚地区投资存量的一半；

2018 年末中国对塔吉克斯坦的直接投资存量为 19.45 亿美元，占中国对中亚地区投资存量总额的 13.2%，这进一步说明了中国在中亚地区直接投资的目的地较为集中。2014—2018 年中国对中亚地区的直接投资存量分布如图 2–30 所示。

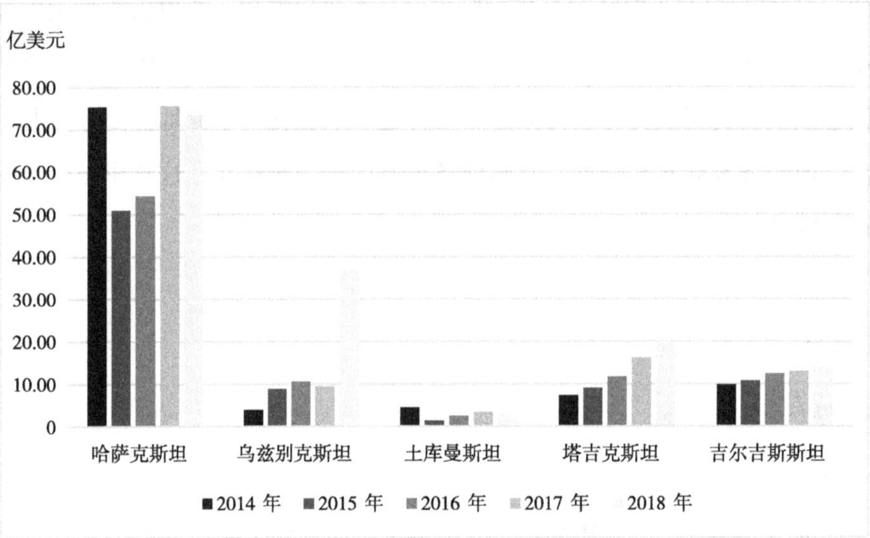

图 2–30　2014—2018 年中国对中亚地区的直接投资存量分布

从产业分布来看，中国对中亚地区的投资领域包括石油开发、基础设施、农产品加工等。中亚地区虽然蕴藏丰富的石油天然气资源，但是其工业基础薄弱、基础设施建设相对落后，因此中国在中亚地区的直接投资主要集中在石油开发、基础设施建设等领域。以哈萨克斯坦为例，中国对哈萨克斯坦近 90% 的投资都集中在能源领域。中国在吉尔吉斯斯坦的投资分布较多元化，涉及的领域有通信行业、农产品加工业、房地产业、矿产资源开发业等。随着“一带一路”建设的深入推进，未来中国与中亚地区的合作交流将更持续健康。

综上所述，中国对“一带一路”沿线国家直接投资存在明显的地区差异，在部分地区的投资流量和存量分布较为集中，有待进一步优化。企业在投资过程中既要考虑东道国政治、经济、文化环境因素，也要衡量自身竞争优势，因此中国在各地区的投资行业分布差异较大。对于正处在产业转型升级中的中国来说，加强与“一带一路”沿线国家的投资合作、因地制宜，促进各行业协调发展，对推动中国及“一带一路”沿线国家的经贸发展具有重要意义。

第三节　中国对外直接投资面临的机遇与挑战

当前，中国经济结构调整进入关键时期，在新旧动能转换过程中，对部分地区产生的经济下行压力不容忽视，企业经营存在一定困难，开展对外投资活动也充满风险和挑战。针对中国国内劳动力成本不断增加、环境承载能力下降等现状，中国需要转变过去劳动密集、资源密集投入的发展模式，在打造全面开放新格局的背景下，培育对外投资企业独特的竞争优势。当前，中国对外直接投资面临新的发展机遇和严峻挑战。

一、中国对外直接投资面临的机遇

（一）“一带一路”建设持续深入

自“一带一路”倡议提出以来，“一带一路”沿线国家积极响应，主动参与的国家不断增多，中国也在这一过程中进一步融入全球化浪潮，对外直接投资持续增加，国际影响力显著提升。近年来，中国与“一带一路”沿线国家进一步推进相关贸易投资合作，双方企业合作交流持续升温，中国与沿线国家在互联互通、重大项目建设等方面取得巨大成果。亚投行为“一带一路”建设提供金融支持，成员不断增多，目前已增至87个，参与项目28个，遍布10多个国家；在信用评级方面，其获得多家国际评级机构的最高信用评级。因此，“一带一路”建设的持续推进为国内企业“走出去”创造了良好平台。

（二）“金砖国家”合作机制务实推进

“金砖国家”是新兴市场和发展中经济体的主要代表，在全球经济增长及贸易、投资等方面起了重要作用。自2009年以来，中国同其他“金砖国家”开展密切合作，达成多项经贸合作，促进中国对外直接投资的良性发展。当今国际社会错综复杂，全球经济增长面临巨大挑战，各国需要齐心协力共商对策。自2018年以来，“金砖国家”以立场鲜明的态度反对单边主义、贸易保护主义，积极落实在金砖国家领导人厦门会晤中达成的成果，促进对外贸易投资便利化，进一步推进各国经贸合作机制建设，体现了“金砖国家”在全球经济增长方面的责任担当以及对外投资合作的决心。2018年7月通过的《约翰内斯堡宣言》在经贸领域达成一系列重要共识及成果，这些成果进一步反映了金砖五国经济合作的决心，为新时期各“金砖国家”之间的经贸合作提供了新动能，并有效地促进“金砖国家”投资贸易一体化市场的建立和推行，为中国企业“走出去”创造了良好的外部投资合作环境。

（三）中国国内宏观经济整体平稳向好

自2018年以来，中国宏观经济整体平稳向好，结构调整深入推行，为中国企业开展国际投资合作提供了稳定可靠的国内环境。2019年，中国国内生产总值较上年增加 6.1%，高于 IMF 对全球及各经济体平均增长率的预测值（如图 2–31 所示），在经济总量达 1 万亿美元以上的经济体中排名第 1。国家统计局的数据显示，2019 年中国经济总量接近 100 万亿元人民币，在一系列稳增长、促改革、调结构、惠民生、防风险、保稳定的政策和措施下，中国经济迈上新台阶、产业结构进一步优化、城镇新增就业显著增加、市场价格涨幅总体稳定，失业率也在全年预期目标内；供给侧结构性改革成效明显，经济结构持续优化，服务业“稳定器”的作用进一步增强，内需结构持续改善，2019 年内需对经济增长的贡献率达 89%，对最终消费支出的贡献率达 57.8%。整体来看，中国宏观经济主要指标保持在合理区间，经济发展更加注重质量和效益的双重提升，整体经济呈现稳中向好的态势。

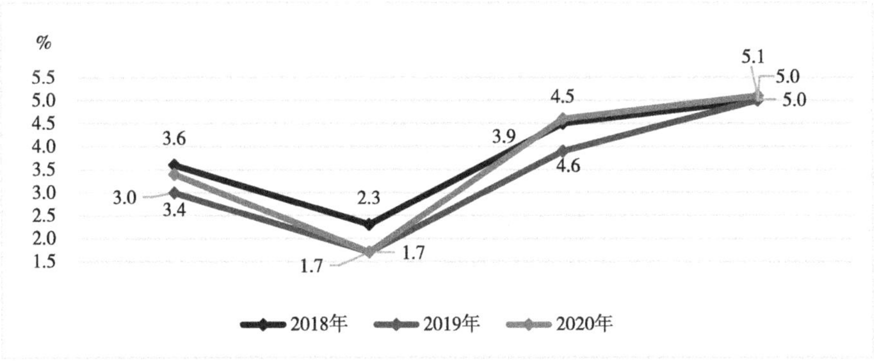

图 2–31　2018—2020 年全球经济增长预测

资料来源：IMF《世界经济展望》，2019 年 10 月。

二、中国对外直接投资面临的挑战

（一）国际不稳定因素仍然存在

当前，中国对外直接投资面临来自国际社会多领域不稳定因素的阻力。在对“一带一路”沿线国家直接投资过程中，中国必须充分考虑投资风险及东道国营商环境的影响。“一带一路”沿线部分国家的政治、经济等环境复杂动荡，营商环境较差，中国企业对这些国家进行直接投资时面临较大的风险和挑战。2018 年“一带一路”六大地区营商环境排名均值及得分均值见表 2-9。

表 2-9　2018 年“一带一路”六大地区营商环境排名均值及得分均值

地区	排名均值	得分均值
东南亚	91	63.9
东北亚	53	72.6
南亚	117	58.0
西亚北非	95	62.5
中东欧	44	74.2
中亚	75	67.7

资料来源：笔者根据世界银行《2019 年全球营商环境报告》计算得出相关数据。由于部分经济体无排名数据，在计算均值时予以剔除；最高分为 100 分。

从表 2-9 可以看出，中东欧地区和东北亚地区的整体营商环境较好，其他四大地区的营商环境有待进一步优化，东南亚地区各国的营商环境差别较大，其中，新加坡、马来西亚等国家的营商环境良好，且新加坡常年排名靠前，东帝汶、缅甸、老挝等在 190 个经济体排名中较靠后。东北亚地区只有蒙古国和俄罗斯两个国家，两国排名分别是第 74、第 31，投资环境较理想。南亚地区除印度、不丹排名分别为第 77、第 81 外，其他各国的排名均在百名以外。西亚北非地区国家众多，局势复杂，其中也门、阿富汗、叙利亚、伊拉克等营商环境较差，从营商环境的分项排名来看，该地区除了国际投资制度有待完善外，针对这些国家开办企业所需时间长、手续复杂、缴税较多。中东欧地区虽然经济发展水平较高，营商环境较好，但中国对其投资的份额占比小、发展潜力大。中亚地区平均营商环境得分排名第 3，其中哈萨克斯坦排名第 28，为该地区排名最靠前的国家；塔吉克斯坦排名第 126。以上分析充分说明，诸多不稳定、不确定的因素给中国对外直接投资带来较大阻力，中国企业对“一带一路”沿线国家直接投资面临很多挑战。

（二）发达国家投资审查措施趋严

投资便利化虽然是国际投资政策发展的主流，但目前部分国家的投资保护主义和投资监管日趋严格。一些国家出台了严格的外商投资政策，限制国外企业在本国的投资活动，这给中国企业在当地开展投资活动带来了一定的阻碍。据联合国贸易和发展会议统计，2018 年全球约有 55 个国家新出台了近 40 项相关措施。

（三）国际直接投资回报率呈下降趋势

自 2012 年起，国际直接投资回报率呈逐年下滑态势，这对中国对外直接投资产生一定的负面影响。由图 2–32 可知，2012 年全球外商投资回报率虽为 8.1%，但到 2017 年，投资回报率降至 6.7%。《2019 年世界投资报告》显示，全球外商直接投资流量持续下滑，2018 年减少至 1.3 万亿美元，同比下降 13%，投资回报率降至 6.0% 左右。对比 2012—2017 年各经济体的直接投资回报率可以发现，发达经济体的直接投资回报率虽然最低，但整体下降速度较慢；转型经济体整体外商投资回报率最高，同时波动幅度最大，2014 年的投资回报率达峰值，2015 年降至 10.2%，随后两年投资回报率缓慢上升；发展中经济体投资回报率虽然高于世界平均水平，但整体投资回报率逐年下滑，外商投资回报率在 2012 年达最高值 10.0%，随后逐年下降，2017 年的投资回报率降至 8.0%。上述分析表明，随着全球外商直接投资回报率的不断下降，中国企业对外直接投资的积极性可能有所下降，这也从侧面反映世界经济面临的下行压力给中国对外直接投资带来了一定的挑战。

图 2-32　2012—2017 年国际外商直接投资回报率

资料来源：联合国贸易和发展会议《2018 年世界投资报告》。

（四）世界经济增速持续下滑

2019 年全球经济虽然在深度调整中缓慢复苏，中国的对外直接投资环境也有所好转，但新冠肺炎疫情给世界经济发展带来了巨大影响。2020 年 6 月，IMF 发布的经济预测更新报告显示，2020 年世界经济增长率可能下

降至 –4.9.0%，其中发达经济体的 GDP 增速为 –8.0%，新兴市场和发展中国家的 GDP 增速为 –3.0%，新冠肺炎疫情带来的严重经济影响远超预期。从全球范围来看，人员流动受到抑制，随着各国经济活动逐步重启，部分地区的人员流动有所提升，但仍远低于疫情前的水平。在需求下降、未来营收不确定的情况下，企业纷纷选择减少投资。世界银行发布的《全球经济展望》认为，全球经济将出现严重收缩，新冠肺炎疫情使各国的经济停摆，2020 年全球经济将下滑 5.2%。在全球价值链收缩和国际直接投资持续低迷的背景下，中国国内企业“走出去”的步伐将有所放缓。

第四节　本章小结

本章首先从中国对外直接投资的整体规模、地区分布等方面，概括了中国对外直接投资的流量和存量特点、行业分布特征；其次，按照“一带一路”沿线国家的地区分布，将“一带一路”的沿线国家分为六大地区；再次，从整体和局部两个方面分析中国对“一带一路”沿线国家直接投资现状；最后，结合国内外投资环境，总结中国对“一带一路”沿线国家直接投资面临的机遇和挑战。

通过分析中国对“一带一路”沿线国家直接投资的现状可以发现，中国企业对“一带一路”沿线国家直接投资在地区分布、行业分布上均具有一定的集聚性；投资产业主要为第三产业；投资主体虽然单一，但在持续优化中。对“一带一路”沿线国家直接投资现状的分析，可以更加明确中国对各地区直接投资的优势和短板，有利于深入考察中国对“一带一路”沿线国家直接投资地区分布的影响因素。

近年来，在全球经济缓慢复苏的同时，阻碍各国经济增长的风险因素也在不断增加。综合考察国内和国际环境，中国对“一带一路”沿线国家直接投资既面临新机遇，也面临不容忽视的挑战。中国对外直接投资面临的机遇主要有：“一带一路”建设持续深入、“金砖国家”合作机制务实推进、国内宏观经济整体平稳向好；面临的挑战主要有国际不稳定因素仍然存在、发达国家投资审查措施趋严、国际直接投资回报率呈下降态势等。

第三章

中国对“一带一路”沿线国家直接投资的影响因素

2013 年“一带一路”倡议的提出，加快了中国企业“走出去”的步伐，尤其加快了中国对“一带一路”沿线国家直接投资的速度。商务部公布的数据显示，2017—2018 年中国在“一带一路”沿线国家直接投资流量分别为 143.6 亿美元和 156.0 亿美元，分别占当年对外投资总量的 12% 和 13%，中国对“一带一路”沿线国家的投资增速较快，且增长空间巨大。中国虽然对“一带一路”沿线国家直接投资取得较大成绩，但也面临一些难题。由于“一带一路”沿线地区东接东亚经济圈、西接欧洲经济圈，中间广大腹地经济发展程度不一，各国在资源禀赋、制度环境、研发水平以及劳动力数量等方面存在较大差异，投资环境十分复杂。在“一带一路”倡议背景下，这种投资环境差异会给中国对外直接投资的区位选择带来哪些影响，中国企业对“一带一路”沿线国家直接投资的主要动机是什么？回答这些问题有助于有针对性地制定对外直接投资政策。为此，本书从经济因素、制度因素、双边关系因素等方面，对跨国公司的对外投资影响因素进行分析；利用面板数据模型实证分析中国对“一带一路”沿线国家直接投资的影响因素。

第一节　对外直接投资的区位选择影响因素分析

一、经济因素对区位选择的影响

经济因素是企业进行对外直接投资面临区位选择决策时需要首先考虑的因素。在 Hymer（1960）提出的垄断优势理论，以及 Dunning（1977）提出的国际生产折衷理论中，都将东道国的经济状况作为进行对外直接投资时需要考虑的最重要因素。其中，在垄断优势理论中，企业在不完全竞争市场下获取的如成本优势、规模经济、技术优势等垄断性竞争优势，是企业开展对外直接投资的重要影响因素。国际生产折衷理论认为，企业的所有权优势、内部化优势和区位优势，共同作用于跨国公司的对外直接投资行为，其中所有权优势和内部化优势是企业对外直接投资的必要条件，东道国的区位优势是对外直接投资行为的充分条件，只有同时具备上述三个基本要素时，企业才会开展对外直接投资。投资发展周期理论是 Dunning（1981）从动态角度提出的用于解释一个国家经济发展状况与国际投资地位之间关系的理论，是国际生产折衷理论的动态延伸。该理论认为，一个国家吸引外资的能力与该国人均国民生产总值呈正相关关系。

近年来，随着“一带一路”建设进程的不断加快，中国对“一带一路”沿线国家直接投资持续增长。2019 年中国人均 GDP 突破 1 万美元，处于投资发展周期理论中第三阶段向第四阶段过渡的时期，对外直接投资增长迅速。中国的跨国公司拥有一定的所有权优势与内部化优势，逐渐开始在一定区域内充分利用东道国的区位优势。从影响因素来看，东道国的市场规模、要素成本和资源禀赋等，成为中国企业跨国投资时首要考虑的因素。国内外许多学者的研究结果表明，中国企业更倾向于对市场规模大、生产要素成本低、自然资源丰富的国家和地区进行直接投资。劳动力成本是企业成本的重要组成部分，为追求利润最大化，跨国公司往往选择对劳动力成本较低的地区投资（程衍生，2019）。另外，东道国的资本充裕度越高，代表其资金的可获得性越强，对跨国公司的吸引力也就越大。

经济因素对区位选择的影响与对外直接投资动机密切相关，市场寻求型、技术寻求型、资源寻求型等不同类型的对外直接投资，在投资过程中对经济因素的重视程度存在较大差异。这些差异具体表现在以下四个方面。一是对市场寻求型对外直接投资而言，东道国的市场规模通常是进行区位选择的决定性因素，市场规模越大，跨国公司对其开展投资的概率越大。二是东道国的技术水平与研发能力越强，对跨国公司的吸引力越大，尤其对技术寻求型企业而言，对研发能力较强的国家开展对外投资时，可以利用东道国的逆向技术溢出来提升企业自身实力。三是资源禀赋的充裕程度是资源寻求型投资企业的重要考量因素。一个地区的自然资源越丰富，其吸引的外商投资就越多。四是战略性资产是指能为企业带来长期竞争优势的资产，如品牌、专利、数据信息等，这类难以被模仿和替代的战略资产往往对跨国公司具有较大的吸引力。

二、制度因素对区位选择的影响

建立规范的市场制度，有利于降低外部环境的各种不确定风险，从而保障投资活动的顺利实施。良好的制度环境能够帮助企业在对外直接投资的过程中降低交易费用、规避投资风险、优化要素配置、提升投资绩效。

制度既是判断一个国家或地区是否具有区位优势的关键，也是跨国公司进行对外直接投资区位选择时需要考虑的重要影响因素。

目前，国内外有大量关于东道国制度因素影响跨国公司区位选择的相关研究。整体来看，有关发达国家对外直接投资的研究结论基本一致，即东道国制度质量与外商直接投资额呈显著的正相关关系。有关发展中国家的研究结论却不尽相同。部分研究结果表明，东道国的制度质量对外商投资起积极的作用，东道国的制度越完善，外商直接投资越多。也有研究认为，发展中国家的企业在对外直接投资过程中呈现“制度风险偏好”的特征。但有学者指出，这种“制度风险偏好”只是一个假象，学者通过利用制度质量评估指标并加入其他影响区位选择的因素，最终得出的研究结论仍与主流国际资本流动理论一致。因此本书假设，中国企业更倾向于对制度更加完善的国家或地区进行投资。

制度包含多个维度，不同维度的制度因素对跨国公司的区位选择具有不同程度的影响。从政治制度方面来看，稳定的政治环境降低了跨国公司在东道国的信用风险、支付风险、税收风险等。政治风险越低，吸引的外商直接投资越多。从法治环境方面来看，东道国法治水平的高低反映了该国能否为市场参与者提供健全、公正的市场环境。因此，完善的法治环境可以吸引更多的外来资金流入。从民主程度方面来看，东道国的民主程度决定了不同利益团体之间的竞争程度，东道国的民主程度越高，市场竞争越激烈，相关制度也越完善。此外，东道国政府的廉洁程度是衡量该国经济活动交易成本水平的重要指标。理论上，企业更倾向于对廉洁程度较高的国家或地区进行投资。政府效率及监管力度反映的是东道国政府提供服务的质量、政策的制定和执行能力以及政府决策的可信程度。完善的监管机制和高效、高质量的政府服务对吸引外来投资具有积极的作用。从营商环境来看，其是对企业整个生命周期内制度软环境的综合评价，具体包括企业登记、纳税、跨境贸易、获得信贷、执行合同等指标。东道国的营商环境越好，企业的营商成本越低，吸引的外商直接投资就越多。综上所述，本书认为东道国的政治稳定性、法治水平、民主程度、营商环境等因素对跨国公司的区位选择具有重要影响。

三、双边经贸关系对区位选择的影响

“一带一路”沿线国家间良好的双边经贸关系在一定程度上能够弥补东道国因制度体系不完善导致的弊端，为中国进行对外直接投资的企业提供保障，确保其投资活动的顺利进行。中国企业在对“一带一路”沿线国家进行直接投资区位选择时，会优先考虑与中国经贸关系良好、双边贸易额较大的国家或地区。在全球化的背景下，企业往往会通过阶段性的模式来实现国际化，如企业一般会由商品出口开始，过渡到在海外设立办事处或者子公司，最后实现海外直接生产。中国企业在全球化的过程中也会经历同样的阶段（孙华平等，2018）。

制度差异问题是在对外投资过程中客观存在的问题之一，制度差异可能造成投资成本和风险的增加。由于信息不对称等原因，跨国公司对东道国的市场信息可能了解得不够深入，相应的政治、法律风险也会随之产生，这些很有可能导致对外投资障碍重重。签订双边投资协定能够有效地降低因制度差异导致的投资风险，提高东道国对母国企业的保护力度，降低母国企业在东道国遭遇投资门槛、税收风险、结算风险等不公平事件的概率，能够有效约束东道国行为，为母国企业的海外投资提供保护措施。良好的双边经贸关系能够有效地提升双方的互信程度，且双方合作关系持续的时间越长，越有助于母国投资企业对特定制度的适应，降低母国企业的投资成本，进而扩大投资规模。因此，双边投资协定对中国对外直接投资起到积极的作用。

第二节　中国对“一带一路”沿线国家直接投资影响因素的实证研究

一、模型设置与指标选择

基于本书前面的分析，本节采用面板数据模型研究中国对“一带一路”沿线国家直接投资流量的影响因素，建立模型（3–1）如下：

$$FLOW_{it}=\beta_0+\beta_1 GDP_{it}+\beta_2 GOV_{it}+\beta_3 LAB_{it}+\beta_4 BAN_{it}+\beta_5 RD_{it}+\beta_6 BUS_{it}+\beta_7 BIT_{it}+\beta_8 TRA_{it}+\beta_9 RES_{it}+\varepsilon_{it} \tag{3-1}$$

其中，*FLOW* 为中国向“一带一路”沿线国家直接投资流量；*GDP* 为东道国的国内生产总值；*GOV* 为东道国的政府治理水平；*LAB* 为东道国的劳动力数量；*BAN* 为东道国的金融环境；*RD* 为东道国的技术水平；*BUS* 为东道国的营商环境；*BIT* 为双边投资协定；*TRA* 为双边贸易额；*RES* 为东道国的自然资源密度。中国对外直接投资流量及双边投资协定数据来自商务部官方网站，东道国政府治理水平、营商环境指数数据来自世界银行，国民生产总值、资源密度等相关数据来自国泰安数据库。

除了使用中国对“一带一路”沿线国家直接投资流量作为因变量外，本书还使用投资存量作为因变量进行投资区位选择的影响因素分析，建立模型（3–2）如下：

$$STOCK_{it}=\beta_0+\beta_1 GDP_{it}+\beta_2 GOV_{it}+\beta_3 BAN_{it}+\beta_4 TEC_{it}+\beta_5 BUS_{it}+\beta_6 BIT_{it}+\beta_7 TRA_{it}+\beta_8 RES_{it}+\varepsilon_{it} \tag{3-2}$$

其中，*STOCK* 为中国对“一带一路”沿线国家直接投资存量；*TEC* 为东道国研发水平。其他变量含义与模型（3–1）相同。

二、指标解释

GDP 是指东道国的国内生产总值。*GDP* 既是用来衡量东道国市场规模的重要变量，也是对外直接投资区位选择的关键影响因素。东道国 *GDP* 水平越高，其市场规模越大，越有利于跨国公司在东道国发挥规模经济优势，提高资源使用效率（Bevan et al.，2004）。

GOV 是指东道国的政府治理水平。本书采用世界银行的世界治理指标（WGI）对政府治理水平进行衡量。WGI 包括六项指标，即政治稳定性（Political Stability）、政府效率（Government Effectiveness）、规制质量（Regulatory Quality）、法制规则（Rule of Law）、腐败控制（Control of Corruption）和话语权与问责（Voice and Accountability）；再对东道国的上述六项指标分别进行打分，每项取值范围为［–2.5，2.5］，评分越高，说明东道国的政府治理水平越高。

LAB 是指东道国的劳动力数量。本书选取东道国劳动力数量作为衡量劳动力成本的指标，该指标数值越大，表明其劳动力成本越低。通常情况下，东道国的劳动力成本越低，能够吸引的中国对外直接投资额就越大。

BAN 是指东道国的金融环境，具体以商业银行信贷余额表示，该指标是衡量东道国资本充裕度的常用指标，表示在某一时间点借款人未归还的商业银行贷款的总额，信贷余额越大说明资本越充裕。

RD 是指东道国的技术水平，具体以 *R&D* 支出占 *GDP* 的比重表示，

该指标不仅可以反映东道国的研发投入强度，还可以评价东道国经济发展的技术贡献度。该指标越大，说明东道国研发活动的投资规模越大，能够吸引的外商直接投资额越多。

BUS 是指东道国的营商环境，具体以世界银行公布的营商环境指数进行测度，包括开办企业、办理施工许可、登记财产、缴纳税款、跨境贸易、获取信贷、投资者保护、执行合同、办理破产等 10 个方面，该指标是一项综合排名，排名越靠前，表明东道国的经营环境越好。

BIT 是指中国与“一带一路”沿线国家是否签订了双边投资协定。双边投资协定的签订可以降低两国投资活动的交易成本，为跨国公司的投资提供制度保障，有利于吸引外商投资，促进两国资本的流动（宗芳宇等，2012）。本书以虚拟变量表示 *BIT*，如果双方签订了双边投资协定，则赋值为 1；如果双方没有签订双边投资协定，则赋值为 0。

TRA 是指中国与“一带一路”沿线国家的双边贸易额。双边贸易额越大，说明两国的经贸关系越密切，越有利于促进两国之间的投资合作，两国开展直接投资的动机越强（王胜、田涛，2013）。

RES 是指东道国的自然资源密度。自然资源是影响跨国公司区位选择的重要因素（阎大颖，2013）。东道国充裕的自然资源有助于企业降低生产成本，吸引跨国公司进行投资。本书借鉴宋利芳和武晥（2018）、程衍生（2019）等的研究，采用东道国金属、矿石和燃料出口额占商品出口总额的比重作为自然资源的代理变量，该数值越大，说明该国的自然资源越丰富。

三、中国对“一带一路”沿线国家直接投资流量的影响因素分析

在 Haussman 检验的基础上，本书使用面板数据随机效应模型对模型

（3-1）进行回归分析，回归结果见表 3-1。为检验回归结果的稳健性，本书逐一加入自变量得到结果后发现，各模型回归系数未产生符号变化，仅存在数值大小上的差异，本书的回归结果是稳健的。回归结果显示，东道国 *GDP*、政治风险指数、劳动力数量、自然资源密度以及双边投资协定、双边贸易额系数符号均显著为正值。

中国对“一带一路”沿线国家的投资流量与东道国 *GDP* 呈正相关关系。*GDP* 值越大，表示东道国具有越广阔的市场和越大的投资需求，中国企业更倾向于对“一带一路”沿线市场规模较大的国家进行投资，这有助于跨国公司在广阔的东道国市场获取一定的市场份额，保证预期收益率。该指标显著为正，体现了中国对“一带一路”沿线国家的直接投资具有显著的市场寻求动机。

东道国劳动力数量与中国对外直接投资流量呈显著正相关关系，投资目标国的劳动力数量越多，中国跨国公司对其直接投资就越多。东道国劳动力数量在一定程度上决定了劳动力成本的高低。劳动密集型产业往往倾向于对劳动力成本较低的国家开展投资，低廉的劳动力成本有助于跨国公司获得更高的利润。就中国而言，产业结构调整使部分劳动力密集型产业成为边际产业，这些产业受劳动力成本的影响较大。因此，中国企业在对“一带一路”沿线国家进行投资时，高度重视东道国的劳动力成本，倾向于对劳动力数量多、劳动力成本相对低廉的国家进行投资。

东道国 *R&D* 支出占 *GDP* 的比重反映了东道国的科研投入和技术水平，该指标仅在回归结果（2）中显著，在回归结果（3）、回归结果（4）中均不显著，这说明中国企业对“一带一路”沿线国家进行投资时，技术寻求动机并不显著。以技术寻求为目的的跨国公司，更注重东道国的科技研发水平，其通常希望通过充分利用当地健全的研发体系、人力资源等实现研发、设计的当地化。研发投入规模大的国家拥有较健全的研发体系和先进的科学技术，这也是吸引外来投资的重要原因。但“一带一路”沿线大部分国家的科技研发水平相对落后，对其开展投资获取的逆向技术溢出效应并不明显。

BIT 系数符号显著为正说明签订双边投资协定对中国跨国公司的投资活动具有明显的促进作用。双边投资协定的签订意味着跨国资本的流动有了制度层面的保障，在很大程度上减少了对外投资过程中可能遇到的各种风险，并且降低了交易成本。双边投资关系持续的时间越久，各种有利于双边投资活动的规则和制度越完善，也越有助于跨国公司更快地适应东道国的制度环境，*BIT* 实际上是对跨国公司的一种保障性制度安排。

表 3–1　中国对“一带一路”沿线国家直接投资流量的影响因素分析

FLOW	回归结果（1）	回归结果（2）	回归结果（3）	回归结果（4）
GDP	0.004^{*} （1.660）	0.015^{***} （5.370）	0.008^{***} （2.580）	0.019^{***} （4.470）
GOV	0.774^{**} （2.030）	0.222 （0.540）	0.003 （0.010）	0.291 （0.760）
LAB		0.003^{***} （5.610）	0.003^{***} （4.410）	0.002^{***} （3.770）
BAN		0.073 （0.370）	–0.202 （–0.530）	–0.094 （–0.270）
RD		0.308^{**} （2.120）	0.136 （1.090）	0.169 （1.480）
BUS		–0.040 （–1.270）	-0.102^{**} （–2.260）	0.012 （0.220）
BIT			0.257^{***} （3.240）	0.330^{***} （4.350）
TRA			0.139^{**} （2.490）	0.139 （0.000）

续表

FLOW	回归结果（1）	回归结果（2）	回归结果（3）	回归结果（4）
RES				0.013^{***} （3.280）
Wald chi2	7.83	43.98	53.76	78.06
Prob >chi2	0.02	0	0	0
R^2	0.009	0.728	0.710	0.793

注：系数下方的括号内为各回归系数的z值；*、**、*** 分别表示显著性水平为 10%、5%、1%。

TRA 系数符号为正，说明双边贸易额对中国对外直接投资具有正向影响，国际贸易与对外直接投资具有相互依存的关系。通过双边贸易往来，两国政府间、行业间、企业间建立一定的联系，这为中国对东道国的直接投资带来了很多便利，以往两国之间通过贸易往来建立的信息网络也可以在中国企业开展对外直接投资时被使用。

RES 系数符号显著为正说明中国企业更倾向于对“一带一路”沿线国家自然资源丰富的东道国进行投资，这也反映了当前中国经济发展过程中对资源具有较大需求，通过开展对外直接投资，中国的资源缺口可以得到有效弥补，这种资源寻求动机在中国对发展中国家的投资过程中表现得更为显著。本书的这一结论既与 Dunning（1993）的理论研究一致，也与李磊和郑昭阳（2012）、裴秋蕊和卢进勇（2019）等的研究结论一致，即丰富的自然资源是一个国家或地区吸引外来资本的重要优势。

GOV 系数符号在回归结果（1）中显著为正，但在回归结果（2）、回归结果（3）、回归结果（4）中均不显著，这说明政府治理水平与中国对外直接投资呈弱正相关关系，其显著性不强。需要注意的是，*GOV* 指标是政府治理水平的排名，该指标越大，代表治理水平越低，吸引的外商直接投资越多，这也说明中国的对外直接投资具有一定的制度风险偏好。

四、中国对“一带一路”沿线国家直接投资存量的影响因素分析

通过进行 Haussman 检验，本书使用面板数据随机效应模型对模型（3–2）进行回归分析，回归结果见表 3–2。本书在模型（3–2）中使用东道国人均专利数表示该国的研发水平，以检验模型稳健性；在逐一加入变量后，回归系数并未产生符号变化，这说明本书的研究回归结果是稳定可靠的。

回归结果显示，政府治理水平（*GOV*）、双边投资协定（*BIT*）、自然资源密度（*RES*）、东道国研发水平（*TEC*）、双边贸易额（*TRA*）等变量系数符号均显著为正，这表明上述因素对中国对外直接投资存量均有积极影响。

专利授权数是东道国科技产出与研发能力的重要表现形式（张吉鹏、衣长军，2014）。本书使用人均专利数作为东道国技术水平的替代变量后发现，*TEC* 符号显著为正，这说明东道国人均专利数越多，吸引的中国对外直接投资额越高。东道国金融环境（*BAN*）系数符号显著为负，这说明东道国的资本越充裕，中国对其进行的投资越少；反之，东道国资本越匮乏，中国对其进行的投资越多，这与本书预期假设相矛盾。本书认为，其可能的原因是“一带一路”沿线地区以发展中国家为主，中国向这些国家进行投资的主体是国有企业和部分资金实力雄厚的大型民营企业，其国内融资途径多、融资难度低，此类企业除以市场寻求、资源寻求等动机为主外，还具有增进外交关系、帮助贫困国家等动机，其融资需求并不明显。

表 3–2 中国对“一带一路”沿线国家直接投资存量的影响因素分析

STOCK	回归结果（1）	回归结果（2）	回归结果（3）	回归结果（4）
TEC	0.308*** （7.000）	0.278* （1.780）	0.251 （1.420）	0.217 （1.280）

续表

STOCK	回归结果（1）	回归结果（2）	回归结果（3）	回归结果（4）
BIT	0.313*** （14.860）	0.356*** （7.810）	0.358*** （7.530）	0.365*** （8.130）
GOV	0.175* （1.800）	0.346* （1.880）	0.373* （1.900）	0.306 （1.640）
BAN		−0.158* （−1.770）	−0.176* （−1.770）	−0.184** （−1.970）
BUS		−0.165*** （−3.320）	−0.166*** （−5.280）	−0.165 （−1.350）
RES		−0.002 （−0.110）	0.009*** （5.360）	0.002 （0.100）
GDP		0.278 （1.650）	−0.010 （−0.650）	−0.004 （−0.260）
TRA				0.103* （1.950）
Wald chi2	298.18	155.28	141.01	166.14
Prob > chi2	0	0	0	0
R^2	0.785	0.802	0.801	0.821

注：系数下方的括号内为各回归系数 t 值；*、**、*** 分别表示显著性水平为 10%、5%、1%。

第三节　本章小结

本章基于现有研究成果，对 OFDI 区位选择的影响因素进行了理论分析，然后基于中国对“一带一路”沿线国家直接投资数据，使用面板数据随机效应模型进行了实证分析。一是在中国企业对“一带一路”沿线国家直接投资的过程中，东道国市场规模、自然资源密度、研发水平、双边贸易额、双边投资协定均对OFDI产生正向影响。二是东道国资本充裕度对吸引中国对外直接投资作用并不明显，原因在于对“一带一路”沿线国家投资主体多为大型企业，融资途径多、融资难度低，资本寻求动机不显著。三是东道国治理水平越低，中国对其投资额反而越高，中国对“一带一路”沿线国家直接投资具有一定的制度风险偏好。但是，随着国内相关制度的不断完善，中国跨国公司的制度适应能力也在不断增强，以更好地提高对外直接投资收益。

第二部分

理论研究篇

第四章

对外直接投资模式理论分析

本章首先对全球价值链、对外直接投资模式、投资绩效等相关概念进行界定，其次回顾对外直接投资模式与全球价值链研究的相关文献，并以此作为本书相关研究的基础。本书具体从以下三个方面对现有理论和文献进行评述。首先，回顾全球价值链理论、竞争优势理论、国际直接投资理论等，对其理论贡献及在本书中的适用性进行评述；其次，针对本书核心问题，回顾对外直接投资模式的类型、影响因素、绩效差异等方面的文献；最后，在充分参考现有文献的基础上，从全球价值链视角提出“全球价值链地位—对外直接投资模式—对外直接投资绩效”的研究框架。

第一节 相关概念界定

一、全球价值链

自20世纪80年代以来，随着国际分工格局的迅速变革，有关全球价值链（Global Value Chain，GVC）的研究快速升温，并取得一系列突破性进展。价值链的概念最早由 Porter（1985）提出，他认为价值链是由一系列基本活动和支持性活动组成的集合体，这些活动涵盖企业前期的产品设计、研发，中期的生产销售、物流运输以及后期的售后、产品支持等。它们虽紧密联系，但存在差异，相互融合，不断促进产品价值增长，因此被称为价值链。

Kogut（1985）认为，价值链整合原材料、技术、劳动等要素，经过价值链的各个环节，形成最终商品。价值循环由物流、市场交易、消费、售后服务等共同完成，不同国家的比较优势决定了价值链条的各个环节如何在空间上进行配置。Sturgeon 和 Lee（2001）从参与主体、地理分布和组织规模三个方面阐释了全球价值链的特点。全球价值链的参与主体包括供应商、零售商、领导厂商等，其地理分布十分广泛，遍布世界各个国家和地区。组织规模包括某个商品或服务生产活动的全部主体。联合国工业发展组织（UNIDO）把全球价值链定义为全球性跨企业网络组织，包括产品生产、销售、回收处理等环节，不同环节的参与者共同分享产品的最终利润。英国萨塞克斯大学发展研究所将全球价值链定义为在全球范围内，产品从概念设计到最终报废的整个生命周期内包含的所有价值创造过程，具体包括产品设计、生产、营销、用户服务等。

在中国，刘仕国等（2015）认为，将各个国家以生产流程的方式进行连接的产品价值链条即为全球价值链。在整个价值链条上，可以将价值节点看成全球多个国家最终产品价值分解后的产物，且这些节点被分散在产品生产的各个阶段，如设计理念、生产制造、品牌营销、配送以及售后服务。

综合不同学者对全球价值链的定义，本书认为全球价值链是指经济全球化进程中产生的以产品附加值为节点，含有众多环节的价值链条。这些环节由多个国家和地区的企业参与完成，包括设计、生产、制造、品牌营销、配送以及售后服务等。

二、对外直接投资模式

经济合作与发展组织（OECD）将对外直接投资定义为一个国家（或地区）的企业与其他国家的企业以长期收益为目标，建立长期关系，并对其进行控制的投资。国际货币基金组织（IMF）认为，对外直接投资是在投资人以外的国家（或地区）经营的企业，拥有持续创造收益的一种投资，并且投资人能够对该企业持有管理权和控制权。

对外直接投资模式是企业在海外市场进行生产经营活动的方式。Root（1994）将其定义为一种制度安排，通过这种安排，企业可以将自身相关资源、技术、经验等转移到国外，这个定义得到 Kumar 和 Subramaniam（1997）、Erramilli 和 Dev（2002）等多数学者的认同。有关对外直接投资模式的定义，学术界的意见虽然大致相同，但是对于投资模式的分类却持有不同观点。选择合适的对外直接投资模式是企业开展国际化运营、进入国际市场的关键，它对于企业实现自身战略、实现可持续发展等都具有重要意义。

绿地投资和并购是跨国公司开展对外直接投资较常用的投资模式。绿地投资是指不同类型的投资主体按照东道国相关法律、法规，在该国设立的部分或全部资产归国外投资者所有的企业。绿地投资能够给东道国的生产、就业等方面带来有利影响，包括建立国际独资企业和合资企业两种方式。其中，前者主要有国外分公司或者子公司、国外避税地公司等形式，后者主要有股权式、契约式等形式。跨国并购是指一国企业出于自身发展需要，以兼并收购的方式购买东道国相关企业的部分或者全部股份，以控制和经营管理该企业。

三、对外直接投资绩效

企业绩效是客观评价企业生产经营活动的标准，主要包括盈利能力、资产运营水平、偿债能力与可持续发展能力等。对外直接投资绩效是指跨国公司开展对外直接投资活动的结果及成效，可以分为宏观绩效和微观绩效。

对外直接投资宏观绩效是指跨国公司进行投资活动后，给母国产业经济增长、结构优化升级、资源整合等方面带来的重要影响。因此，需要从整个经济社会角度分析和评价对外直接投资宏观绩效，即对外直接投资活动对母国经济社会发展产生的作用，主要包括经济增长、国际贸易、外汇储备、国内投资、全要素生产率等方面。田雅琼（2012）主要从中国对外直接投资对国民收入增长、国内就业、出口、国内投资以及税收等方面的影响，综合考量企业开展对外直接投资的宏观绩效。

对外直接投资微观绩效主要是指跨国公司开展对外直接投资活动时，给自身的财务指标和运营效率等带来的影响。跨国公司进行国际化扩张的重要原因之一，是对外直接投资往往能提升企业的生产经营效果。对外直接投资的市场绩效和经营绩效常被用来衡量对外直接投资企业的微观绩效。对外直接投资市场绩效是指企业在一定的市场结构中，进行对外直接投资活动产生的最终经济成果，包括产品的价格、产量、质量、利润等方面。根据 Fama（1965）提出的有效市场假说指出，跨国公司的对外直接投资行为可以通过股票市场进行反映。国内外众多学者多采用事件研究法，以股票市场中股价的变化来反映对外直接投资企业的市场价值变化。对外直接投资经营绩效是指在一定时期内，企业开展对外直接投资产生的经营效益。经营效益是对企业各项能力的综合评价，包括盈利能力、运营能力、偿债能力和成长能力等。经营绩效通常采用会计研究方法，需要建立财务指标评价体系来分析企业的财务状况。

第二节 理论基础

本节的理论分析建立在全球价值链理论、竞争优势理论、对外直接投资理论、制度理论等基础上，下面对相关理论基础进行概述。

一、全球价值链理论

自价值链概念提出以来，学者不断地对其进行修正与补充。Gereffi（1994）提出和阐释全球商品链的概念，并在随后的研究中将其称为全球价值链（Gereffi，2002）。随着全球价值链理论的不断发展，逐渐形成全球价值链驱动机制理论、全球价值链治理理论和全球价值链升级理论。

（一）全球价值链驱动机制理论

从驱动机制的角度，Gereffi（1999）将全球价值链分为生产者驱动型和购买者驱动型两种。生产者驱动型是指在价值链上，市场需求主要由生产者投资推动，相关供应商共同组成严密的国际分工体系。这些企业多为掌握关键技术的发达国家跨国公司，这些技术大多与战略新兴产业、现代制造业等领域有关。在购买者驱动价值链上，主导企业一般是在品牌、营销等方面具有竞争优势的跨国公司，这些企业通常以全球采购、代工生产等方式进入全球市场，打造自身物流网络及售后服务体系，进而满足庞大的市场需求。这些跨国公司多为发达国家的品牌厂商、大型零售商。二者的比较见表 4-1。

表 4-1　生产者驱动 GVC 和购买者驱动 GVC 的比较

区别支出	生产者驱动	购买者驱动
驱动力圆圈	产业资本	商业资本
进入障碍	规模经济	范围经济
核心能力	研发、生产	设计、营销
产业分类	资本、技术密集型行业	劳动密集型消费品行业
典型产业部门	汽车、电脑、飞机等	服装、鞋、手工艺品等
产业结构	垂直一体化	水平一体化
典型案例	波音、海尔、丰田等	国美、沃尔玛、耐克等

资料来源：笔者根据相关文献整理所得。

（二）全球价值链治理理论

全球价值链治理是指通过价值链实现企业之间的关系安排，主导者对价值链中其他企业产生影响和作用，价值链治理是在全球化背景下对市场机制的一种补充（Gereffi，2002）。Powell（1990）将生产网络的治理结构分成市场型、层级型和网络型三种组织形式。此后，Humphrey 和 Schmitz（2002）基于交易成本理论，将治理结构细化为网络型（Networks）、准层级型（Quasi-hierarchy）、层级型（Hierarchy）和市场型（Market-type Relationship）。随后，Gereffi 等（2005）基于企业学习能力理论，将该治理模式扩展为市场型、模块型、关系型、领导型、层级型五大类。①市场型。该模式是指发达国家的采购商与其他国家供应商之间建立的一种合作关系。由于这种治理模式中的产品简单、资产专用性低、交易信息可识别度较高，因此最简单有效。②模块型。相较于市场型，该模式的产品相对复杂，工艺标准化程度及资产的专用性较高，交易对象的选择灵活。

③关系型。该模式中具有较多且复杂的信息交流，产品和工艺比较复杂且标准化程度较低，更换贸易伙伴的协调成本较高。④领导型。该模式中产品的制造工艺虽然较为复杂，但标准化程度较高，供应商能力较弱，常常需要处于主导地位的企业在技术方面提供支持。⑤层级型。该模式无法对产品生产和复杂工艺进行标准化，处于主导地位的企业通常以纵向一体化的生产方式降低企业交易成本。现实经济社会中，这些治理模式彼此联系、动态调整，由交易复杂性、生产商、销售商等各方面共同决定。

（三）全球价值链升级理论

全球价值链升级理论主要研究企业如何利用价值链获取一定的技术和市场，进而提升自身竞争优势，在更高水平上参与价值活动。但是，不同价值链治理结构会对企业价值链升级产生不同影响，在不同的治理模式下，企业升级路径各不相同。Hobday（1995）提出价值链升级模式的路径，即组装（Original Equipment Assembly，OEA）—代工生产（Original Equipment Manufacture，OEM）—自有品牌生产（Original Design Manufacture，ODM）—自主生产（Original Branding Manufacture，OBM）的价值链升级模式。Humphrey 和 Schmitz（2002）在上述研究的基础上，提出全球价值链中产业升级的四种类型，即工艺升级、产品升级、功能升级和链条升级，具体内容见表 4-2。全球价值链地位的提升有利于提高企业利润，增强对全球价值链的掌控能力，促进企业经营绩效和创新绩效的快速提升（Bair and Gereffi，2001；苏丹妮等，2020）。

表 4-2 四种全球价值链产业类型升级路径

升级类型	升级路径
工艺升级	重组生产系统或者引进先进技术，以提升企业工艺流程，实现工艺升级，并提高企业竞争力

续表

升级类型	升级路径
产品升级	对现有产品进行改进，或者开发新产品，使企业产品更加精细，从而提高产品附加值
功能升级	重新组合价值链各增值环节，获得价值链上较新或更好的功能，从而提高企业整体竞争优势
链条升级	把从价值链上获取的特定能力应用于新的领域或者新的价值链上，实现链条升级

资料来源：笔者根据王杰等（2019）的研究整理所得。

二、竞争优势理论

Chamberlin（1933）最早在《垄断竞争理论》一书中提出竞争优势的概念。竞争优势是指企业通过配置相关资源，获得优于竞争对手的独特市场地位（Hofer and Schendel，1978）。Porter（1985）指出，竞争优势是企业以为顾客创造价值为目标，从而获得的高于竞争对手的绩效，是相对于竞争对手的可持续性优势。学术界对竞争优势的来源持有不同的观点，具体包括竞争优势内生论与竞争优势外生论。

（一）竞争优势内生论

竞争优势内生论的主要观点是，企业自身竞争优势源于企业内部独特的资源、能力等，即竞争优势是企业内部的特殊资源，由于这些特有资源在不同企业之间无法进行自由转移，所以企业可以凭借竞争对手难以模仿的、有价值的稀缺资源获得超额利润、取得竞争优势。在此基础上，企业能力理论认为，企业间的竞争不仅取决于产品生产，还取决于企业自身的核心能力，包括企业对知识、技能的创新和运用。该理论比较重视企业对内部资源整合和配置的能力，强调企业培养核心竞争力的重要性。

按照竞争优势内生论的观点，跨国公司是由一系列资源组成的集合体，这些集合体分布在世界各地，能够在跨国经营中利用自身资源和能力进行价值创造。跨国公司的竞争优势源于母公司和子公司的协调能力和资源整合能力，主要体现在资源获取、资源利用与价值创造等方面。跨国公司竞争优势既可以使企业充分吸收外部有利资源，弥补自身不足，又可以使企业内部资源和能力得到充分发挥。

（二）竞争优势外生论

竞争优势外生论是指企业竞争优势由企业外部因素决定，相关理论主要包括 SCP 范式（结构—行为—绩效）和 Porter 的竞争优势理论。SCP 范式认为，企业绩效的高低由市场结构和行为决定，这是现代产业组织理论的三个基本范畴之一。20 世纪 70 年代，美国的传统支柱产业和新兴产业受到来自日本、西欧国家的强烈冲击，在此背景下美国学者 Michael Porter 完成关于企业、产业和国家三个层面的“竞争三部曲”的相关研究，比较全面地阐述了著名的竞争优势理论；随后，运用该理论解释和分析了企业的国际竞争，逐渐形成竞争优势外生理论。

Porter（1985）在其著作《竞争优势》中指出，从微观来看，每一个企业都是包含生产、制造、营销以及辅助活动的集合体，这些虽互不相同但相互关联的活动，构成一条能为企业创造价值的链条，即价值链。而且，当企业处于外部环境时，企业与外部供应商、制造商、消费者之间也互相关联，由此衍生一条外部价值链。因此，Porter（1985）认为企业在竞争环境中，必须认清企业在内外部价值链中所处的位置，低成本和差异化是企业竞争优势的两个重要来源。企业和产业竞争优势体现在价值链的不同环节上，企业制定发展战略前必须充分分析企业所在行业的情况，选择具有相对优势的行业。获取竞争优势的关键是企业的战略定位和价值链活动。

Porter（1990）在《国家竞争优势》中提出用于分析国家竞争优势的钻石模型，并指出要将国内竞争延伸到国际市场；本国主导产业、相关企业能否在国际竞争中取得并保持长期优势地位，是由该国在国际上是否具有竞争优势决定的。

三、对外直接投资理论

（一）交易成本理论

Anderson 和 Gatigon（1986）提出交易成本理论，认为企业会选择能够使自身交易成本最小化的对外直接投资模式。该理论强调跨国公司交易成本主要源于资产专用性和不确定性，较好地解释了发达国家跨国公司对外直接投资模式的选择问题。该理论用研发强度衡量企业资产专用性，并提出企业资产专用性越强，跨国公司在开展对外直接投资活动时，以独资模式进入市场的可能性越大，因为这样可以保护自身研发技术。但是，当东道国环境具有很大的不确定性时，企业倾向于选择合资的投资模式，从而降低企业风险，并在投资活动中保持灵活性、占有主动权。企业外部不确定性常常用国际化经验衡量。经验不足的跨国公司在开展投资活动时，因为缺乏对当地市场信息的了解，很容易导致交易成本过高，为此可以选择与东道国企业进行合作，以较低成本获得原材料、销售渠道等资源。因此，如果企业缺乏国际化经验，往往就会倾向于选择采用合资的方式开展对外直接投资活动；随着投资经验的不断增加，企业对相关问题的处理越来越得心应手，并对外部环境有更清晰和准确的认识，会开始选择独资模式开展生产经营活动。

交易成本理论在后续的研究中得到广泛应用，并成为跨国公司对外直接投资模式选择的代表性理论之一，虽然它为企业选择合适的对外直接投资模式提供了较为清晰的分析框架，但该理论也存在一定不足，如交易成本难以度量。企业开展对外直接投资应当立足于企业长期绩效和发展，如果在投资模式选择时仅考虑交易成本，难免过于局限，该理论就忽略了影响对外直接投资模式选择的其他重要因素。

（二）资源基础理论

资源基础理论产生于战略管理研究领域，其强调了企业竞争优势来自企业自身的异质性资源。Penrose（1959）在《企业成长理论》一书中提出资源基础理论，Wernefelt（1984）、Barney（1991）和 Peteraf（1993）等学者对该理论进行了拓展和延伸，推动了该理论在其他领域的应用。

在《企业成长理论》中，Penrose（1959）从三个角度阐释了该理论的基本思想。第一，该理论从资源角度出发，认为企业是资源的集合。第二，虽然不同企业内部的资源结构可能是相同的，但是企业对资源的投入与利用存在差异，因此企业自身资源是异质性资源。第三，由于企业内部存在无法完全利用的资源，因此企业需要扩大规模，以便更加充分地利用自身资源，给企业带来更大的收益。该理论解释了企业开展对外直接投资活动的原因。此外，资源基础理论被用于分析跨国公司对外直接投资模式（Peng，2001）。企业往往根据东道国资源禀赋与自身资源需求状况，选择恰当的对外直接投资模式，并在这一过程中不断获取和利用新资源，提高企业长期绩效。资源基础理论为跨国公司选择对外直接投资模式提供了新的视角，即跨国公司开展投资活动既是为了获取资源，也是为了更好地利用资源。

需要注意的是，资源基础理论虽解释了企业竞争优势的来源，但该理论仅从静态视角分析企业的竞争优势。面对日益复杂多变的外部环境，该理论未从动态视角分析企业应如何获得并保持竞争优势。

（三）组织能力理论

组织能力理论认为，企业内部资源分为两类，一类是知识资源，另一类是所有权资源，企业的竞争优势来自内部资源的难以复制性和独特性。该理论有三个假设：第一，企业内部资源具有异质性；第二，不同企业内部独特的资源具有黏性，进行国际间或者企业间资源的转移是需要付出相应成本的，拥有独特资源的企业往往会在投资活动中处于有利地位，具有竞争优势；第三，企业拥有一些优势资产，如技术、品牌等，这些资产具有垄断性，很难通过交易获得。该理论认为，跨国公司会选择能够实现自身资源使用效率最大化的对外直接投资模式（Aulakh and Kotabe，1997；Madhok and Tallman，1998），从而在国际市场竞争中处于有利地位。

基于上述假设，组织能力理论认为，当企业不具备一些特定资源时，通常会选择合资方式，以加强与东道国企业的交流与合作，增加企业获取这些资源的效率，从而不断丰富自身资源、提高自身能力、提升竞争优势；反之，如果企业内部资源或能力的黏性比较强，难以通过交易转移或复制，那么企业会倾向于选择控制程度较高的投资模式，以便更有效、更低成本地利用相应的资源。可以看出，跨国公司选择对外直接投资模式时，需要考虑自身是否拥有相应资源，以及内部资源交易成本和东道国资源交易成本等因素。当拥有特定资源或能力时，跨国公司倾向于选择股权比例较高、控制程度较高的投资模式；反之，企业为了弥补自身缺乏的资源和能力，往往采用控制程度较低的投资模式，以获得东道国企业的特定资源，实现企业效益的提升。

组织能力理论对资源基础理论虽具有一定的补充，为企业对外直接投资模式的选择提供新的视角，但它忽视了一些影响企业投资模式选择的重要因素，如制度因素、企业发展战略因素等。

（四）国际生产折衷理论

Dunning（1977）基于垄断优势理论和内部化理论，提出国际生产折衷理论，对企业选择对外直接投资、出口、无形资产转让等行为进行了解释。该理论认为，只具备所有权优势的企业倾向于选择转让无形资产，同时具备所有权优势和内部化优势的企业则倾向于选择出口；只有同时具备所有权优势、内部化优势和区位优势的企业才会开展对外直接投资活动。其中，所有权优势主要包括两类：一类是企业无形资产和有形资产，如专利、品牌、技术等；另一类就是企业以规模经济或范围经济优势获得的生产、运输成本的降低及产品多样化等。内部化优势强调企业为了降低交易费用、减小风险，将企业的所有权优势进行内部使用。区位优势是指跨国公司在开展投资活动时选择区位具备的特殊优势，如劳动力成本、制度环境等。Hill 等（1990）在综合考虑企业内部产品因素、外部环境因素的基础上，加入公司战略因素并认为，跨国公司的对外直接投资模式选择不仅需要关注所有权因素、内部化因素和区位因素，还需要分析各种因素的交互影响。该理论适用性较强，是分析跨国公司对外直接投资模式选择常用的分析框架。但该理论侧重分析已有模式之间的优劣，未从动态视角分析企业具备的各种优势之间的关系和特征。

（五）动态比较优势理论

Ozawa（1992）将跨国公司推动经济增长与开放经济发展理论相结合，提出动态比较优势理论。该理论强调世界经济结构的特点对跨国公司开展投资活动产生的影响。Ozawa（1992）认为，世界经济结构具有以下两个重要特点。第一，不同国家的经济发展水平及实力存在差异；第二，各国经济结构和发展水平不仅具有阶段性特点，而且其升级是一个循序渐进的过程。世界经济结构的第一个特点能够反映企业对外资的利用效率及对外投资的形式；第二个特点表明各国产业升级具有渐进性，这个过程可以不断积累对外直接投资经验。该理论把对外直接投资行为、各国经济发展和比较优势相结合，探讨企业对外直接投资模式选择的相关问题。各个国家经济发展的不平衡，给发达国家和发展中国家之间的技术转移提供机会，发展中国家常常以提高企业比较优势为目的开展对外直接投资活动。

动态比较优势投资理论考察的投资主体为发展中国家。该理论通过把对外直接投资划分成不同的阶段，明确提出动态比较优势是对外直接投资的决定因素，并为企业对外直接投资模式的选择提供依据。动态比较优势理论把发展中国家的对外投资过程分成四个阶段：一是直接引进外资；二是由以吸引外资为主向以对外投资为主转变；三是由劳动力导向型产业逐渐向技术导向型产业对外直接投资转变；四是资本密集型资金流入和资本导向型对外投资交叉发生。此外，该理论提出，跨国公司开展对外投资必须以母国拥有的动态比较优势为基础，发展中国家需要选择能够使母国比较优势得以充分发挥的对外直接投资模式。该理论对发展中国家跨国公司竞争优势的来源和动态变化等有较深入的研究，为企业选择对外直接投资模式提供了新的分析视角。

四、制度理论

制度理论被应用于很多学科，如政治学、经济学、社会学等。基于该理论，跨国公司在开展国际化经营时会面临技术和制度两种环境变化。技术环境要求跨国公司按照最优化原则进行生产，以保证生产效率；制度环境要求跨国公司接受并适应东道国公认的，或被广泛接受的相关方式方法。

North（1990）是新制度经济学派的代表人物，其在《制度、制度变迁和经济绩效》中对制度进行了详细的解释。他认为，在信息不完全和不对称的市场环境下，有效的社会制度可以减少人与人之间的交易成本，实现组织行为效用最大化。制度可分为正式制度和非正式制度，这两种制度紧密依存，在特定条件下可以相互转化。该理论将制度定义为社会规则，认为这种规则对人际交往设置了各种限制，构建人类在政治、经济、社会方面交流的激励机制。

作为组织社会学制度理论的代表人物，Scoot（1995）在《制度与组织》中提出，制度为社会提供了稳定性。不同于 North（1990）对于制度的分类，Scoot（1995）将制度分为调控、规范和认知三个维度。调控维度是指政府或者权威性机构颁布的各项法律、法规等政策措施，调控既可以由政府机构正式实施，也可以采用非正式的方式实施。规范维度更多指向企业的社会责任，企业所在行业及其投资的东道国差异，致使企业面临的制度规范也存在差异。认知维度是指跨国公司对东道国文化环境的认知和理解，现有文献研究多以文化距离这一指标来衡量认知维度。

虽然上述两个制度学派的观点存在一定差异，但是它们都强调国家明文规定的法律法规、相关政策及社会文化背景差异所导致的认知距离，以及对跨国公司开展对外直接投资决策的重要意义。制度理论为研究跨国公司开展对外直接投资提供了新的视角，考察了制度因素给跨国公司投资模式选择带来的影响。

上述各种理论从不同角度解释了跨国公司的对外直接投资活动，均存在一定的优缺点，适用情况也存在差异。本书在借鉴相关理论的基础上，构建对外直接投资模式的分析框架。

第三节 文献综述

Root（1983）提出，对外直接投资模式是指一种制度型安排，是跨国公司把各种资源转移到其他国家的方式。本书对外直接投资模式的相关研究主要从对外直接投资模式的类型与特征、选择的影响因素、投资绩效差异和对外直接投资模式与全球价值链升级的关系四个方面展开。

一、对外直接投资模式的类型与本特征

国内外学者从不同角度将对外直接投资模式进行分类。部分学者根据这些投资模式的界定，分析了不同投资模式的特点和适用情况。

Anderson 和 Gatignon（1986）从企业控制程度的角度，将对外直接投资模式分为三种，即强控制模式、中等控制模式和弱控制模式。随后，Hennart（1988）分析了不同控制程度投资模式的优势和特点，为企业选择相应的投资模式提供参考。他认为，跨国公司选择强控制模式的原因是企业内部具有优势资源。相比其他企业，当企业内部技术优势相对明显时，企业应选择控制程度高的投资模式以保护自身技术。采取中等控制模式的企业一般选择以合资的形式进入东道国市场，这是因为这类企业希望获得一些无法通过市场交易获得的资源，以减少企业自身遇到的潜在风险。另外，由于一些资源的特殊性，企业会选择新建的方式以避免技术泄露和潜在风险。

根据海外子公司建立的方式可以将对外直接投资模式划分为绿地投资和跨国并购（Witteloostuijn and Dikova，2005），这种对外直接投资模式的分类方法得到众多学者的认可。根据不同投资模式的成本差异，Hill 等（1990）比较和总结了各种投资模式的特点。其中，建立全资子公司的总体成本最低，这是因为虽然新建全资子公司需要较高的交易成本，但是企业后期的控制、协调成本较低。跨国并购由于交易成本和企业控制成本均较高，所以其整体成本最高。Harzing（2002）分析了两种投资模式的投资动机以及适用的经营战略发现，由于各个国家和地区环境差异较大，跨国公司为了更加灵活地适应东道国市场，会选择以并购的方式在国外设立分支机构，同时会在东道国采取本土化战略；当企业想把生产经营权力控制在母公司中，且希望更有效地协调跨国公司整体生产经营活动时，企业往往会选择新建投资模式。也有学者按照资源增长程度把投资模式划分为高资源增长进入模式、中等资源增长进入模式、低资源增长进入模式（Meyer et al.，2009）。

在国内，张树明和徐莉（2008）将对外直接投资模式划分为新建进入模式、并购进入模式、对外工程承包以及建立国际分支机构。新建进入模式是指在东道国设立新的生产经营单位，包括建立新公司、新工厂等。并购进入模式是指通过并购东道国企业部分或全部股权的方式，进入东道国市场开展各项生产经营活动。对外工程承包是指某个国家的投资主体或者项目所有人委托相关工程承包人，按照指定条件承包并完成指定的工程任务。建立国际分支机构一般是指国内投资主体设立在东道国的非公司型企业，如境外分公司、办事处、代表处等。需要说明的是，为了提高办事效率，母公司在国外特定地点设立的境外分公司在法律上并不具备法人资格。对外直接投资模式分类的相关内容见表 4-3。

表 4–3 对外直接投资模式分类

研究者	研究视角	模式分类
Anderson 和 Gatignon（1986）	控制程度	强控制模式、中等控制模式、弱控制模式
Witteloostuijn 和 Dikova（2007）	建立境外分支机构的方式	跨国并购、绿地投资
张树明和徐莉（2008）	对外直接投资模式	新建进入模式、并购进入模式、对外工程承包、建立国际分支机构
Meyer 等（2009）	资源增长程度	高资源增长进入模式、中等资源增长进入模式、低资源增长进入模式
黄保东（2010）	建立境外分支机构的不同产权	独资、合资
王碧珺和王辉耀（2012）	对外直接投资动机	海外建立研发机构、与投资东道国的企业共同合资经营、兼并收购海外企业、集聚式对外投资

资料来源：笔者根据相关文献整理所得。

基于企业境外设立分支机构的产权安排视角，黄保东（2010）把对外直接投资模式划分为独资、合资两种。独资是指母公司享有境外分支机构的全部股份；合资是指投资企业只享有该分支机构部分股份，其余股份归合作伙伴所有。从资源、制度、战略三个角度分析企业选择不同投资模式的影响因素后可以发现，寻求国外资产、处于后来者地位的跨国公司倾向于选择独资模式；处于领先者地位的跨国公司，往往为了安全和稳定选择以合资方式进入东道国。

王碧珺和王辉耀（2012）研究发现，获取技术和其他战略性资产是中国制造企业对外直接投资的主要动机。跨国公司主要通过四种投资模式获取技术和品牌效应：一是在海外建立研发机构；二是与投资东道国的企业合资经营；三是兼并收购海外企业；四是集聚式对外投资。

二、对外直接投资模式选择的影响因素

企业异质性、东道国市场等是影响对外直接投资进入模式的重要因素（李善民等，2013）。此外，制度差异、跨国公司股权比例安排等对 OFDI 模式选择也有重要影响。本书从企业异质性因素、东道国市场因素、跨国公司股权比例安排、制度因素等方面系统梳理了相关文献，归纳了对外直接投资模式选择的主要影响因素。

（一）企业异质性因素

对外直接投资模式选择的企业异质性因素主要包括企业规模、组织管理水平、技术水平、资本密集度、生产率、投资经验积累、产品特征等。Agarwal 和 Ramaswami（1992）研究发现，跨国公司选择绿地投资或是并购与企业规模和组织管理水平显著相关。Anderson（1997）认为，绿地投资与跨国公司的技术水平呈显著正相关关系，然而与其管理水平和投资经验呈显著负相关关系。Nocke 和 Yeaple（2014）将企业的异质性特征分为企业可流动能力（如技术水平、管理能力）和企业不可流动能力（如对当地市场的熟悉程度），并通过建立异质性企业一般均衡分析框架，研究异质性企业如何选择出口、绿地投资和跨国并购。结果发现，企业异质性尤其是异质能力的流动性是影响国际化模式的重要因素。也有学者从企业产品特征的角度考察企业异质性与对外直接投资模式选择之间的关系，如 Boeh 和 Beamish（2012）研究发现，产品多样化的企业更倾向于选择合资模式。

中国国内学者从不同角度研究了企业异质性与对外直接投资模式选择的相关性。阎大颖（2008）基于组织学习理论，对中国对外直接投资模式进行了研究分析并认为，跨国投资经验越丰富、企业规模和投资规模越大、盈利能力越强，跨国公司越倾向于选择跨国并购模式。周茂等

（2015）研究认为，研发投入对企业对外直接投资模式选择影响不大，且跨国公司生产率越高，越倾向于选择以并购方式进入东道国。蒋冠宏和蒋殿春（2017）将企业资源划分为可转移优势和不可转移优势，并认为具有明显不可转移优势的企业倾向于采用新建投资模式；反之，企业可转移优势越强，其越倾向于选择并购投资模式。实证研究显示，生产率越高、资本密集度以及研发密集度越高的中国跨国公司越倾向于以跨国并购的方式开展对外直接投资活动。金鹿（2018）采用案例分析法，研究了企业规模、技术寻求类型、管理团队国际化经验和行业技术变革对 OFDI 模式选择的影响，并认为管理团队经验丰富的企业往往选择控制程度较高的进入投资模式，行业技术变革较快的企业往往选择与东道国企业合作。另外，技术寻求类型影响对外直接投资模式，而企业规模则对 OFDI 模式无显著影响。刘晓宁（2019）将中国工业企业数据库和《境外投资企业（机构）名录》进行匹配，并对 OFDI 模式的影响因素进行了实证研究。结果显示，企业生产率、资本密集度、企业规模、对外直接投资经验及东道国经济发展水平、关税水平、制度环境是对外直接投资模式选择的影响因素。叶广宇和海力皮提木·艾比卜拉（2019）认为，当并购方和被并购方之间具有较小生产率差异时，双方企业最终倾向于跨国并购；当双方生产率差别过大时，对外直接投资模式选择将依赖于企业的生产要素密集度，如劳动密集型企业常常选择以绿地投资模式进入东道国，知识或者技术密集型企业往往采取并购模式。

（二）东道国市场因素

学者从东道国市场潜力、劳动力及自然资源等方面，研究了东道国市场因素对跨国公司对外直接投资模式的影响。Porter（1980）认为，在一个快速增长的市场环境中，各企业都希望通过采用合适的直接投资模式开辟东道国市场、获取市场份额。并购可以使企业较快地进入东道国市场，因此优于绿地投资模式。Brouthers（2000）认为，企业为了规避市场需求中的波动风险，在进入东道国时，往往采取分阶段的新建投资方式，逐步进行市场份额的渗透，后期则通过逐渐追加资金的方式开展投资。Dikova等（2007）的观点与其相似，认为绿地投资可以从小规模开始，投资风险较小，在市场表现较为理想时再增加投资。Kendall 和 Ryan（2007）研究认为，当东道国工资低于母国，并且运输成本较低时，最有效率的投资方式是利用国外子公司替代国内企业进行生产。Demirbag 和 Tatoglu（2008）认为，由于绿地投资模式占领市场速度较慢，不能快速实现投资者的战略目标，当跨国公司希望快速进入东道国市场时，应当采用跨国并购模式。Wooster（2016）认为，东道国市场的劳动力资源和自然资源是影响跨国公司投资模式选择的重要因素。

中国国内学者研究了东道国的经济发展水平、开放程度、治理水平、文化差异等因素与对外直接投资模式选择的关系。李莉（2009）基于1996—2007年中国对50个国家和地区直接投资的样本数据，进行了实证检验。结果显示：当东道国经济发展水平和市场流动性都较高时，企业多采用跨国并购的投资模式；当东道国开放程度、治理水平较高时，企业倾向于采用绿地投资的方式。与上述研究结论有所不同的是，黄涛和李甲（2010）研究了中国商业银行的对外直接投资模式选择，发现东道国市场治理水平越高，企业越倾向于以跨国并购模式开展对外投资。从文化差异的视角来看，李平和徐登峰（2010）研究认为，与东道国文化差异越大，企业越倾向于选择合资模式。曾颖颖（2013）通过实证研究发现，文化背景越相似，企业选择跨国并购的可能性越大。另外，市场规模、地理距离、法律制度、交易程序透明度也是企业选择投资模式时考虑的重要影响因素。綦建红和杨丽（2014）采用KSI指数测度了东道国与投资母国的文化差异，基于2004年以来82家大型企业开展的对外直接投资的微观数据，研究了文化差异对OFDI多样化模式、嵌入型平行模式和所有权结构的影响。结果表明，文化差异通过母公司因素对投资模式产生显著的间接影响，虽然对OFDI多样化模式、平行模式的选择具有显著影响，但对所有权结构的影响不显著。程时雄和刘丹（2018）认为，东道国的市场规模、文化差异、治理水平等是影响中国企业选择跨国并购模式的重要因素，而东道国创建企业的成本等因素对OFDI模式的影响不大。

（三）跨国公司股权比例安排

Pan和Tse（2000）深入研究了跨国公司对外直接投资模式与东道国企业控制程度之间的关系。Yiu和Makino（2002）认为，无论并购还是绿地投资、独资或者合资，都是跨国公司在权衡自身所需承担的风险和对东道国企业控制程度后做出的决策。跨国公司拥有的子公司股权比例越高，对其经营活动享有的控制权就越大，但承担的投资风险也越高，跨国公司倾向于采取合资方式以回避风险。Wright等（2010）认为，很多企业会同时选择多种投资模式，以实现跨国公司的国际化生产经营目标。另外，从股权性质的角度来看，吕萍和郭晨曦（2015）从企业所有权结构、董事会结构和管理层激励三个方面，分析了治理结构在企业OFDI模式中的影响。研究发现，拥有较高国有股权比例的企业，更倾向于选择绿地投资模式。其原因是国有企业资金实力强、技术优势明显，同时这些企业常常将投资活动与长期战略目标相结合，不局限于短期绩效，通过开展投资活动，赢得声誉和市场竞争地位。

（四）制度因素

基于国家、产业、企业三个层面，诸多学者研究了制度因素对OFDI

模式选择的影响。当企业在东道国的投资活动存在风险时，为避免受合资伙伴的控制，跨国公司通常会选择控制程度高的所有权安排（Taylor et al., 2000）。但是，也有学者提出不同的意见，Brouthers（2002）认为，在高风险的情况下，企业应该选择较低股权比例的投资模式。Meyer 和 Peng（2005）研究认为，对外直接投资模式的选择受企业制度因素的影响，并且正式、非正式制度因素还会影响跨国公司的生产经营行为。

Peng（2002）认为，母国制度环境会显著影响企业对外直接投资模式的选择，但是不同制度环境对跨国公司对外直接投资模式选择的影响具有差异性。Dunning 和 Lundan（2008）在 OLI 分析范式中加入制度因素，认为良好的制度能够促进国内经济快速增长和社会福利提升；对企业来说，完善的制度对企业管理模式等方面起关键作用，也深刻影响企业投资行为。Slangen 和 Tulder（2009）研究认为，在外部不确定性较强的情况下，跨国公司多选择跨国并购的投资模式。Luo 等（2010）认为，母国的制度环境不同，对跨国公司的支持力度也不同，如不同国家对企业特定产业的信息分享程度不同，银行贷款优惠力度存在差异，会造成企业投资模式选择的差异。

沈坤荣和金刚（2018）分析了正式制度及非正式制度之间的差异及其如何影响企业对外直接投资模式选择。结论显示，为了减少正式制度给企业带来的相关管理风险，虽然跨国公司多选择全资股权结构，但是正式制度差异对企业选择绿地投资和跨国并购的影响并不显著。吴小节等（2018）在社会资本理论与制度理论的基础上，构建投资母国制度质量对 OFDI 模式影响的理论模型，并对民营上市公司对外直接投资数据进行了实证分析。结果显示，母国制度、东道国与投资母国的制度差异、社会资本均对 OFDI 模式具有显著影响。

三、不同对外直接投资模式的绩效差异

不同的对外直接投资模式会对企业绩效产生较大影响，学术界十分关注跨国公司在开展投资活动时的投资模式优化问题。国内外诸多学者针对不同投资模式企业的绩效差异进行了大量研究，并分析了产生绩效差异的原因。

国外学者开展的研究主要包括不同投资模式的绩效差异及影响机制。Li 和 Guisinger（1991）将投资失败率作为代理变量并研究发现，在新建独资、并购及合资三种投资模式中，并购的失败率最高，新建独资的失败率最低。Shaver（1998）的研究结果显示，跨国公司基于企业战略与投资回报两个方面决定投资模式，因此进入模式决策是内生的，如果控制了内生性问题，对外直接投资模式对企业绩效就无显著影响。Brouthers 和 Hennart（2007）考察了新建独资、并购及合资三种投资模式的长期绩效，结论显示，三种投资模式的长期绩效由高到低依次是绿地投资、并购、合资。Hennart（2008）从制度理论的角度，对 OFDI 模式和企业绩效的关系进行分析后发现，在投资初期跨国公司会产生两种制度成本，即由于子公司遵循母公司规则而产生的内部一致性成本，以及由于子公司需要适应东道国环境而产生的外部一致性成本。在不同的 OFDI 模式下，由于企业整合程度不同，其对外直接投资也会产生动态的绩效变化。

关于企业绩效产生差异的原因，学者主要从企业生命周期、研发机制、退出风险、投资不确定性、收益滞后性等多个角度进行研究。从企业生命周期来看，Vermeulen 和 Barkema（2001）认为绿地投资企业生存期短于并购企业，因为新建企业的初期阶段缺乏相关经验，经营风险较大，难以快速适应外部环境的变化；由于并购使企业拓展自身资源、信息、技术等的获取渠道，因此相比绿地投资，并购拥有较长的生命周期。从企业研

发角度来看，Bertrand（2006）指出，企业采取并购模式往往在研发投入和技术创新能力方面更具有优势，这也是并购成为企业对外直接投资主要模式的原因之一。从退出市场的风险来看，并购企业退出市场的风险更高，其主要原因是并购企业在东道国开展生产经营活动期间，经理人之间更有可能因母、子公司之间的文化、组织结构不协调及制度环境差异等因素产生冲突，进而导致企业整合困难，产生较高的协调成本，显著降低企业绩效，甚至可能被迫退出市场。Georgopoulos 和 Preusse（2009）使用产业组织理论，分析了不同 OFDI 模式对企业绩效的长期影响，并发现并购和绿地投资对市场变化和竞争对手策略做出的反应速度不同；有效利用母、子公司特定优势的能力具有差异性，分析结果显示，跨国并购绩效优于绿地投资的长期绩效。

从不确定性角度来看，选择绿地投资模式进入东道国市场的跨国公司，对东道国的制度环境、市场信息及现状等不甚了解，企业需要花费较大精力掌握这些信息，加之企业品牌知名度不高，导致企业的生存和后期收益存在很大的不确定性（Hennart and Park，1993；Mcvea，2009）；相反，以并购模式进入东道国的跨国公司凭借被并购企业的信息渠道，可以较容易地获得所需信息，另外被并购企业的声誉、销售网络都是企业降低在东道国市场的不确定性、快速占领东道国市场及提升企业绩效的有利资源（Georgopoulos and Preusse，2009）。从跨国公司收益滞后性角度来看，绿地投资企业需要更长的投资收益周期，其原因在于绿地投资企业前期需要投入大量固定成本，这些成本包括对厂房、设备、人力资源等的投入，而且由于对当地市场相关信息缺乏全面透彻的了解，企业积累相应经验需要时间，因此企业需要较长时间才能获得投资收益。由于跨国并购模式前期不需要投入大量成本，能够利用企业现有资源开展生产经营活动，因此跨国并购取得投资收益要快于绿地投资（Dikova and Witteloostuijn，2007）。

在中国国内研究方面，学者认为跨国并购更有利于提高企业生产效率，显著增加中国对外直接投资企业的市场份额（孟韬、周学仁，2010；林莎等，2014）。汝毅和吕萍（2014）基于制度理论和组织学习视角，研究了不同投资模式下，中国企业在欧洲成立的子公司之间的绩效差异。评价结果显示，随着时间的推移，子公司绩效均有所提升，且差异越来越小。但从短期来看，采用跨国并购模式的子公司投资绩效优于采用绿地投资子公司的投资绩效；从长期来看，采用绿地投资模式的子公司绩效会明显改善。陈丽丽（2015）使用 KS 一阶随机占优分布函数检验了不同对外直接投资模式下跨国公司经营绩效的差异性。检验结果显示，跨国公司的进入模式选择具有较强的自选择效应，投资之后的绩效差异反而不再显著。易靖韬和戴丽华（2017）基于制度经济学视角，把资产收益率作为企业绩效的代理变量，考察 OFDI 模式选择、控制程度与企业绩效的关系。研究结果显示，母公司对子公司的控制程度与并购企业绩效呈负相关关系，当母公司对子公司的控制程度较低时，并购比新建具有更高的企业绩效；当母公司具有较高的控制权时，新建投资的绩效优势逐渐显现。有学者分析不同投资模式产生绩效差异的原因，如陈颂和卢晨（2017）基于逆向技术溢出视角，认为绿地投资前期对研发、营销等部门的资金投入较大，虽然企业全要素生产率在短期内会有一定程度的下降，但长远来看，新建企业可以通过嵌入区域价值链，获取战略性资产，不断扩大市场规模，推动企业技术进步和技术利用效率提升；跨国并购可以在短期内对企业全要素生产率提升产生推动作用，其原因是通过跨国并购获取的先进技术可以提升企业绩效，但长远来看，由于技术资源整合等问题，并购不能给母公司绩效带来持续且积极的影响。

四、对外直接投资与全球价值链升级

随着全球价值链分工逐渐成为国际分工的主要形式，学者对国际资本流动的价值链升级效应进行了大量研究。Wesson（2010）通过构建古诺模型发现，技术落后的企业通过对外直接投资，可以有效利用东道国企业的技术优势，实现自身的技术升级。Braconier 等（2001）对瑞典的对外直接投资进行了实证分析，结果发现跨国公司在技术研发能力强的国家投资能够获得的逆向技术溢出效应更显著。Potterie 和 Lichtenberg（2001）利用美国、日本及欧洲国家的数据，研究了对外直接投资与投资母国生产率之间的关系，并发现研发密集型东道国对投资母国技术进步的促进效应更明显。Giuliani（2005）指出，通过对外直接投资不断融入国外产业集群，有利于企业提升创新能力和价值创造能力，实现企业向全球价值链高端攀升。Pradhan 和 Singh（2009）对印度汽车制造企业研发绩效的影响因素进行定量分析后发现，对外直接投资能够有效利用国外研发资本与先进技术，带来逆向技术溢出效应，对全球价值链地位的提升效果十分明显。Herzer（2012）对新兴市场国家对外直接投资进行的实证研究显示，跨国公司通过横向、纵向产业关联效应，提升企业的全要素生产率和国际竞争力。Chen 等（2012）对新兴经济体企业层面数据进行了实证研究，结果表明 OFDI 能产生显著的逆向技术溢出效应。Harhoff 等（2014）对德国不同类型企业对美国直接投资进行研究后发现，如果子公司中拥有美国本土研发人员，那么其逆向技术溢出效应更显著。然而，由于研究方法和研究数据的差异，相关研究结论并不一致。Bitzer 和 Kerekes（2008）使用 17 个经济合作与发展组织成员国的数据进行实证分析的结果表明，部分国家的对外直接投资甚至对投资母国生产效率产生显著的负效应。Driffield 和 Love（2010）对美国以及其他 OECD 国家间双向投资进行研究的结果表明，

OFDI 并没有推动投资国的技术进步。

中国对外直接投资对全球价值链地位的影响是一个新兴的研究领域。近年来，中国积极实施“走出去”的战略，鼓励有竞争优势的企业开展对外直接投资，随着中国对外直接投资的不断发展，中国逐渐成为世界第二大对外直接投资主体。关于中国对外直接投资对跨国公司全球价值链地位影响的研究逐渐引起国内学者的关注。多数研究结论表明，对外直接投资产生的逆向技术溢出效应，有利于跨国公司技术水平的提升和全要素生产率的提高，有利于推动中国产业向全球价值链中高端攀升（蒋冠宏、蒋殿春，2014）。肖慧敏和刘辉煌（2014）基于 2005—2011 年企业层面的数据进行实证分析认为，中国对外直接投资可以显著提升跨国公司的技术效率。李梅和余天骄（2016）从社会资源视角以信息技术业上市公司为样本进行研究后的结果表明，中国企业研发国际化可以明显促进母公司创新绩效的提升。沙文兵和李莹（2018）分别从创新投入、创新产出、创新环境和创新绩效四个维度，研究了 OFDI 逆向技术溢出和知识管理对区域创新能力的影响，结果发现只有达到吸收门槛之后，OFDI 才会对区域创新能力产生推动作用。黄先海等（2018）认为，当前国际分工逐渐向精细化、碎片化的方向发展，各国基于自身的比较优势参与全球化生产，可以获取经济全球化带来的红利。张宏和王建（2013）认为，对外直接投资能够产生显著的逆向技术溢出效应，推动投资母国的技术进步，实现投资母国的价值链升级。刘斌等（2015）通过世界投入产出表和中国对外直接投资数据，分析了 OFDI 产生的价值链升级效应。结果显示，OFDI 促进了跨国公司的产品升级和功能升级，带动了国内企业在全球价值链中分工地位的提升，其中投资发达国家对产品升级更有利，投资发展中国家对功能升级作用更明显。邱丽萍和叶阿忠（2019）利用中国省级面板数据并通过实证研究发现，虽然 OFDI 产生逆向技术溢出效应，但只有在跨越门限值之后，对外直接投资才能对投资母国产生技术创新效应。王杰等（2019）从工艺升级、产品升级、功能升级和链条升级四个方面，分析了对外直接投资对中国企业价值链升级的影响机制。然后通过离散时间 Cloglog 模型，分析了 OFDI 对跨国公司嵌入全球价值链的持续时间。结果显示，中国对外直接投资有利于跨国公司攀升至价值链高端位置，并且延长其参与全球价值链的时间，并降低其退出全球价值链的风险。郑丹青（2019）利用中国企业数据，研究了对外直接投资的价值链升级效应，结果显示对外直接投资对促进价值链地位的提高具有显著作用，且不同类型的投资结果呈现显著的差异性。可以看出，现有研究集中于对外直接投资对母国产生的技术进步效应，对 OFDI 影响全球价值链升级的分析也多使用逆向技术溢出渠道进行解释，多利用中国对美国、日本、欧盟国家等发达地区的对外直接投资数据进行研究。

对中国而言，通过对外直接投资获取先进技术和实现技术追赶，是非常重要的现实问题。有效提升 OFDI 创新绩效的关键在于，减少逆向技术溢出的不利因素。对外直接投资模式影响企业获取外部资源的方式，在不同投资模式中，企业开展技术创新的方式存在差异，OFDI 模式对企业创新绩效也产生了不同影响。吴航和陈劲（2014）以中国制造业为研究对象，从动态能力理论的视角，探索国际化模式对创新绩效的影响机制。结果显示，机会识别能力和机会利用能力在国际化模式和投资绩效间起中介作用。林丽（2015）研究了企业国际化模式与创新绩效之间的关系，以及吸收能力在二者间的中介作用，并认为国际化模式对创新绩效的影响受吸收能力的调节。王保林和蒋建勋（2019）研究了跨国并购、绿地投资、国际合资等对外直接投资模式对技术创新绩效产生的影响。结果显示，虽然跨国并购、国际合资显著促进了技术创新绩效的提升，但绿地投资无显著影响。

综上所述，关于对外直接投资模式与全球价值链的相关文献内容较为丰富，现有研究具有以下三个特点。第一，分析框架多是基于发达国家的对外直接投资经验，研究结论并不完全适用于中国企业；第二，现有文献多集中在对外直接投资模式和企业绩效之间关系的研究上，较少从对外直接投资模式优化路径的角度展开研究；第三，现有关于对外直接投资模式类型的研究文献，多从进入方式和股权结构的角度进行投资模式分类，研究视野有待进一步扩展。目前，在价值链分工成为国际分工模式新常态的背景下，基于全球价值链的视角开展对外直接投资模式的相关研究，既有合理性，又有必要性。因此，本书在全球价值链的视角下，探讨全球价值链地位对跨国公司对外直接投资模式的影响机制，以及不同对外直接投资模式产生的投资绩效。

第四节　研究框架

根据全球价值链理论，跨国公司的竞争优势来自企业在价值链上开展的国际化经营活动。根据企业所处的价值链地位，企业在价值链的相应环节上获取、利用资源并进行整合协调，依靠企业内外部资源创造价值，形成竞争优势。在此过程中，企业利用现有资源或在全球价值链上获取新资源，保持并提升竞争优势，企业的竞争优势决定其对外直接投资模式选择。由于合适的对外直接投资模式对企业更好地把握自身能力与实现价值链升级具有重要意义，因此企业会为了培育、保持自身的竞争优势而采取不同的对外直接投资模式。基于 Porter（1985）的竞争优势理论，本书探讨了成本优势和差异化优势对企业对外直接投资模式选择的影响机制。规模经济、要素禀赋、制度因素等是企业发挥或塑造成本优势的决定性因素，这些因素从不同角度影响企业对外直接投资模式的选择。企业差异化优势源于技术创新、品牌优势、国际化经验等因素，对企业对外直接投资模式的选择具有重要影响。根据自身成本优势和差异化优势，跨国公司会优先选择能够发挥或者塑造企业可持续竞争优势的投资模式。

选择特定的对外直接投资模式，会面临内、外部一致性成本的变化，跨国公司对子公司控制程度的差异，会导致对外直接投资绩效产生差异。对外直接投资对跨国公司绩效的影响机制主要体现在规模经济、学习曲线等传导机制方面。首先，经营绩效受企业规模的影响，不同的对外直接投资模式会产生不同的规模经济效应；其次，企业绩效会随着经营时间的增加发生改变，跨国公司采用不同的对外直接投资模式，会因为其处于学习曲线位置的不同而产生差异化的学习效应；再次，资本密集度使不同的对外直接投资模式产生绩效差异；最后，研发能力是企业保持竞争优势的重要因素，不同对外直接投资模式下跨国公司获取的研发资源溢出的差异导致企业绩效产生差异。跨国公司在不断提升自身对外直接投资绩效的同时，进一步促进公司在价值链上地位的提升，形成动态良性循环。可以看出，不同的对外直接投资模式具有不同的协调成本，由于跨国公司需要承担不同的风险、投入不同的资源，因此对外直接投资绩效也会产生差异。本书从全球价值链的视角，提出“全球价值链地位—对外直接投资模式—对外直接投资绩效”的研究框架，具体内容如图 4-1 所示。

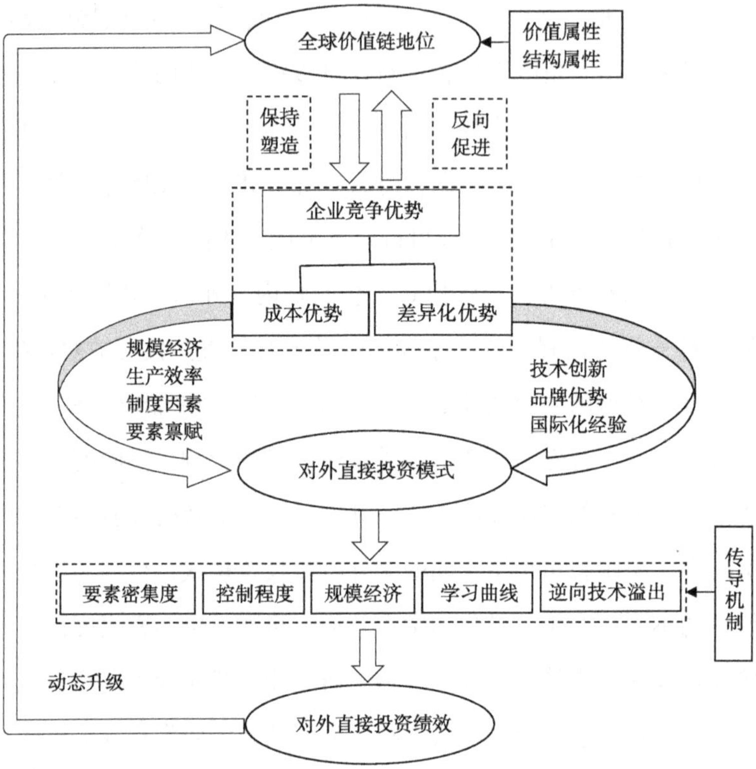

图 4-1 "全球价值链地位—对外直接投资模式—对外直接投资绩效"模型

第五节 本章小结

本章首先对全球价值链地位、对外直接投资模式、对外直接投资绩效等核心概念进行了界定；其次系统地总结了全球价值链理论、竞争优势理论、对外直接投资理论、制度理论等内容；再次在此基础上梳理了关于对外直接投资模式、影响因素、绩效研究等方面的文献；最后成本优势和差异化优势是影响对外直接投资模式选择的重要因素，不同的对外直接投资模式主要通过要素密集度、规模经济、学习效应等传导机制影响企业对外直接投资的绩效。本书从全球价值链的视角，重新构建对外直接投资模式的分析框架，并分析不同模式下跨国公司的经营绩效。

第五章

全球价值链视角下对“一带一路”沿线直接投资模式重构

本书从全球价值链嵌入位置和附加值两个维度，将对外直接投资企业划分为四类（如图 5-1），并针对其特点提出四种投资模式。①多元发展投资模式。国内位于全球价值链上游，拥有高附加值的生产性服务企业，与国际先进水平的差距明显，很难依靠技术优势在日益激烈的全球竞争中站稳脚跟。为此本书提出多元发展投资模式，即国内企业在对“一带一路”沿线国家进行投资的同时，对与企业现有产品相关联的多个领域进行布局，进行多元化生产经营，提升企业的国际竞争力。②市场渗透投资模式。位于全球价值链下游，拥有高附加值的国内企业，其竞争力普遍较弱，进入东道国市场难度大。在投资过程中，这类企业应通过提高生产能力、扩大生产规模、增加产品功能、降低生产成本、拓宽营销渠道等策略，在利用现有产品不断开拓市场的同时，针对不同市场需求提供新的产品，提升竞争优势，从而实现市场扩张的目的。③纵向整合投资模式。以简单零部件生产、加工组装为代表的国内传统制造企业，位于全球价值链下游且附加值低，增值能力有限，缺乏竞争力。“一带一路”沿线国家的投资环境复杂，这类企业应通过对产业链上优势资源的整合，加强与相关企业的合作，提升企业竞争力。④战略联盟投资模式。中国位于全球价值链上游的低附加值企业，如钢铁、水泥等生产企业，存在产能过剩、产业链条短等问题，这类企业对“一带一路”沿线国家投资时，面临复杂的投资环境，易与东道国产生摩擦。通过采取战略联盟的投资模式，可以缓解冲突，平衡中国和东道国之间的利益诉求，弥补国内企业在技术、市场等方面的劣势，实现合作共赢。

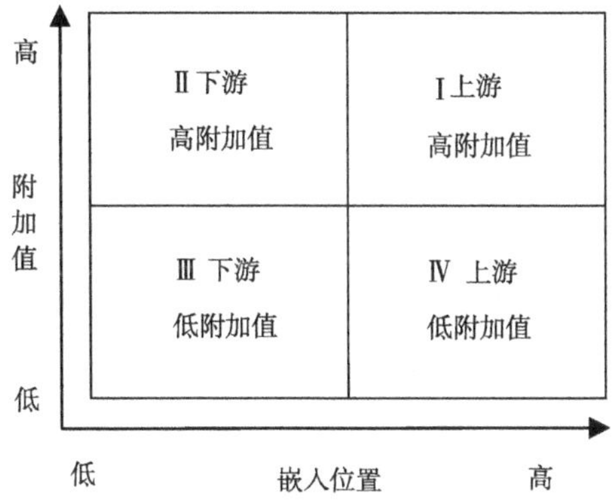

图 5-1 全球价值链嵌入位置与附加值

第一节 多元发展投资模式

一、多元发展投资模式概述

多元发展投资模式是指企业依据自身规模、资金实力等因素，同时生产和经营多种相关产品或服务的投资模式。该模式需要综合考虑企业对市场整体的把控能力、市场开拓能力以及动态适应能力。部分研究认为，企业应当注重核心能力的提升，在核心领域外开展多元经营虽被认为是一种劣势，但随着产品设计、生产中的技术越来越复杂，这一传统思维逐渐被替代（Granstrand et al.，1997）。Patel 和 Pavitt（1998）认为，多元发展是现代企业的主要特征，并发现汽车、化工、电子信息等大量企业在核心业务以外，均涉足其他相关领域。多元发展模式的前提是做好主业，因为主营业务收入既是企业生存的基础，也是企业最主要的收入来源。企业应把打造核心竞争力作为首要任务，保持主营业务持续稳定发展，强化核心优势，不断扩大市场份额，确保规模经济效益，实现主业优强，并在此基础上，向主营业务的相关领域拓展，不断开发新产品以扩大原有市场。因此，企业在实施多元化策略的初期阶段，主营业务持续稳定是前提，主业优强带来的资金积累和市场份额的提高为多元化战略提供了坚实的基础。同时，企业只有在保持自身现有业务稳定发展的前提下，再向其他相关领域或非相关领域进行业务拓展，才能避免因过度多元化带来的不确定风险。多元发展投资模式主要分为相关多元化和非相关多元化。

（1）相关多元化。相关多元化也称为同心多元化，是指企业在现有业务或市场的基础上，向相关业务或市场进行拓展的战略。企业可以通过产品种类、生产技术、产品服务、管理技能、营销渠道或消费者市场等方面展开相关多元化战略。企业利用在生产、管理、营销、市场等方面的现有资源获得融合优势，即当企业同时经营两个或多个业务时，企业的盈利能力明显大于各个业务独自经营时的盈利能力之和。对于当前产业和市场内已具有一定竞争优势，但对于所处产业和市场的发展空间有限，或未来市场的成长性逐渐下降的企业来说，比较适合采用相关多元化模式。

（2）非相关多元化。非相关多元化也称离心多元化，是指企业向现有业务及市场关联性较小的新领域进行拓展的模式。如果企业所处产业或市场的未来发展前景不乐观，同时不具备突出的竞争优势，就没有足够的资金和能力向相关业务领域拓展，这时企业应实施非相关多元化战略。在这种模式下，企业开拓的新领域与已有业务在技术、产品、营销渠道及客户市场等方面没有相似性，而是从与原有业务没有明显关联的产品、市场中寻找新的利润增长点，从而规避产业发展风险。非相关多元化需要企业寻求新的目标市场、新的业务领域以获取新的成长机会。

二、多元发展投资模式的优势

对于上游高附加值企业而言，多元发展投资模式的优势主要体现在以下几个方面。

第一，有效规避投资风险。在信息高度发展的时代，企业面临日益激烈的全球化竞争，产品更新换代快、市场需求瞬息万变。如果企业的产品结构单一，经营风险太过集中而无法分散，将面临“一荣俱荣、一损俱损”的局面。为确保企业长久稳定发展，企业可以实施多元发展投资模式，完善企业产品结构，通过研发多样化产品，规避因产品过于单一给企业带来的风险。

第二，实现规模效益和范围经济。企业通过多元发展，可以实现规模效益和范围经济，从而降低生产经营成本。企业异质性使其具有其他企业不可复制、难以模仿的资源，这是企业独有的竞争优势。但如果企业不能及时地对现有资源进行开发和充分利用，就会造成资源浪费、生产效率低下。因此，企业通常会对现有资源进行重新整合，展开多元化生产经营，在充分利用资源的同时，形成规模经济效应。

第三，在原有市场外开辟新的利润增长点。面对逐渐趋于饱和的产品市场，企业应及时调整战略布局，将目光转向发展前景广阔、市场潜力大、投资收益高的领域，或根据市场发展需求扩展产品种类，以寻求新的利润增长点。将企业有限的资源投入可以为企业带来更多经济效益的领域，从而开拓新市场，使企业获取更多的产出回报，促进企业发展。

三、案例分析：利亚德开拓“一带一路”市场

随着中国“走出去”步伐的不断加快，中国越来越重视研发全球化，鼓励设计研发、技术服务、信息传输、软件开发等产业开展对外投资。但在“走出去”的过程中，企业面临东道国未知的外部风险与投资障碍。与发达国家相比，中国的技术研发类企业在品牌实力、技术水平、管理经验方面还有待提高，在进入东道国初期，面对东道国较为复杂的投资环境，这类企业常常陷入被动，多元发展战略能帮助其降低企业内外部风险，推动企业走出困境。同时，随着经济社会的发展，人们生活水平不断提高，物质文化生活越来越丰富，对产品和服务的需求也越来越多样化。如果企业产品结构单一，不涉足新的经营领域，就可能面临许多不确定风险，有被市场淘汰的可能性。尤其对于中国处于上游高附加值的研发类企业来说，采用多元发展投资模式能有效地分散企业内外部风险。跨国公司以主业为基础，向其他相关、弱相关，或非相关领域扩展，优化产品组合，有助于提高其国际竞争力、获取海外市场份额、增加利润。本节以利亚德光电股份有限公司（以下简称利亚德）为例，阐述上游高附加值企业采取多元发展投资模式的优势与效果。

（一）利亚德简介

利亚德成立于1995年，总部位于北京，以LED显示屏产品为基础不断发展壮大，是一家典型的上游高附加值企业。该公司拥有独立完整的研发体系，包含需求分析、产品规划、技术开发等多个环节。近年来，利亚德始终走在科技创新前沿，引领行业的发展方向。“一带一路”倡议提出

后，利亚德积极响应，迅速向“一带一路”沿线国家展开布局。利亚德目前在全球拥有9个生产基地、7个海外国际营销中心，是全球视听科技产品及应用平台的领先者之一。在推进国际化战略的过程中，利亚德不断拓展主营业务，立足LED发光材料应用领域，全面提升专业化技术水平，加大技术研发力度，不断开发新工艺。将原来的显示系统、LED小间距电视、智能照明、文化传媒调整为智能显示、夜游经济、VR体验、文旅新业态等。目前，利亚德发展成具有国际竞争能力的LED应用产品供应商，具备研发、制造、集成、销售、服务等综合能力。

（二）利亚德国际化进程

“一带一路”倡议给利亚德布局海外市场带来更多机遇。2014年，利亚德启动以LED小间距电视、LED显示、LED智能照明、LED文化教育传媒四大业务板块为主体的、带动企业高速发展的“四轮驱动”战略。此后，利亚德不断优化海外市场布局，扩大市场份额，弥补企业的薄弱环节，提升企业综合竞争力。2015年8月，利亚德并购全球顶尖品牌平达电子，这一举措使利亚德的LED显示产品销量大幅增加，销售范围迅速扩大，并显著提升了利亚德的国际市场地位。之后，通过对励丰文化和金立翔的并购，利亚德开辟了文化旅游演艺新领域，新市场的开拓丰富了利亚德的业务范围，并对企业的产品结构进行了补充。2016年，利亚德进军VR产业，在创新驱动战略的引导下，利亚德仅用两年时间就在VR领域取得突破性成果。目前，利亚德掌握全球领先的VR技术，并潜心钻研Micro LED技术，不断取得新的突破。Micro LED比现有的OLED技术亮度更高、耗能更少、效率更高，是新一代显示技术。2019年6月，利亚德具备了Micro LED的量产条件。另外，利亚德目前通过研发可视化人工智能电视技术，成为连接用户、屏幕和各种应用场景的理想终端。利亚德向印度、斯洛伐克等开展了对外直接投资，并取得良好成效。

1. 利亚德对印度开展直接投资

2015年，利亚德以1.21亿元入股印度最大的LED显示屏生产商MIC Electronics公司（以下简称“MIC”），双方在LED显示产品、照明产品、3D显示技术等方面展开合作，并共同在印度设立LED研发公司。MIC是当地唯一的LED上市公司，也是当地最大的LED显示屏生产商。利亚德通过入股MIC，迅速占据印度LED显示屏市场。在印度，利亚德的显示屏发展成为当地非常受欢迎的高科技产品。

全印电视台（DDI）是印度最大的国家电视台，在利亚德进入印度市场之前该电视台使用的显示屏几乎都来自欧美国家，但欧美国家显示屏的显示效果逐渐无法满足电视台的新要求。为了呈现更好的放映效果，在2019年初，DDI将大多数演播室的显示屏更换成利亚德显示屏。利亚德结合当地消费者的需求，积极推出相应的产品和服务，成功开拓印度市场。此外，利亚德还在多个“一带一路”沿线国家展开全面投资布局，不断开拓沿线市场。

2. 利亚德对斯洛伐克开展直接投资

2018年，利亚德在斯洛伐克建立海外现代化生产基地。工厂一经投产，就接到近10个国家的生产订单，利亚德的海外市场迅速扩展。斯洛伐克建设的工厂成为境外小间距电视生产基地，节省了14%的欧盟关税，并且直接从海外采购原材料，满足国际市场需求。利亚德从LED屏开始，逐渐占领斯洛伐克的高端市场，利用先进的研发技术，得到市场认可。

利亚德始终坚持多元驱动发展的战略目标，在“一带一路”倡议下，积极寻找“一带一路”沿线国家的发展新契机。利亚德在成功实现“走出去”的同时，也带动了国内半导体芯片等上游供应商对“一带一路”沿线国家投资的步伐。

（三）多元发展投资模式的经验借鉴

作为行业领导者，利亚德一直高度重视自主创新。小间距 LED 技术、MC LED 技术、Super Safe 技术等都是其突出的研发成果。其中，小间距 LED 原创技术是目前全球最先进的技术，具有功耗低、发热量低、寿命长的特点。全球领先的原创技术及其多元投资策略，使利亚德占领全球高端显示领域。同时，利亚德在智能显示、VR、景观亮化以及文旅等新业态领域都有创新性突破，凭借其雄厚实力，以技术创新驱动发展，为客户提供多元化产品、先进技术服务以及一流的视效服务，在业内取得突出成绩。

作为上游高附加值的技术研发企业，利亚德有针对性地设计更加适合“一带一路”沿线国家需求的产品，是其对外投资成功的重要原因之一。截至 2019 年底，利亚德提供的 LED 显示产品占 14% 的全球市场份额，位居世界前列，在全球 50 多个国家和地区均有利亚德显示屏的身影，其中“一带一路”沿线国家占一半。目前，利亚德发展成为一家涉猎广泛的多元化企业，并坚持以创新驱动发展，不断提升技术研发能力，凭借先进的技术优势和多元化产品进入“一带一路”沿线国家的市场，与东道国形成合作共赢的良好局面。

第二节　市场渗透投资模式

一、市场渗透投资模式概述

市场渗透投资模式是指企业通过集中优势资源、提升产品质量、扩大生产规模、拓宽营销渠道、降低产品成本等单一或组合策略，逐步实现市场扩张的投资模式。市场渗透投资模式的目标是，通过各种途径扩大现有产品的市场份额，以维护或巩固企业的市场地位。该模式通过两种途径实现投资目的：一是利用企业现有产品拓展新的目标市场，从而实现渗透；二是向现有市场推出新产品或产品组合以实现渗透目的。

按照战略管理理论，市场渗透有两种类型，即产品导向型和顾客导向型。产品导向型是指企业通过拓宽营销渠道、扩大销售范围、增加产品种类和提升产品质量等途径实现市场渗透。顾客导向型主要是通过市场细分来实现的，即企业按照一定的分类标准，把市场细分为多个不同的用户群，针对不同的用户群体推出不同的产品，从而实现市场渗透。针对产品进入市场的不同阶段，企业往往采取不同的市场渗透策略。如在市场渗透初期，企业往往会降低利润，采取低价策略吸引顾客，从而进入市场；在产品进入目标市场后，企业迅速将市场渗透策略的重心转向产品，通过增加产品的功能和种类、拓宽营销渠道等途径扩大产品的市场份额，进而占领市场；当目标市场逐渐发展成熟后，企业通过提升产品质量及服务来维护和巩固市场地位。

跨国公司向目标市场投资的初期处于产品引入期，消费者对新产品的信息通常了解较少，由于新产品信息的缺失导致大多数消费者保持谨慎观望的态度，有的甚至会产生排斥心理。这时，跨国公司应通过加大营销力度、拓宽营销渠道等途径向消费者传递有效的商品信息，引起潜在消费者的广泛关注，消除消费者顾虑，最终将潜在顾客转化为企业的现实顾客。在产品引入期，降低价格是进行市场渗透的常用手段，有利于刺激价格敏感度较高的消费者的购买欲望，并将其转化为现实顾客，同时提高行业进入壁垒，有力阻击潜在竞争对手。

跨国公司在进入目标市场一段时间后，其客户数量逐渐增加，产品销量也随之增加，这时产品市场进入成长期。对竞争对手来说，虽然成长期是最佳的进入时期，竞争者的加入会使市场竞争越发激烈，但这一时期各企业的发展态势及竞争地位是不稳定的。跨国公司实施市场渗透策略能有效地帮助企业在市场成长期保持竞争优势，跨国公司可以通过改进产品功能、灵活定价、加强广告促销、增设销售网点等方法稳定老顾客、吸引新顾客。

当市场进入成熟期后，跨国公司与竞争对手之间的竞争格局已基本形成，市场容量逐渐趋于饱和。此时，跨国公司仍需要通过市场渗透策略来提升销量、扩大市场份额，进一步强化企业竞争力、稳固市场地位、延缓衰退期。

采用市场渗透的投资模式不仅可以给跨国公司带来短期利益，也可以为其带来长期投资收益。在产品导入期和成长期，市场渗透投资模式可以为跨国公司在激烈的竞争中立足打下根基。在产品成熟期，市场渗透投资模式能够稳固跨国公司的市场地位，延缓产品衰落期的到来。总的来说，实施市场渗透投资模式有利于跨国公司及时调整战略规划、优化产品结构，提升跨国公司产品组合的市场收益，推动跨国公司在东道国的市场扩张。

二、案例分析：奇瑞进入俄罗斯汽车市场

处于下游高附加值的企业包括先进制造业、现代服务业等，这类企业提供的产品通常与消费者的生活息息相关。跨国公司在进入东道国市场时，面临复杂的投资环境和未知的外部风险，如政治风险、经济风险、制度风险等，企业如果不能全面考量各类风险，或对风险的认识和规避能力不足，那么其投资失败的可能性就大。如汽车制造、家电生产等企业，在进入东道国市场时，面对的是终端消费者，其投资策略受东道国经济因

素、制度因素、文化因素的影响较大，而且这类企业位于全球价值链的中高端位置，各国企业在相关领域的竞争十分激烈。因此，下游高附加值企业想成功进入东道国市场，需要对东道国的市场需求进行全面、深入的分析。本书以奇瑞汽车股份有限公司进入俄罗斯市场为例，分析下游高附加值企业的市场渗透投资模式。

（一）奇瑞公司简介

奇瑞汽车股份有限公司（以下简称奇瑞）成立于 1997 年，历经几十年的发展，坚持不断创新，现已拥有独立完整的技术产品研发体系，打造了瑞虎、艾瑞泽等一系列自主品牌，以及观致、捷豹、路虎等知名合资品牌。截至目前，奇瑞成为国内最大的集汽车整车、动力总成和关键零部件的研发、试制、生产和销售于一体的自主品牌汽车制造企业。截至 2018 年，奇瑞出口汽车累计超过 150 万辆，蝉联中国乘用车出口销量第一名 16 年。奇瑞在中国芜湖、大连、常熟、鄂尔多斯等地，以及俄罗斯、乌克兰、伊朗、马来西亚等国共建有 14 个生产基地。

在产品定位上，“中低端”家庭乘用车与商务用车是奇瑞的主打产品，汽车产品的价格、功能、外观等方面，均与“中低端”汽车的品牌定位相匹配。奇瑞汽车在中东、东南亚市场成为“高实用性、高性价比”的代表。在市场竞争策略上，奇瑞采取“差异化、低价格、高技术”的策略，针对不同的目标市场推出不同价格、不同性能、不同车型、不同外观的汽车，迎合目标市场消费者的购买需求，不断扩大市场份额。

奇瑞很早就开始汽车出口，是中国成功“走出去”的自主汽车品牌之一。2013 年“一带一路”倡议提出后，奇瑞加速在“一带一路”沿线国家进行布局，在汽车行业积极扮演“探路者”的角色。目前，奇瑞已在“一带一路”沿线国家建立 5 个生产基地、900 多家销售服务网点，覆盖“一带一路”沿线46个国家，完美地实现“走出去、走进去、走上去”的目标。

（二）奇瑞对外直接投资环境分析

1. 国内政策支持

近年来，随着中国汽车产业的快速发展，一些国内企业加快开拓海外市场。国家出台多项相关政策，鼓励中国汽车企业自主创新，提升核心竞争力，为汽车产业“走出去”提供了有力的政策支持。《中国制造2025》将新能源与节能汽车产业列入重点发展领域；“十三五”规划提出，以钢铁、有色、建材、汽车等行业为重点，采用境外投资、装备出口、技术合作等方式，开展国际产能合作，推动国内相关企业“走出去”；工业和信息化部、国家发展改革委、科技部三部委联合印发的《汽车产业中长期发展规划》提出，鼓励优势企业统筹利用两种资源、两个市场，积极进行海外布局，加快融入国际市场。

2. 外部环境复杂

中国国内汽车企业在开拓海外市场的过程中，面对复杂的政治、经济、制度、文化环境，投资环境具有不确定性。近年来，世界经济比较低迷，各国为保护国内企业，纷纷实施限制措施，进行一定程度的投资保护，使中国汽车行业走向海外面临重重障碍。“一带一路”倡议的提出，为中国处于转型期的汽车产业带来了新的发展机遇。“一带一路”沿线许多国家和地区正处于经济发展的上升期，迫切希望通过外资企业的进入带动当地经济发展，这为中国汽车企业的海外业务提供了潜力巨大的区域市场。在“一带一路”倡议的推动下，中国汽车企业有更多机会与“一带一路”沿线地区开展贸易往来及投资合作，这有助于提升中国汽车企业在海外市场的认可度，并以此扩大汽车企业的海外生产规模和出口数量。

3.“一带一路”市场空间大

从汽车产品的需求度来看，不论是传统的燃油汽车，还是新能源汽车，均具有巨大的发展前景，其面临国际市场多层次且需求空间较大。各国经济水平、人文环境、地理环境的差异导致汽车产品需求的差异，这样有针对性地进行适应性设计和特殊化定制服务就十分必要。从市场角度来看，技术先进的发达国家汽车市场现已基本处于饱和状态，而中国、印度等汽车产业发展较快的国家，其汽车市场竞争激烈，尤其是“一带一路”沿线新兴工业化国家和发展中国家成为全球汽车市场的增长点。

（三）奇瑞的市场渗透投资模式

奇瑞在进入新的目标市场前，会对当地的自然环境、市场环境、产业政策等进行深入研究，了解市场需求及竞争对手，并进行相应产品的适应性开发，有针对性地推出产品，坚持“因地制宜”的市场渗透策略。例如，奇瑞所有的新产品在进入市场前都会进行全方位的地区适应性试验，如针对风沙、气候、路况环境、油品条件及消费者驾驶习惯等个性需求；针对目标市场实行差异化市场开发策略，以确保奇瑞汽车能够更适应当地环境，满足消费者需求，从而快速建立产品和品牌优势。下面以奇瑞进入俄罗斯市场为例进行具体分析。

1. 导入期市场渗透策略：高品质低价格进入市场

奇瑞在进入俄罗斯市场的初期，首先选择俄罗斯本土企业阿夫塔托尔（AUTOTOUR）汽车集团作为合作伙伴，并签订工业组装协议，合作组装、生产和销售中国汽车。一方面，奇瑞在投资初期不需要投入大量的资金及生产设备，可以直接利用阿夫塔托尔公司现有的生产能力快速开展汽车组装生产，并在当地市场销售；另一方面，阿夫塔托尔公司是俄罗斯本土生产规模最大的外国轿车组装企业，拥有丰富的生产经营资源，在本地市场具有一定的知名度，这些资源有利于奇瑞快速融入当地市场，从而节省各类成本。其次，在汽车零部件供应充足的情况下，奇瑞加大生产力度、扩大生产规模、实现规模经济。最终使奇瑞的产品价格与俄罗斯本土品牌汽车的价格持平，市场竞争激烈。但俄罗斯本土汽车品牌缺少突出优势，在汽车性能、外观、舒适度等方面都略逊于奇瑞，奇瑞汽车凭借高品质、低价格的优势，在俄罗斯市场获得更大的生存空间。奇瑞在进入俄罗斯市场的第二年，销售总量在俄罗斯汽车市场居第 13 位，销量增幅达 245%，增幅居俄罗斯汽车市场首位，奇瑞的市场渗透投资模式在俄罗斯市场初见成效。

2. 成长期市场渗透策略：针对性研发满足市场需求

由于俄罗斯政策波动，进口零部件关税提高，代工厂阿夫塔托尔公司的组装生产代工费增长为原来的 2 倍，且生产规模受限（年产 1 万辆额度），奇瑞终止了与阿夫塔托尔公司的合作。但是，奇瑞没有放弃俄罗斯市场，而是寻找新的合作伙伴，最终与俄罗斯车企 TagAZ 公司达成合作关系。奇瑞通过高质量、产品差异化、优质售后服务等建立品牌优势，在俄罗斯市场站稳脚跟，如先后在俄罗斯投入多款产品的焊装、涂装、总装设备，进行本地化全序列组装。奇瑞在俄罗斯市场的整车产品供应近 60% 是通过本地化组装的形式实现的。随后，奇瑞开始针对目标客户群进行适应性研发以及投放新产品，坚持“因地制宜”的市场渗透策略。奇瑞非常重视在俄罗斯的本土化生产，不仅推出了更加符合当地消费者需求的汽车产品，还提供了更加便捷、全面、舒心的服务，进而建立产品和品牌优势。

奇瑞在本土化进程中促进了当地经济发展和就业。2014 年，俄罗斯卢布大幅贬值，跨国公司纷纷撤出俄罗斯市场，其中不乏海外汽车品牌。面临卢布贬值带来的损失，奇瑞没有选择“逃跑”让当地已购车的消费者遭遇“无法售后”的窘境，而是坚守俄罗斯市场，坚持“所托必达”，践行对用户、经销商和当地公众的承诺。同时，奇瑞根据当地的市场需求对产品进行升级换代，不断提升品牌声誉。截至 2015 年底，奇瑞汽车在俄罗斯市场累计销售超过 18 万辆，是当地发展速度最快的海外汽车品牌。凭借出色的市场表现，奇瑞荣获俄罗斯“最受欢迎的中国汽车品牌”称号。

3. 成熟期市场渗透策略：强化企业竞争力

奇瑞坚持“因地制宜”的市场渗透策略，历经十余年的市场运作，凭借优质的产品和服务不断扩大市场份额。奇瑞汽车 Tiggo 系列深受俄罗斯用户的喜爱，为迎合用户需求，继续加快属地化生产步伐，通过本土化研发生产不断推出更高品质的新产品。2017 年推出 New Tiggo 系列，打造更加符合用户需求的产品。2018 年，奇瑞加入 You Drive Pool 项目，并在莫斯科推出 Chery Drive 共享汽车服务。该项目使奇瑞汽车的销售量大幅增加，提升了品牌知名度，稳固了市场地位。

奇瑞不仅在产品布局上不断优化，还综合利用多种营销策略，提升品牌优势。2019 年 3 月，奇瑞与阿里巴巴合作，利用跨境电子商务零售平台全球速卖通，正式启动在俄罗斯的线上销售，不仅向俄罗斯市场推出瑞虎 3、瑞虎 5、瑞虎 7 等车型，还推出汽车配件、相关饰品等，其线上业务在当地受到广泛关注。此外，奇瑞赞助了俄罗斯具有一定影响力的线下活动，如 Shanson 音乐节、黑海杯帆船赛、M-1 Fighter 等，并开展“开着奇瑞去旅行”的试驾活动，通过异业合作、体验营销、体育营销等品牌活动，结合线上、线下同步销售推广，奇瑞拉近了与俄罗斯消费者的距离。目前，奇瑞在俄罗斯拥有 20 万用户，凭借扎实的用户群和良好的口碑，奇瑞在俄罗斯市场的地位逐步稳固。

第三节 纵向整合投资模式

一、纵向整合投资模式概述

纵向整合投资模式是指跨国公司通过并购产业链上、下游的企业，获取上、下游企业的生产资源或销售渠道，以达到整合优质资源的目的。如果跨国公司并购上游原材料供应商，就可以获得生产资源的控制权，为企业的生产需求提供了一定保障；如果跨国公司对下游企业进行并购，就可以获取被并购企业的营销渠道，扩大企业的市场份额。对于处在下游低附加值的传统制造企业而言，采取纵向整合投资模式有助于企业竞争能力的提升。

（一）纵向整合投资模式的分类

1. 前向整合和后向整合

按照产业链纵向整合的方向，可以将其分为前向整合与后向整合。前向整合是指跨国公司对处于产业链下游的目标企业进行的整合，目的是提高市场占有率。如企业在拓宽营销渠道的同时，希望通过改善售后服务来扩大产品的市场份额，该企业并购经销商、维修服务部门以提升销售和售后工作；反之，后向整合是指跨国公司对处于产业链上游的目标企业进行的整合，目的是获得生产要素的控制权。例如，以加工装配为主的制造企业，原材料的供应是最关键的环节，企业通常选择一个长期稳定的原材料供应商展开合作，为原材料的供应提供保障。

2. 完全纵向整合和不完全纵向整合

按交易是否完全内部化，纵向整合可以分为完全纵向整合和不完全纵向整合。完全纵向整合也称纵向一体化，是指企业在已有业务的基础上，对产业链上游或下游进行整合，实现供产销一体化，从而使交易完全内部化。不完全纵向整合是将企业需要从产业链上获取的战略性资源分为两部分：一部分通过企业与上、下游企业实现一体化的内部交易获得；另一部分通过市场交易，与其他企业达成契约等方式获得。

3. 紧密型纵向整合和松散型纵向整合

根据所有权关系与控制程度的不同，企业纵向整合可以分为紧密型纵向整合和松散型纵向整合，具体内容如图 5–2 所示。紧密型纵向整合是指产业链上相互联系的生产环节或企业被置于完全统一的所有权之下。例如，跨国公司对上、下游生产环节或企业进行并购，从而掌握生产资源的直接控制权，或通过在上、下游生产环节新建企业实现对生产资源的控制。并购或新建方式的纵向整合都可以实现企业对生产资源的完全内部化控制。与紧密型纵向整合相反，如果并购企业与被并购企业没有被置于完全统一的所有权控制下，则称为松散型纵向整合。松散型纵向整合的实现途径主要有合资、特许经营、战略联盟、企业集团、隐含契约和长期契约等。企业通过松散型纵向整合虽无法获得上、下游企业的所有权，无法实现内部化交易，但从投入资金及控制效果等方面来看，这种整合方式往往效率更高。

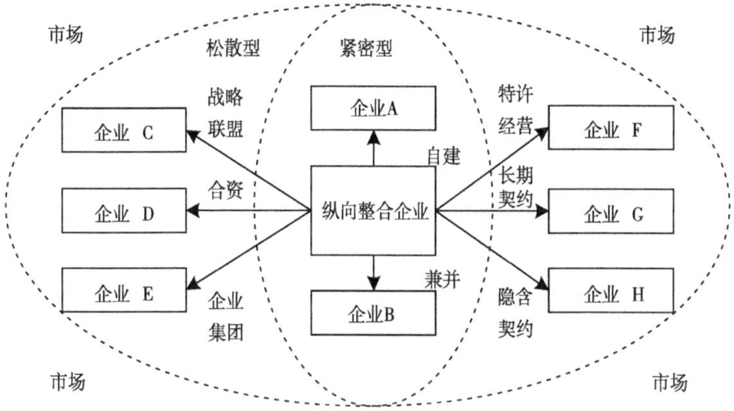

图 5-2 纵向整合投资模式的类别

对任何企业而言，首先要判断自身在产业链上所处的位置，才能进一步探讨纵向整合的类型。企业无论采取哪种类型的纵向整合都要以现有业务为中心，沿产业链扩展企业的生产经营领域。

（二）纵向整合投资模式的优势

纵向整合投资模式能够降低上、下游企业间的交易费用，提高企业的经济效率，降低目标市场的不确定风险，提高企业的市场份额，使整合后的企业具有更强的竞争优势，实现企业价值链地位的提升。纵向整合投资模式具有以下优势。

1. 降低企业的外部不确定性

跨国公司进入"一带一路"沿线国家投资时面临未知的市场环境和投资风险，这给跨国公司的生产经营带来巨大挑战。上游原材料供应和下游市场需求的不确定性均会给企业带来未知的风险，然而纵向整合能够使跨国公司快速融入产业链，减少生产及销售的不确定性，进而规避一系列市场风险，即企业通过对上、下游企业的纵向整合能够获得稳定的生产要素供应或稳定的市场需求，从而避免由外部市场的不确定性造成的损失。

2. 降低交易费用

随着国内劳动力成本的不断增加，中国下游低附加值企业逐渐失去低成本优势，而“一带一路”沿线国家的劳动力资源、自然资源较为丰富，企业将目标转向“一带一路”沿线国家，可以开拓海外市场、获得成本优势。纵向整合能够使市场交易转化为内部管理，降低交易费用，为企业节约经营成本。当企业内部管理协调的边际成本小于市场交易的边际成本时，企业就会通过战略整合将其纳入内部组织交易；当企业内部管理协调的边际成本大于市场交易的边际成本时，企业就会停止进行产业链上、下游的扩张。交易成本理论为企业实施纵向整合提供了理论解释。

3. 提升企业竞争力

跨国公司通过对上、下游企业进行纵向整合，使市场交易内部化，从而更深入地了解当地的市场需求。同时，纵向整合能促进企业研发能力的提高，使上、下游企业间的信息流动更加顺畅，上游企业能够更全面、更及时地了解下游市场的需求，从而有利于企业针对市场需求及时地进行技术研发和创新。纵向整合可以帮助企业取得或控制原材料供应、减少交易成本、提升企业研发能力，进而提升企业综合竞争力。由于潜在竞争者需要通过投入更多的资本才能进入产业链，可以阻止潜在竞争者进入产业链，从而使企业获得生产成本、生产技术以及销售渠道等方面的竞争优势。

二、下游低附加值企业面临的困境

改革开放40多年来，中国发生翻天覆地的变化，取得举世瞩目的成就，“中国制造”成为全球认知度较高的标签。但随着全球化进程的不断推进，国内外市场竞争的加剧，中国与具有丰富劳动力资源的南亚、东南亚地区相比，正在逐步丧失低成本竞争优势。2008 年国际金融危机后，欧美发达国家纷纷提出“重振制造业”，这意味着制造业正发生着深刻的变革，传统制造业正逐渐被以数字化、网络化、智能化为主要特征的先进制造业所取代。另外，由于传统制造企业的产品出口，非常容易受东道国关税及非关税壁垒的限制，因此此类企业必须审时度势，进行及时调整，通过“走出去”规避贸易壁垒。中国传统制造业面临以下发展困境。

第一，比较优势逐渐弱化。其主要原因在于：中国传统制造业的比较优势虽然主要来自成本优势，但近年来国内劳动力成本上升较快，与具有丰富劳动力资源的国家相比，中国的劳动力资源优势正在弱化；由于原材料来源、交易税费、定价机制等原因，导致中国资源、能源价格较高；中国企业税负成本较高、社保负担较重，国家信息中心公布的数据显示，2018 年中国宏观税负占 GDP 的 34.70%，同时中国社保体系主要由“五险一金”构成，社保缴费合计达企业工资总额的 39.25%，这导致企业用工成本较高。

第二，核心竞争力不足。中国传统制造业处于产业链中低端，大多属于劳动密集型企业。近年来，因越南、印度、菲律宾等的竞争压力，中国的市场份额逐渐减少。在向中高端业务转型的过程中，由于关键核心技术的缺失，部分中国企业创新能力不足，导致企业转型难。由于传统制造业过于注重短期收益，基础研发投入偏低，在核心技术、关键零部件等方面的核心竞争力不足，导致企业平均生命周期较短。据统计，中国中小企业的平均寿命为 2.5 年，集团企业的平均寿命为 7~8 年，而欧美国家企业的平均寿命达 40 年。

第三，供需结构不匹配。传统制造业整体层次较低，更注重市场需求的“有没有”，而没有关注供给的“好不好”，突出表现为技术含量高的产品比较匮乏，产品在品质上缺乏竞争优势，出现传统制造业供需不匹配的现象。另外，由于很多低端制造业在生产加工的过程中不注重环境保护，导致环境污染、资源浪费等负面影响，长期以破坏环境为代价换取的企业经济利益，不利于中国制造业的可持续发展。

随着“一带一路”倡议的持续推进，在政策和市场的双重驱动下，越来越多的国内低端制造业选择“走出去”，到成本更低的国家投资。但以加工装配为代表的处于下游低附加值的企业增值能力弱，且“一带一路”沿线国家的投资环境复杂，投资效益有限。国内企业应当充分利用产业链的作用，通过纵向整合保障原材料供应和扩大产品销售。同时，加强与相关企业的合作，共同提升企业竞争力，在海外市场竞争中取得优势地位。

三、博弈分析：纵向整合投资模式对企业利润的影响

本书在 Matsushima（2004）模型的基础上，借鉴李杰等（2011）构建的扩展 Hotelling 模型，分析下游低附加值企业在垂直并购海外企业时扩大市场份额和提升产品定位的双重效应。

假设国外消费者均匀分布在一条长度为 1 的线段上，该市场有 2 家下游企业，分别为来自国内的 D_1 和来自国外的 D_2。下游企业的附加值从 0 到 1，代表产品的定位逐渐提高。本部分分析国内下游低附加值企业的跨国并购，假定国内企业 D_1 的附加值为 $l_1=[0, 0.5]$，国外企业 D_2 的附加值较高，产品定位固定在端点 1 上。

另外 2 家为上游企业，国内企业用 U_1 表示，国外企业用 U_2 表示。同样地，由于技术水平差异，国内企业 U_1 固定在端点 0，其产品可供应附加值为［0，0.5］的下游企业使用；U_2 由于技术水平较高，生产的中间产品的使用无限制，可供［0，1］的下游企业使用。U_1、U_2 为争夺下游业务进

行价格竞争：假设上游企业向距离为 S 的下游企业提供中间品，需付出 τS^2 单位的转化成本，其中 τ 表示技术密集度。其技术密集度差别越大，上游企业向下游企业提供中间品需要支付的转化成本越高。

国外消费者分布于［0，1］的一条线段上，其位置表示消费者与下游产品的“匹配程度”，该“匹配程度”与消费者的收入有关（Ma，2004）。位于点 $y \in [0, 1]$ 的消费者，如果想购买 D_1 的商品，除了需要支付商品价格 p_1 外，还需要支付 $(l_1-y)^2$ 的运输成本；向 D_2 购买商品，除支付商品价格 p_2 外，还需支付 $(l_2-y)^2$ 的运输成本。另外，由于 D_2 提供的产品附加值更高，购买其产品可以得到 $q>0$ 的商品溢价。对于位于 $x=(1+l_1)/2+(p_2-q-p_1)/2(1-l_1)$ 的消费者来说，在 D_1 和 D_2 购买商品是无差异的。

如果 D_1 并购 U_1 或 U_2 之后的企业利润大于 D_1 与被并购对象利润之和时，D_1 提出并购，考虑如下完全信息动态博弈。第一阶段：D_1 选择并购 U_2。第二阶段：D_1 选择产品定位 l_1。第三阶段：U_1、U_2 同时选择批发价格 $\omega_{ij} \in [0, \infty]$，其中 $i=1$，$j=2$。i 表示第 i 家上游企业，j 表示第 j 家下游企业。第四阶段：看到批发价之后，D_1、D_2 同时选择供应商和选择零售价格 $P_i \in [0, \infty]$。第五阶段：消费者观察零售价格后，选择从 D_1 或 D_2 购买商品。下面使用逆向归纳法求解上述博弈。

（1）第五阶段。对于位于 $x=(1+l_1)/2+(p_2-q-p_1)/2(1-l_1)$ 的消费者来说，在 D_1 和 D_2 购买商品是无差异的。位于 x 左侧的消费者在 D_1 购买商品，位于 x 右侧的消费者在 D_2 购买商品。

（2）第四阶段。D_1、D_2 的利润最大化问题：

$$\max_{P_1} \pi_{D_1}=(p_1-\omega_1)[(1+l_1)/2+(p_2-q-p_1)/2(1-l_1)] \quad (5-1)$$

$$\max_{P_2} \pi_{D_2}=(p_2-\omega_2)[(1-l_1)/2+(p_2-q-p_1)/2(1-l_1)] \quad (5-2)$$

求解上述利润最大化问题可以得到均衡利润：

$$\pi_{D_1}=[(1-l_1)(3+l_1)+\omega_2-\omega_1-q^2/18(1-l_1)] \quad (5-3)$$

$$\pi_{D_2}=[(1-l_1)(3-l_1)-\omega_2+\omega_1+q^2/18(1-l_1)] \quad (5-4)$$

（3）第三阶段。上游企业 U_1、U_2 进行伯特兰德博弈，即如果自身成本低于竞争对手，就将产品价格定位在对方的成本水平上。二者的价格分别为：

$$U_1: \omega_1=\max\{\tau l_1^2, \tau(1-l_1)^2\}, \omega_{12}=\max\{\tau, 0\} \quad (5-5)$$

$$U_2: \omega_{21}=\max\{\tau l_1^2, \tau(1-l_1)^2\}, \omega_{22}=\max\{\tau, 0\} \quad (5-6)$$

（4）第二阶段。将第三阶段均衡结果代入式（5-3），可知：

$$\pi^e_{D_1}=[(1-l_1)(3+l_1)+\tau l_1(2-l_1)-q]^2/18(1-l_1) \quad (5-7)$$

（5）第一阶段。考虑 D_1 并购 U_2 的情况，D_1 的成本为 $\tau(1-l_1)^2$，为降低成本，D_1 将把产品定位于端点 1，这样其生产成本下降为 0，D_1 定位于端点 1 可以占领 D_2 的市场，获得更多消费者。同时，此时 D_2 将向合并后的新企业 D_1U_2 购买中间品，D_2 的生产成本为 τ。由于 D_1 生产成本低于 D_2，当 $\tau-\tau(1-l_1)^2 \geqslant (1-l_1)(3-l_1)$ 时，将可能出现 D_1 将 D_2 驱赶出市场的情形（Ziss，1993）。当 $l_1=1$ 时，上述条件是显然成立的。此时的均衡价格为 $p_1=\tau$，合并后的企业利润为 $\pi_{D_1U_2}=p_1\times 1=\tau$。

可以看出，在国外下游高端企业 D_2 不改变产品定位的情况下，如果国内企业能够并购国外上游高端企业 U_2，就能够将 D_2 驱逐出市场，实现自身市场份额的扩大和技术水平的提升。但不能仅理解为 D_1 通过并购垄断市场，如果将附加值从［0，1］向右扩展，那么 D_2 就不一定会退出市场，而是开拓新的领域。由于并购之后的企业 D_1U_2 利润高于并购前 D_1 与 U_2 利润之和，因此下游低附加值企业纵向并购附加值较高的海外企业，可以达到占领市场、提高附加值的双重效果，可见，纵向整合的战略意义十分突出。

第四节 战略联盟投资模式

一、战略联盟投资模式概述

跨国公司战略联盟是指为了实现特定的战略目标，两个或两个以上不同国家相互独立的企业，通过签订战略合作协议，形成风险共担、利益共享的共同体。由于战略联盟在组织形式上更加灵活，各成员自主经营、地位平等，具有较大的自由性，因此该模式以其机动灵活、风险小、效果明显等优点，为企业开拓国际市场所青睐。

战略联盟使不同国家的企业共同承担风险、共享经济资源，以达到扩大生产规模、不断开拓新市场的共同目标。随着全球市场竞争日益激烈，越来越多的跨国公司选择通过战略联盟投资模式进入目标市场，以此弥补跨国公司在技术、经验和销售渠道等方面的欠缺，提升综合竞争力，帮助跨国公司迅速开拓新市场。跨国公司在进入东道国市场时，通常面临文化差异、制度差异等不确定因素所带来的未知风险，传统的投资模式往往需要一次性投入大量资金，这给企业带来较大压力。而战略联盟投资模式使企业间形成战略联盟合作关系，共享资源、共担风险，通过资源的优化配置，实现企业间的优势资源互补，从而避免跨国公司因一次性投入大量资源而导致的风险。

（一）战略联盟的形式

跨国公司战略联盟包括合资企业式战略联盟和契约式战略联盟，依据企业自身的战略目标及实际需求，选择适当的联盟形式，是跨国公司构建国际战略联盟的关键。

产品生命周期处于成长期或成熟期的跨国公司，通常采用合资企业式战略联盟。相对成熟的产品在“一带一路”沿线国家的市场中具有巨大的发展潜力，跨国公司对外直接投资往往具有较强的市场寻求动机。当前，国内企业在出口过程中面临关税壁垒、技术壁垒、绿色壁垒等多种形式的贸易壁垒，而跨国公司以合资的形式与当地企业达成战略联盟，可以避开进入市场时的重重障碍，利用当地企业完善的销售网络直接进入目标国市场；同时，可以避免企业在目标市场重新建立销售网络而产生的巨额开销，从而降低产品生产成本，提高产品的市场竞争优势。

契约式战略联盟不需要联盟成员重新建立完整的组织结构，各成员保持相互独立，借助契约形式开展联合研发或市场行动。契约式战略联盟可以降低企业运行成本、提高运营效率，各成员分摊成本，最终达成共同合作的目标。中国跨国公司在研发投入时往往受自有资金不充足、融资渠道不通畅的双重制约，导致企业新产品的研发困难重重。契约式战略联盟能够使企业获得规模经济、降低成本，相较于强调股权控制的合资企业式战略联盟，契约式战略联盟具有更大的灵活性，在决策上有更多的选择性。

（二）战略联盟的特点

第一，松散性。战略联盟成员在有共同战略需求时相互合作，以互利共赢为目标，共同研发新技术、开拓新市场；同时，各自独立生产、经营，互不干涉。一方面，松散性使各联盟成员独自发展，在联盟失败时仍具有独立发展的能力；另一方面，松散性给联盟带来一定的风险性，不利于形成凝聚力，而且联盟成员间产生利益冲突可能导致联盟解散。

第二，互补性。战略联盟成员为了满足不同的发展需求，形成资源共享、风险共担、优势互补、相互依赖的共享网络，通过合作弥补彼此的发展劣势，从而实现长期合作、共同发展的战略目标。

第三，竞合性（竞争合作性）。战略联盟突破传统的以消灭竞争对手为目的企业竞争，使企业间除了对抗性竞争外还有合作。由于战略联盟各成员企业间存在业务重合现象，因此会在市场占有、利益分配上形成一定的竞争关系。但为了满足共同发展需求，联盟成员会通过资源共享、风险共担来展开合作，这就形成了竞合关系，并给联盟组织带来较高的分裂风险。有学者研究表明，战略联盟的不稳定率在30%~50%，战略联盟的合作关系并非持续稳定的。

（三）跨国公司构建国际战略联盟的主要驱动力

1. 市场交易内部化

随着国际竞争越发激烈，知识技术更新速度越来越快，跨国公司在国际市场竞争中很难长期处于优势地位。在早期，跨国公司虽然选择通过跨国并购的方式来提高企业的国际竞争力，但随着全球化进程的加快，发展中国家的企业不断地增强竞争力，跨国公司的传统投资模式不再具有竞争优势。战略联盟是跨国公司规避外部市场失灵的有效途径，企业通过在目标市场寻找合适的联盟伙伴，以契约或合资的形式与联盟伙伴共同协调优化资源配置，共享重要的优势资源，形成优势互补的关系，并将一定的外部资源内部化，从而获取较低生产成本优势，增强跨国公司的国际竞争力。

2. 提升技术创新能力

科学技术飞速发展，新技术和新产品层出不穷，这导致产品的生命周期不断缩短。企业如果想在激烈的市场竞争中站稳脚跟，就必须不断地研发创新，实现产品更新换代。在高速发展的信息化时代，企业难以长时间垄断相关技术，而新技术研发不仅需要大量的资金支持，同时也伴随高风险。因此，通过建立战略联盟，企业之间可以进行优势互补，获取联盟企业的先进技术等优质资源，共同研发先进技术，满足市场需求。

3. 降低投资风险

跨国公司战略联盟是规避外部风险的有效方式，企业可通过与东道国企业达成联盟关系，弥补跨国公司投资劣势。东道国企业在当地市场拥有更多经验，原材料采购及销售渠道均较成熟，这有利于跨国公司快速融入当地市场。因此，通过战略联盟能够降低企业运营成本，使企业更快地进入目标市场，从而巩固企业市场地位、提升企业竞争力。

（四）构建战略联盟的策略选择

作为国际市场的后来者，中国跨国公司在构建战略联盟时通常处于劣势地位，需要采取具有针对性的策略扭转这种劣势地位。第一，审慎选择合作伙伴。企业要从资金实力、市场规模、资源配置等情况出发，审慎选择合作伙伴。企业需要充分调研，进行全面、有效的评估，选择与跨国公司发展战略高度契合的合作伙伴。第二，制定详细的联盟成员合作机制。为有效地避免战略联盟实施过程中产生的纠纷，企业应制定全面、详细的合作条款，明确各成员的权利，划分职责范围，并设置合理的退出机制及冲突解决方案。各联盟成员在公平合理的合作条款约束下，共同发展、互利共赢。第三，在联盟内建立知识共享平台和信息沟通渠道。建立有效的信息沟通渠道是构建战略联盟的关键。在保护知识产权的前提下，联盟成员之间应该相互信任，交流分享信息，使彼此间能够及时了解联盟成员的发展状况，为共同发展奠定基础。第四，积极促进文化交流融合。文化差异是跨国公司在构建战略联盟时面临的难题之一。中国的跨国公司要在管理模式上实现国际化，就必须尊重联盟伙伴的文化习俗，营造共同的企业文化氛围，逐渐实现文化融合。

二、上游低附加值企业面临的困境

目前，中国属于上游低附加值的企业，如水泥、钢铁、采矿、石油化工等，面临自然资源匮乏、原材料成本上升、产业链条短及产能过剩等问题。随着供给侧结构性改革的深入推进，上述问题虽然得到一定程度的改善，但产能过剩问题依然不容忽视。国家统计局发布的《2018 年国民经济和社会发展统计公报》显示，2018 年全国工业产能利用率为 76.5%，其中煤炭开采和洗选业产能利用率为 70.6%，比 2017 年提高 2.4 个百分点；黑色金属冶炼和压延加工业产能利用率为 78.0%，比 2017 年提高 2.2 个百分点，为近年来最高水平，但仍低于国际公认的正常水平 79%~83%。

“一带一路”倡议推动国内企业与其沿线国家企业开展战略合作，有助于化解国内产能过剩和提升东道国基础设施建设能力。首先，“一带一路”沿线大多是发展中国家，基础设施相对落后，中国企业通过与其开展合作，大大推进了沿线国家的道路、铁路、港口、桥梁、机场、通信等基础设施建设。这些建设增加了对钢铁、水泥等上游原材料的需求，能够有效地帮助中国相关企业突破发展瓶颈，缓解中国产能过剩等问题。其次，“一带一路”沿线国家的自然资源丰富，可以与中国形成优势资源互补。以中国钢铁行业为例，其主要原材料铁矿石，在国内主要依靠进口，而“一带一路”沿线国家蕴藏着丰富的铁矿石资源，且具有明显的价格优势，通过与铁矿石资源丰富的沿线国家合作，中国将技术资源优势与东道国自然资源优势相结合，有利于形成优势互补，以达到互利共赢的效果。因此，“一带一路”倡议的提出，给处于产能过剩的企业带来了新契机。总之，将国内已不具比较优势的产业向“一带一路”沿线国家转移，利用其丰富的自然资源，开发具有巨大潜力的沿线市场，在带动当地发展的同时，也为中国企业带来新的发展机遇。

“一带一路”沿线国家区域广阔，一些国家政局复杂动荡，给跨国公司的投资带来了外部风险。上游低附加值企业通过战略联盟的投资模式，进入“一带一路”沿线国家，可以有效规避上述风险。战略联盟投资模式作为企业“走出去”的方式之一，与“一带一路”倡议高度契合。第一，战略联盟是不同国家的企业为达到某一共同目标选择通过合资或契约的方式形成的一种合作关系，是“和平合作、开放包容、互学互鉴、互利共赢”丝路精神的具体体现。第二，战略联盟的构建首先需要各成员就联盟的共同目标、建立方式以及管理等问题进行商讨并达成共识，其次联盟成员共同投资、建立、管理联盟，最后共同分享其投资成果。这正是“一带一路”倡议提出的“共商、共建、共享”原则的具体贯彻。第三，通过构建战略联盟的方式，使联盟各方实现最终的预期目标，获得投资收益，这正是“一带一路”倡议在企业层面的具体落实。

三、案例分析：海螺水泥向“一带一路”沿线国家直接投资

（一）海螺水泥公司简介

海螺水泥公司（以下简称海螺水泥）成立于1997年9月，主要生产和销售水泥制品、水泥熟料、商用混凝土等，是中国水泥行业第一家A+H股上市公司。海螺水泥倡导绿色发展理念，坚持以产品质量取胜，经过多年发展成为中国水泥行业的先导者，总市值达2000亿元。近年来，海螺水泥以创新为驱动，率先建成中国第一条日产2000吨的新型干法水泥生产线，后又分别增加到日产5000吨、日产10000吨，再到目前建成代表

当今世界顶尖水平的日产 12000 吨的新型干法水泥示范线，实现了新型干法水泥成套设备国产化，促进中国水泥在工业技术发展上的突飞猛进。

（二）中国水泥行业发展现状

近年来，中国水泥行业迅速发展，生产技术及管理技术已赶超国际先进水平。经过前些年的高速发展时期，近些年水泥行业发展进入瓶颈期，产能过剩使该行业的发展停滞不前，企业纷纷陷入困境。如行业代表海螺水泥经历了长期的探索和发展，在水泥项目设计、成套装备制造、工程建设管理等方面积累了丰富的经验，拥有雄厚的资金实力和完善的人才梯队。随着国内水泥市场逐渐趋于饱和，产能过剩问题日益突出，对于像海螺水泥这样的大型水泥企业而言，必须“走出去”才能在严峻的市场环境下保持高速发展。

“一带一路”倡议的提出，给处于瓶颈期的水泥行业带来新的发展机遇。海螺水泥积极响应号召，迅速将目光投向“一带一路”沿线市场，瞄准了工业化水平低、基础设施落后，亟待发展的“一带一路”沿线国家展开投资合作。截至目前，海螺水泥已在缅甸、印度尼西亚、老挝、俄罗斯、柬埔寨等多个“一带一路”沿线国家投资，累计对外投资额近百亿元。

（三）海螺水泥与柬埔寨本土企业的战略联盟

2015 年 3 月，海螺水泥与柬埔寨徐氏太平洋集团合资，成立马德望海螺水泥有限公司，总造价 2.3 亿美元，计划完成 400 万吨水泥项目。2016 年 8 月，马德望海螺水泥项目正式开工建设；2017 年 2 月，工程顺利竣工并准备投产使用；2018 年 5 月，马德望海螺水泥有限公司生产出第一批水泥产品，并发运出厂。至此，马德望海螺水泥有限公司正式进入生产运营阶段，成为柬埔寨的第四座水泥厂。

海螺水泥作为中国水泥行业的引导者，在技术方面具有显著优势。自成立以来，海螺水泥不断增加在技术革新方面的投入，先后建成日产万吨水泥熟料生产线、产能超千万吨级的熟料生产基地、水泥纯低温余热发电机组和第一套利用水泥窑处理城市生活垃圾系统等，获得发明专利 33 项、实用新型专利 206 项。当前，柬埔寨的工业化水平相对较低，基础设施建设有待完善，对建筑材料的需求量很大，尤其是对水泥的需求量更是逐年增加。在马德望海螺水泥有限公司成立之前，柬埔寨只有三家本土水泥厂，无法满足国内市场的需求，只能从国外进口水泥以满足国内需要。海螺水泥相对于柬埔寨本土企业来说，在技术方面具有显著优势，马德望海螺水泥有限公司的成立带动了当地水泥行业的发展。

对海螺水泥来说，通过与徐氏太平洋集团达成战略联盟，弥补了中国企业在柬埔寨市场的劣势。海螺水泥在进入柬埔寨市场之前，与当地企业相比，在原材料获取、销售渠道等方面均处于劣势，对当地制度、文化等也缺乏了解，投资风险相对较大。徐氏太平洋集团作为本土企业，更加了解东道国政策及相关制度，熟悉当地的文化习俗，具有丰富的市场经验。此次联盟合作突出了合资建厂的商业动机，很快被当地民众接受，提高了投资效率。另外，海螺水泥在水泥、熟料的生产过程中，需要大量石灰石等原料及煤炭等能源，柬埔寨丰富的自然资源、充裕的劳动力为海螺水泥提供了充分的生产条件，双方优势互补，共同发展。海螺水泥“走出去”时面临的真正风险是不能融入当地市场，不同的投资东道国有不同的法律制度和风俗习惯，企业只有真正融入当地文化、当地市场，才能在东道国顺利地开展投资项目。因此，企业在对外直接投资时如果能与当地企业达成合作关系、建立战略联盟，就可以为投资项目的顺利进行提供保障。

马德望海螺水泥有限公司的建立，使柬埔寨水泥厂的总产量基本上可以满足柬埔寨每年国内水泥的需求量。除了助力当地基础设施建设的完善，马德望海螺水泥有限公司还积极融入当地社会，投身公益活动、履行社会责任。目前，公司生产、管理人员 80% 以上为柬埔寨籍员工，直接或间接为当地 1000 多人提供了就业机会。海螺水泥在“一带一路”沿线国家直接投资，提升了企业的综合实力和国际地位，同时为沿线国家的建设提供建筑材料，带动了当地经济发展。战略联盟投资模式在海螺水泥开拓“一带一路”沿线国家市场中起到关键性的作用。

第五节 本章小结

本章从全球价值链嵌入位置和附加值两个维度，将对外直接投资企业分为四类，即上游高附加值企业、下游高附加值企业、下游低附加值企业、上游低附加值企业。针对这些企业在对外直接投资中可能遇到的困境，本书构建四种投资模式，分别为多元发展投资模式、市场渗透投资模式、纵向整合投资模式、战略联盟投资模式。多元发展投资模式是指同时对与企业现有产品相关联的多个领域进行布局，进行多元化生产经营，提升企业的国际竞争力。本书以利亚德开拓“一带一路”沿线国家市场为例，分析了多元发展投资模式的优势，以及为其他上游高附加值企业提供的经验借鉴。以奇瑞进入俄罗斯汽车市场为例，分析市场渗透模式的适用情况，下游高附加值企业针对不同市场需求提供新的产品，有助于提升企业竞争优势，从而实现市场扩张的目的。使用动态完全信息博弈分析纵向整合投资模式为中国国内企业带来的投资收益，结果显示，通过对产业链上优势资源的整合，加强与相关企业的合作，可以有效提升企业竞争力。

以海螺水泥开拓柬埔寨市场为例，分析战略联盟投资模式的特点及根本驱动力。采取战略联盟的投资模式，可以有效平衡国内企业和东道国企业之间的利益诉求，实现合作共赢。

第六章

中国对外直接投资对全球价值链地位的影响研究

在“一带一路”倡议的背景下，构建以中国为主的全球价值链，其实质是如何从被动融入全球价值链，到主动参与全球资源整合、国际经贸规则制定的过程。以中国为主的全球价值链，要求国内企业在全球价值链中占据最后主导地位，而非被动嵌入，通常需要企业在技术研发、品牌营销等方面具有一定优势。近年来，国内企业一方面通过技术研发、品牌建设等途径不断实现转型升级；另一方面积极抓住机遇，通过跨国并购获得技术、品牌等战略性资产，构建自身主导的研发、生产、销售网络，整合国内外资源，不断向价值链的高端环节攀升。与此同时，也有部分企业的对外直接投资不是十分成功。提升全球价值链地位的关键是什么，对外直接投资是否有利于提升跨国公司在全球价值链中的地位，其作用机制是什么？对此类问题进行深入分析具有重要的实践价值。

第一节 对外直接投资与全球价值链驱动机制

在全球价值链分工模式下，跨国公司可以在全球范围优化资源配置，这有利于企业提升竞争力，带动国内产业结构转型升级。改革开放初期，中国凭借劳动力、土地资源等要素禀赋优势，以代工方式从低端环节嵌入由发达国家主导的全球价值链；之后，通过不断地吸引外资和承接产业转移，逐渐融入全球价值链分工体系，对外开放程度稳步提高，在加工、组装环节形成比较优势。在这种由发达国家主导的分工体系中，中国虽然处于“世界工厂”的地位，但附加值较低。随着国际经济形势的不断变化，这种依靠低端环节保持快速增长的前提发生了变化。首先，国内劳动力、资本和土地等生产要素的价格发生变化。随着人口红利的消失，劳动力成本不断提高，新一代劳动者对流水线等劳动力密集型的工作缺乏兴趣，很多企业招工困难，导致生产成本增加；近年来，企业获取土地的成本有所提高，难度也在不断增加。其次，税收、环境、社保等政策的变化，导致企业经营压力加大。近年来，大气污染、水污染等环境问题引起社会的广泛关注，国家环保政策持续收紧，执法越来越严格，很多低端制造企业的成本增加，甚至被迫停产；中国在税收、社保等方面陆续出台了多项政策，对养老、医疗、失业、工伤、生育保险和住房公积金方面的相关规定也在不断完善，这导致部分企业经营成本的提高。最后，是国际金融危机使西方发达国家的经济增长放缓，甚至出现衰退，新兴市场国家逐渐成为世界经济增长的重要驱动力，中国对外贸易形势发生巨大变化。尤其是中国经济进入新常态以来，构建以中国为主导的全球价值链，提升国内产业在全球价值链中的地位，实现产业结构优化升级，受到人们越来越多的关注。

企业对外直接投资的根本目的是获取各方面的收益，合理选择对外直接投资模式是实现这一根本目的关键所在。按照全球价值链驱动机制的差异，可以将其分为生产者驱动型全球价值链、购买者驱动型全球价值链和混合驱动型全球价值链（Gereffi, 1994）。企业选择哪种对外直接投资模式，与其所期望的全球价值链的升级方向密切相关。

一、对外直接投资与生产者驱动型全球价值链升级

具有生产优势的核心企业控制了生产者驱动型全球价值链中附加值较高的设计研发、核心零部件制造等战略环节，掌握这些核心环节的企业进而控制了整条价值链。当前，全球价值链分工逐渐从发达国家向发展中国家转移，尤其很多加工环节虽已由人力资本较丰富的发展中国家承接，但发达国家仍牢牢掌握产品研发、核心零部件生产等环节，获取整条价值链的大部分利润。因此，发展中国家要想实现价值链升级，向这些研发要素充裕的发达国家进行直接投资，近距离接触先进技术，通过逆向技术溢出获取新技术，并在此基础上开展自主创新，是最快速和最直接的途径。

二、对外直接投资与购买者驱动型全球价值链升级

与生产者驱动型全球价值链类似，购买者驱动型全球价值链同样由核心企业控制高附加值环节，并以此控制整条价值链的分工和各环节的利益分配。但不同之处在于，购买者驱动型全球价值链的主导企业不以关键技

术主导价值链分工，其核心竞争力是品牌价值、分销渠道等。具有良好声誉、掌握营销渠道的品牌商和零售商控制着全球价值链的核心环节，利用多年经营积累的营销优势在全球范围进行采购、布局商品流通网络、控制各环节的价值分配。纺织业、服装业、制鞋业等劳动力密集型产业的大部分价值增值不是由生产商获取，而是流向品牌、营销等流通环节。

跨国公司如果想实现购买者驱动型全球价值链升级，就需要重视打造品牌、拓宽分销渠道、强化营销能力，提升企业的国际竞争力。发展中国家的企业在品牌推广和营销网络构建方面，和发达国家的专业营销团队相比存在明显的差距，然而通过开展对外直接投资，兼并发达国家相关企业，不仅能够获得被并购企业的现有生产技术和专业人才，还可以获取海外成熟品牌和营销网络，如果能够对此进行有效整合，就能够使跨国公司迅速获得市场份额，提升市场地位，实现全球价值链升级。

三、对外直接投资与混合驱动型全球价值链升级

除了购买者驱动型、生产者驱动型产业链条外，也有部分产业兼具二者特征（张辉，2006），如智能手机产业。智能手机产业的增值过程就是典型的混合驱动型全球价值链升级过程，虽然其销售环节是整个产业的高附加值环节，但其生产环节附加值同样较高。例如，关键零配件供应商如高通（Qualcomm）虽然占据了高附加值环节，但是苹果公司同样获取了价值链中较高份额的附加值。虽然高通和苹果公司位于同一个混合驱动价值链中，但两家企业遵循的市场规则具有显著差异，其中高通遵循生产者驱动模式市场竞争规则，苹果公司遵循购买者驱动模式市场竞争规则。在混合驱动型全球价值链中，中国想实现价值链升级，需要视具体情况来决定投资模式。企业应当充分调研并判断相对应的产业更偏向于生产者驱动模

式还是购买者驱动模式，结合企业自身发展战略选择对外直接投资模式，实现价值增值曲线向两端延伸。

第二节 对发达国家的直接投资对母国价值链攀升的影响机制

在全球价值链分工体系下，生产呈碎片化和国际化趋势，发展中国家的对外直接投资必将给全球价值链治理和生产模式带来较大冲击（王碧珺，2013）。发达国家作为技术资源密集的区域，是技术创新重要的来源地。经济全球化导致跨国公司的分散化生产，发展中国家通过引进发达国家的外商直接投资，能够带来一定程度的技术溢出。在引进外资的过程中，发达国家并无主观上扩散自身技术的动机，甚至在很大程度上具有防止技术扩散的情形，东道国从引进外资上达到的技术升级效果将小于预期。当无法从外商直接投资中达到技术溢出目的时，企业主动“走出去”开展对外直接投资就成为实现价值链升级的重要途径（Al-Azzawi，2004）。不论是在发达国家建立研发机构，还是并购发达国家的当地企业，企业均能进入先进技术聚集地，近距离接触发达国家先进技术，通过模仿示范机制、并购适用技术企业机制、研发成果反馈机制、市场竞争效应等途径，反向促进投资母国的技术进步，带来投资母国的全球价值链升级。

一、模仿示范机制

一方面，跨国公司通过对外直接投资与东道国企业、研发机构建立联系，通过学习、模仿发达国家的企业提升自身研发水平，通过消化吸收并加以利用，传导至母公司；通过改善母公司的工艺流程，提升产品质量和技术复杂度，逐步由模仿转向自主创新，以此提升母公司的综合竞争力。邻近的地理位置，使海外子公司能够直接嵌入东道国的研发网络，更好地获取当地企业和科研机构的技术前沿动态；另外，企业可以通过雇佣东道国研发人员，获得人员流动带来的技术溢出效应，提升对高新技术的吸收能力和自主研发水平。另一方面，发达国家对产品质量要求相对较高，跨国公司想要在东道国市场上占据较大份额，需要通过开发新产品或改进产品功能，不断提升产品质量和附加值，促进跨国公司向价值链高端环节升级。

二、并购适用技术企业机制

并购适用技术企业机制是指通过并购国外拥有某种适用技术的企业，直接获取其相关技术，并将该技术应用于母国企业（赵伟等，2006）。诸多成功案例均证实了并购适用技术企业实现价值链升级的可行性。例如，20 世纪 80 年代，首钢集团通过并购美国麦斯塔工程设计公司 70% 的股份，获得麦斯塔公司 850 份图纸、46 个软件包、41 项专利权和 2 个注册商标的使用权，首钢集团一举成为国内首个掌握先进轧钢和连铸技术的企业，实现了价值链高端升级；联想并购 IBM 获取了关键技术和数百项专利的使用权，在并购当年其在全球个人电脑业务中的份额便由第 9 位跃居第 3 位，仅次于惠普和戴尔。

三、研发成果反馈机制

技术获取型对外直接投资以获取东道国研发要素、研发机构、相关信息等 R&D 资源为目标，以并购或新建海外 R&D 机构为手段，以提升跨国公司综合竞争力为宗旨，该行为本身包含强烈的技术寻求意图，有利于提升母公司技术水平（陈菲琼、虞旭丹，2009）。嵌入发达国家的高技术产业链条，企业可以近距离了解最新技术的发展动态，学习先进技术和管理经验，国内跨国公司通过消化吸收和二次创新，达到提升技术创新能力的效果，从而提升国内企业的价值链地位（谭赛，2019）。但是，该机制要求企业必须具备一定的吸收能力，否则由于东道国与母国企业技术的差异过大，从东道国获取的技术和知识无法得到有效利用。该机制在对发达国的家投资实践中得到充分验证，如浙江德力西集团与欧美国家大型企业的技术合作、万向集团收购美国舍勒公司等，通过跨国并购首先获得大量专利使用权和先进技术，然后通过模仿及再创新将这些技术逆向传导至国内企业，从而提升投资母国的全球价值链地位。

四、市场竞争效应

跨国公司的对外直接投资面临来自东道国及其他国家企业的激烈竞争，面临产品质量、技术水平、社会环境等方面的考验，企业为了寻求生存和发展势必不断加大研发投入力度，提升竞争力；同时，产品通常需要通过多个环节进行生产，这些环节可能是在多家企业进行的，因此开展对外直接投资的企业在提升自身技术水平、产品质量的同时，也需要国内为其提供中间产品和配套服务，通过产业关联将市场竞争效应传导至上、下游产业。另外，国内企业开展对外投资还会通过人员流动、示范效应带动国内产业竞争格局发生变化，进而实现产业结构升级，带动投资母国的价值链升级。

第三节　对发展中国家的直接投资对母国价值链升级的影响机制

即使东道国为发展中国家，也有可供中国企业学习和借鉴的地方（彭澎、李佳熠，2018）。同时，中国对发展中国家的直接投资，通过利润反馈机制、边际产业转移机制、研发费用分摊机制等，推动中国向全球价值链中高端升级。对“一带一路”沿线发展中经济体进行投资，有利于将国内过剩产能转移至国外，提升国内企业在东道国的市场份额，形成规模经济效应；对资源丰富的国家进行投资，有利于国内企业利用国内、国外资源，优化资源配置，降低生产成本，由此产生的利润可用于研发费用支出，对投资母国产生研发费用分摊效应。中国与“一带一路”沿线国家之间的人才流动，也是产生逆向技术溢出的重要途径之一，在东道国设立的研发中心，吸引高素质人才的加入，中国跨国公司人员将在学习、交流中掌握相关先进技术和管理经验。

一、利润反馈机制

对外直接投资可以扩大跨国公司规模，降低单位产品的平均固定成本，并通过对外直接投资与出口的互补关系扩大出口，从而实现规模经济效应（蒋冠宏、蒋殿春，2014）。对于市场寻求型企业而言，对外直接投资提高了市场份额，并增加了母公司利润，这给企业研发及创新活动提供了充足的资金支持，有利于全球价值链升级。

二、边际产业转移机制

边际产业扩张理论指出，通过将国内已不具有比较优势的产业转移至国外，投资母国将释放较为稀缺的劳动力、资本等生产要素，促进生产要素向具有比较优势的产业转移，形成国内资源的重新配置，改善资源错配问题，进而提升资源配置效率。在中国经济从高速增长向高质量发展转变的经济新常态下，对“一带一路”沿线国家的直接投资可以实现中国与沿线国家的互利共赢和国内资源的优化配置，提升跨国公司竞争力和全球价值链地位。UNCTAD 发布的《世界投资报告》(2006) 对发展中国家和新兴经济体的研究表明，对外直接投资有助于提升投资母国全球价值链地位、增强国际竞争力。由此来看，边际产业转移事实上超越了传统意义上为国内高端产业腾出发展空间的理解，这并非对生产活动的空间转移或简单复制，而是在全球价值链分工体系下整合和利用全球优势资源，在更高层次上参与国际竞争。

三、研发费用分摊机制

创新是企业生存和发展的前提，但创新活动的开展需要大量资金的支持，当前发展中国家的科技水平不高，其重要原因是研发经费投入不足。通过对外直接投资扩大市场规模，单位产品研发费用随之减少；同时，跨国公司可以利用东道国的研发要素分摊母公司研发成本，这种情况在技术密集型产业中表现得尤为明显；通过在东道国建立研发中心等，可以吸引东道国政府或企业分摊部分研发费用（张宏、王建，2013）。例如，TCL、联想等企业在东南亚等地区建有较大的生产基地，带动了国内关联产业和生产设备的出口，并通过规模经济效应与研发费用分摊机制降低了单位产品研发成本，提升了技术水平。

但应当看到，对外直接投资不仅推动投资母国全球价值链地位的攀升，也可能通过低端锁定、资源挤占等途径，对价值链升级起到抑制作用。一是对外直接投资可能产生低端锁定。虽然开展对外直接投资进而嵌入全球价值链是优化资源配置、提升竞争能力的重要途径，但是嵌入位置的不同，对全球价值链地位的影响也有差异。嵌入全球价值链高端环节，在价值链中具有主导地位，跨国公司通过关联效应获得的溢出效应就会较强；嵌入低端环节，容易成为东道国的代工厂，陷入低端锁定，不利于企业分工地位的提升。二是对外直接投资可能挤占国内资源，导致有限的国内资源流向国外，减少企业对国内项目的投资。国内企业用于技术创新、产品升级的资源将变得稀缺，从而抑制全球价值链升级。因此，发展中国家对外直接投资虽然可以产生边际产业转移效应、市场竞争效应等以推动全球价值链升级，但也可能挤占国内资源，受东道国市场壁垒、技术壁垒等的制约，甚至带来全球价值链低端锁定，反而抑制全球价值链升级。

第四节　本章小结

中国劳动力资源丰富，并且相对部分发展中国家来说具有技术优势，因此中国实现价值链升级有两条路径：一是作为劳动力资源丰富的国家，向技术丰富的发达国家开展技术寻求型对外直接投资，通过逆向技术溢出效应推动本国价值链升级；二是作为技术相对充裕的国家，向劳动力更为丰富但技术水平较低的发展中国家开展对外直接投资，改变本国的产业结构，实现本国价值链升级。换言之，不论是对技术资源充裕但劳动力资源稀缺的发达国家，还是对劳动力资源丰富但技术资源稀缺的发展中国家开展对外直接投资，均能推动母国价值链升级，但这两条价值链升级的路径和作用机制具有显著差异。本章从模仿示范机制、并购适用技术企业机制、研发成果反馈机制以及市场竞争效应等方面，分析了对发达国家直接投资对中国全球价值链升级的影响；从利润反馈机制、边际产业转移机制、研发费用分摊机制等方面，分析了对发展中国家直接投资对中国全球价值链升级的影响。

近年来，中国不断与“一带一路”沿线国家增强政策沟通，投资便利化程度不断加强，亚洲基础设施投资银行、丝路基金、中国—东盟投资合作基金等多边金融机构不断增加，为中国对“一带一路”沿线国家开展直接投资提供了有力的金融支持。“一带一路”沿线国家多为发展中国家，虽然人均收入较低，但市场容量较大，具有较大的投资潜力，在规模经济下为跨国公司的研发投入提供了保障。《推动共建丝绸之路经济带和21世纪海上丝绸之路的愿景与行动》等政策文件，为跨国公司向“一带一路”沿线国家进行直接投资提供了有力的政策支持。良好的投资环境能够加速资本积累、促进企业产出，间接地提高企业的自主创新意愿。长远来看，持续开展对“一带一路”沿线国家直接投资，对国内外资源整合、产业结构升级、全球价值链升级等具有重要的推动作用。

第三部分

实证研究篇

第七章 中国对“一带一路”沿线直接投资模式实证研究

自“一带一路”倡议提出以来，“一带一路”建设持续推进，国内越来越多的企业开始“走出去”，通过在更广的范围进行资源配置，提升了企业竞争力。2018 年，中国对外直接投资 1298.3 亿美元，其中金融类投资 93.3 亿美元，非金融类投资 1205.0 亿美元。实现了对“一带一路”沿线国家非金融类直接投资 156.4 亿美元，占同期总额的 13%。“一带一路”沿线国家的投资环境具有特殊性，多为发展中国家和新兴经济体，发展潜力未得到充分释放。中国供给侧结构性改革的重点是“三去一降一补”，即去产能、去库存、去杠杆、降成本、补短板，将国内不具备比较优势和产能过剩的产业转移至“一带一路”沿线国家，既可以有效促进相关国家的经济发展，也有利于实现国内转型升级。国内一些具有竞争优势的企业纷纷按照市场规则和国际惯例，进入“一带一路”沿线国家开展投资合作，在提升自身竞争力的同时，也带动东道国的就业，促进东道国的经济发展，实现互利共赢。

企业选择合适的对外直接投资模式有利于企业经营绩效和竞争能力的提升。东道国的制度环境、文化环境、市场规则、经济发展程度与国内相比均有所不同，对外直接投资企业自身发展战略也具有一定的差异性。在这种背景下，为提高投资收益、提升海外经营绩效，企业需要根据自身实际情况，结合东道国的客观条件明确发展定位，选择适合自身发展的对外直接投资模式。同发达国家相比，虽然中国的OFDI近年来增速明显，但整体仍处于起步阶段，可供参考的经验有限，因此许多国内企业在选择对外直接投资模式时存在一定的难度。随着全球价值链分工成为国际分工的主要形式，跨国公司在全球价值链中的地位在对外直接投资决策中的作用也受到越来越多的关注。

影响企业对外直接投资模式的因素较多，既包括企业内部因素，也包括外部的经济社会因素，学者对此进行了相关研究。但现有研究主要从进入方式和股权结构的视角分析对外直接投资模式，往往把对外直接投资模式分为跨国并购、绿地投资等方式，较少从全球价值链的角度展开研究。跨国公司的价值链地位影响企业竞争优势的形成，而企业竞争优势是决定对外直接投资模式的核心要素。本书从全球价值链的视角，将企业竞争优势作为中间变量，建立“全球价值链地位—企业竞争优势—对外直接投资模式”的理论分析框架。从嵌入位置和附加值两个维度，刻画国内对外直接投资企业在全球价值链中的地位，并针对其制约因素，提出差异化的投资模式，然后通过实证研究，检验全球价值链地位对中国企业对“一带一路”沿线国家直接投资模式选择的影响。

第一节　全球价值链地位对OFDI模式的影响机制

跨国公司的全球价值链地位全面反映了企业的竞争优势，而竞争优势是企业选择对外直接投资模式的重要影响因素。因此，本章从全球价值链的视角，建立“全球价值链地位—企业竞争优势—对外直接投资模式”的分析框架。

一、全球价值链地位与企业竞争优势

随着国际分工的不断深化，跨国公司由原来只注重内部价值链转向关注自身的全球价值链地位。全球价值链的价值属性使企业开展国际化经营活动成为可能；全球价值链的结构属性使企业在价值链不同环节所需的资源、能力具有差异，这对企业竞争优势的形成与发展具有重要意义。

（一）价值属性与企业竞争优势

全球价值链具有价值属性，并在竞争优势形成的过程中扮演着重要角色。Porter（1986）提出，竞争优势是企业可以给顾客带来的高于竞争对手所能提供的价值。这里的价值较多地体现为企业价值，随后价值内涵被逐渐丰富，加入如客户价值、所有者价值等。创造企业价值的基础条件是企业内部的稀缺资源，当这些资源难以复制、不可替代时，企业就能持续创造价值，由此形成竞争优势。Wernerfelt（1984）认为，企业发展战略体现在开发新资源与利用已有资源之间寻求平衡方面，除不断利用现有资源形成企业竞争优势外，企业还可以通过获得、积累新的资源和能力，整合企业内外部资源，打造新的竞争优势。

（二）结构属性与企业竞争优势

1. 资源的结构性

全球价值链具有环节结构性的特征，各环节的价值活动性质各有不同，所需要的资源类型和资源密度也存在差异。例如，研发环节处在全球价值链上游，该环节所需的资源大多是知识产权、专利、高水平研发人员；生产环节是全球价值链中游的关键环节，所需资源为生产设备、协调机制、熟练劳动力等；在全球价值链下游的营销环节中，关键性资源往往包括企业品牌、分销渠道等。全球价值链的结构属性导致企业在某一环节建立的优势在其他环节未必同样具有优势，优秀的生产商未必是优秀的经销商，也未必能够成为出色的技术研发企业。企业开展生产经营活动时需要考虑现有资源和能力，把企业有限的资源发挥到最具竞争优势的领域中，专注于价值链特定环节，这对企业塑造竞争优势具有重要意义。

资源的区位结构性体现在其空间地区分布上。随着国际分工的进一步深化，企业在国内开展生产经营活动的同时，还大力拓展海外市场，将企业自身的产品、服务向不同国家和地区延伸，并在国际范围寻找合适的资源供给，融入全球价值链。不同国家的要素禀赋存在差异，由此导致全球价值链上各生产经营活动所需资源的区位分布也具有很大差异。例如，发展中国家人口密集，劳动力成本低廉，常常成为很多跨国公司的制造基地；金融市场发达的国家具有丰厚的金融资本；能源、矿产等资源丰富的国家，吸引大量的资源寻求型国际直接投资；智力资源充裕的地区，适合建立技术研发中心。在不同的国家制度、文化背景下，企业开展生产经营活动需要投入的资源也有所不同。由于各国资源分布具有显著差异性，很多资源进行跨国转移相对困难，因此形成明显的区位结构性。

2. 价值的结构性

本章在介绍全球价值链的资源结构性时指出，不同环节所需的资源种类、强度存在差异，这些资源驱动价值链各环节进行价值创造，由此产生的附加值也存在差异。正如图 7-1 微笑曲线所示，曲线左端包括产品研发等环节；曲线右端包括营销和服务等环节，这些环节的附加值高，利润也高。而微笑曲线中间是加工制造环节，这些活动创造的价值低，利润也低，这是因为加工制造环节技术含量低，其他企业容易模仿，从而导致产品市场同质化严重，企业之间的竞争更激烈。价值的区位结构性表现在价值分布的区位差异上。全球价值链的最终目的是客户实现价值，而客户价值的实现程度反映了企业价值空间的大小。价值分布的区位差异体现在各国的市场大小上，不同国家对于不同产品和服务的需求存在差异，从而使全球价值链具有价值的区位结构性。

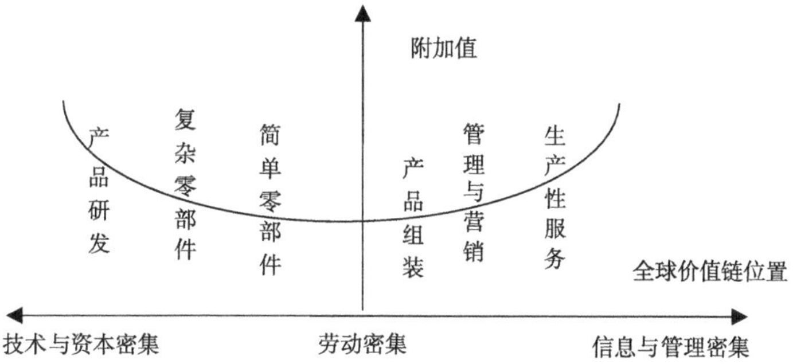

图 7-1 微笑曲线

资料来源：王子先．中国参与全球价值链的新一轮开放战略［M］．北京：经济管理出版社，2014：12。

处于全球价值链上不同地位的企业，应该在全球范围选择合适的环节与区位，提升自身能力，开拓更广阔的市场，努力向更高的附加值环节攀升，并在全球价值链中不断吸收和利用资源，塑造企业可持续的竞争优势。价值链的结构属性表明，对整条价值链的协调与整合是企业竞争优势的重要来源之一。从全球价值链的视角来看，企业只处在价值链的特定环节，整个产品的生产过程需要与上、下游企业展开合作，价值链的效率涉及企业自身的经营活动，对上、下游资源的整合可以给企业的价值创造带来积极影响。作为企业国际化经营的一种重要方式，对外直接投资是企业获取资源与创新能力的重要途径。选择合适的对外直接投资模式对于企业更好地提升自身能力、实现价值链升级具有重要意义。

二、企业竞争优势与对外直接投资模式选择

按照 Porter（1986）对企业竞争优势的划分，本书分别探讨了成本优势和差异化优势对企业 OFDI 模式选择的影响机制。规模经济、企业生产率、制度因素、要素禀赋等，是企业塑造成本优势的关键性因素；差异化优势源于企业的技术创新、品牌优势、对外直接投资经验等因素。跨国公司可以根据自身成本优势和差异化优势，选择能够发挥企业可持续竞争优势的投资模式。

（一）成本优势与对外直接投资模式选择

1. 规模经济

规模经济是影响企业成本的关键因素。拥有或者追求成本优势的企业，往往会在对外直接投资活动中选择合理的投资模式，从而确保企业可以更有效率地创造价值，或降低价值活动所需的基础设施、运营费用等。通常情况下，跨国公司为了更好地发挥成本优势，会将非关键生产环节转移到具有比较优势的东道国，将非关键环节的标准化技术转移至较低进入壁垒的东道国，在带动东道国经济发展、解决就业问题的同时，扩大企业市场规模、降低生产成本。东道国市场规模是企业进行对外直接投资模式选择时考虑的一个重要因素，这是因为东道国的市场规模越大，意味着需求水平越高，企业往往倾向于选择能够快速进入目标市场并且能获得较高市场份额的投资模式，进而达到实现规模化经营的目的，利用该投资模式的规模经济效应获取利润，降低生产经营成本。

在进行投资模式选择时，不同规模的企业考虑的角度不同。从灵活性

来看，与规模较大的企业相比，规模较小的企业在处理并购活动时的灵活性较强。从竞争实力的角度来看，由于规模较大的企业容易形成内部规模经济，竞争实力较强，在投资活动谈判中常处于有利地位，因此更倾向于选择能够快速进入目标市场并且成本较低的投资模式。从股权比例的角度来看，规模较小的企业更倾向于选择股权比例较低的投资模式，从而达到与合作对象共同承担风险、分担成本的目的；规模较大的企业由于资金实力、风险抵抗力相对较强，往往选择股权比例较高的投资模式。

2. 企业生产率

资源基础理论不仅强调企业异质性的重要性，同时也强调这些优势资产与其他企业进行整合的协同能力，该理论将企业战略、竞争优势和企业国际化模式很好地融合，提供了分析 OFDI 模式的新视角（林季红，2008）。生产率较高的企业，拥有更具优势的上游资产，在向东道国进行直接投资时，产生的资产互补协同效应更强，付出的后期资源整合成本更低；生产率越高意味着企业的组织管理能力越强（周茂，2016），企业在后期整合两国资源、要素时，消耗的成本更低、效率更高。从东道国角度考虑，生产率较高的企业在开展对外直接投资活动时，更有可能给东道国带来技术溢出，促进东道国相关企业技术的进步和生产率的提高，因此生产率较高的企业在对外直接投资时的审查成本更低。总体而言，生产率较高的企业更倾向于选择合资或其他控制程度较高的投资模式，以便快速地在东道国开辟市场并进行相关生产经营活动。

3. 制度因素

North（1990）将制度因素划分为正式制度和非正式制度两种。高效的制度环境可以降低企业的经营成本，而低效的制度环境则会加重企业负担，给企业带来不利影响。因此，制度因素影响企业成本优势的发挥。在东道国不同的制度环境下，跨国公司往往选择能够更好地发挥企业成本优势的对外直接投资模式。正式制度包括东道国制定的相关政策、法律法规等，这些制度的规范化能够在很大程度上保护跨国公司在东道国的各项权益，为企业的生产经营活动提供法律层面的保障，跨国公司会倾向于选择投入资源较少、控制程度较低的投资模式进入东道国。非正式制度包含东道国市场潜在的公约、行为守则和行为规范。例如，两国文化差异越大、风俗习惯差异越大，投资企业在东道国的运营成本就越高，此时跨国公司往往选择控制程度相对较高的投资模式，避免企业在后期整合中遇到相关冲突，以降低企业整合成本。

4. 要素禀赋

企业在不同国家或地区开展生产经营活动所需的成本具有较大差异。不同国家在人力资本、资源能源、中间投入等方面存在差异，这些因素是企业获得成本优势的关键。在分析企业成本优势对投资模式选择的作用机制时，需要把要素禀赋与价值链环节相结合。在开展对外直接投资活动时，跨国公司往往需要确定自身专注于价值链中的哪个环节，进而进行区位选择，并对投资活动中的企业资源进行合理配置。制造业企业为获取成本优势，倾向于在基础设施完善、人力资源成本较低的东道国投资，并且以控制程度较低的方式进入东道国，以便能够迅速进行生产活动，快速弥补投资初期的成本。另外，随着国际分工越来越细化，生产以外的其他价值活动在整个价值链中的重要性也逐渐增强，企业在将附加值较高的环节转移至海外时，往往选择控制程度较高的直接投资模式，利用东道国的区位优势，进一步降低企业生产经营成本，以获取企业成本优势。

（二）差异化优势与对外直接投资模式选择

1. 技术创新

差异化优势是指企业选择被客户认为重要的一个或多个特征，并在该特征上表现出独一无二的优势，这意味着更好的产品灵活性、更高的服务水平、更大的便利性等（Porter，1986）。技术创新是企业获取竞争优势的重要来源和实现差异化的重要基础，是企业成功进入东道国的基本前提与有效保障（Luo and Tung，2007；张瑾华等，2014）。技术创新能力较强的企业在国内的创新实践中，往往具有较强的吸收能力和积累了丰富的技术资源，这不仅有助于企业开发利用现有资源的潜在价值，也有助于将新增资源与现有资源进行整合，帮助企业在对外直接投资过程中，更好地吸收、学习行业领导者的先进技术，实现创新追赶，同时降低对外直接投资风险（李婧等，2010）。技术创新能力较强的企业，通常选择控制程度较高的投资模式。技术创新能力较弱的企业，往往缺乏对先进技术的吸收能力，即使存在外部的技术溢出，也无法仅靠获取外部先进技术实现长期生存，而企业通过战略联盟、纵向整合等方式开展对外投资，有助于跨国公司技术创新能力的提升。

2. 品牌优势

垄断优势理论强调跨国公司所拥有的专有资产是其竞争优势的重要来源，Caves（2007）对此类专有资产进行了全面总结后认为，专有资产包括品牌优势、技术创新、先进的管理模式及全球管理经验等。这些专有资产具有难以模仿、非交易性和创造顾客价值等特点，形成企业的差异化优势，对企业的对外直接投资活动起到非常重要的作用（Morck and Yeung，1991；Hennart and Park，1993）。垄断优势理论认为，只有在跨国公司拥有的专有资产能够实现跨国转移时，上述资产才能够获得垄断收益。具备品牌优势的企业在开展对外直接投资时，可能为了保护自身品牌利益，选择资产转移风险较小的投资模式。如 Capron 等（1998）发现，跨国并购比绿地投资更有利于实现品牌优势等专有资产的整合，而且并购有利于企业利用东道国资源结合自身品牌优势，创造新的垄断优势。同样，如果跨国公司希望获取相关战略资产，也倾向于选择与东道国企业合作的投资模式，以便企业通过与上、下游企业合作，快速获得品牌价值的提升，缩短与竞争对手的差距。

3. 国际化经验

国际化经验是跨国公司差异化优势的重要来源。企业的对外直接投资经验不仅能够帮助企业减少因信息不对称而需要付出的各项成本，如在投资活动中评估各项资产的价值和市场前景，合理进行定价等。丰富的国际投资经验可以使企业迅速地获得所需资源，掌握最新信息，并在东道国布局销售渠道。因此，拥有对外直接投资经验的企业通常会采用控制程度较高的投资模式，以便企业充分发挥自身差异化优势。然而对于缺乏投资经验的跨国公司来说，企业可以选择风险较低、控制程度较低的投资模式，通过与东道国的相关企业合作，不断学习投资经验，从而塑造企业可持续的差异化优势。

综上所述，从全球价值链的视角来看，价值链地位全面反映了企业的竞争优势。企业在全球价值链相应环节利用已有资源或在价值链上开发的新资源，改变或者塑造新的竞争优势，以实现可持续发展。企业进行的对外直接投资模式选择，是根据成本优势、差异化优势等进行综合选择和决策的结果，接下来本章将基于上市公司对外直接投资数据，实证检验全球价值链地位对 OFDI 模式的影响。

第二节 模型设定和数据说明

一、基本模型

参考已有研究成果，本书选取对外直接投资模式为因变量，以跨国公司的价值链位置指数和附加值指数为自变量进行实证研究。如果被解释变量为二值变量，那么可以对其赋值为 0 和 1，选择二元离散选择模型进行估计。但本书中，被解释变量对外直接投资模式为多元发展投资模式、市场渗透投资模式、纵向整合投资模式、战略联盟投资模式四种模式，因此本书选择使用多元 Logit 模型，通过极大似然法对企业选择 OFDI 模式的概率进行估计，考察对外直接投资模式与价值链位置指数、附加值指数之间的关系。

首先，对外直接投资企业选择第 j 种投资模式的概率为：

$$p(y_i = j) = \frac{e^{x_i\beta_j}}{\sum_{j=1}^{4} e^{x_i\beta_j}} \tag{7-1}$$

其中，y_i 表示第 i 个对外直接投资企业选择的投资类型；x_i 表示影响对外直接投资模式选择的因素，具体包括价值链位置指数、附加值指数、生产效率、东道国市场规模等；β_j 为待估计参数。

然后，选择市场渗透投资模式为对照组，将其他模式与其进行比对，建立 $n-1$ 个（n 为投资模式种类）Logit 模型。接下来，假设多元发展投资模式（*PD*）、市场渗透投资模式（*MP*）、纵向整合投资模式（*VI*）、战略联盟投资模式（*SA*）的概率分别为 P_1、P_2、P_3 和 P_4，对于 m 个自变量拟合模型如下：

$$\text{Log}\,it(\frac{P_i}{P_2}) = \alpha_i + \beta_{i1}x_1 + \cdots + \beta_{im}x_m\text{，其中 } i=1,\ 2,\ 3 \qquad (7\text{–}2)$$

最后，采用极大似然法估计多元 Logit 模型，并使用迭代法得到参数的估计量，进而考察价值链位置指数和附加值指数对投资模式选择的影响。

二、变量选取及数据说明

（一）核心变量

MODE 为对外直接投资模式。《境外投资企业（机构）名录》和上市公司数据库均未给出与企业对外直接投资模式相关的信息，本书从上市公司年报、官方网站、新闻披露等多种渠道获取相关信息，提取上市公司对外直接投资的关键词，结合专家咨询法补充完善对外直接投资模式，具体包括多元发展投资模式、市场渗透投资模式、纵向整合投资模式、战略联盟投资模式。

GVC 为价值链位置指数。本书参考 Koopman 等（2010）的相关研究，使用全球价值链位置指数进行核算。由于企业层面数据难以获取，本书以产业层面测度结果进行代替。中国对外直接投资企业所处行业在全球价值链中的地位反映了一个国家某一产业间接出口的附加值与国外附加值之间的差距。这种方法可以更准确地体现某一产业出口对国外进口中间产品的依赖程度，可以更加精确地测算出口产品中的间接附加值。某一产业出口产品时的间接出口附加值与国外附加值的比重，决定了一国的生产方式及

其在全球价值链的地位。一个国家某一产业的间接出口附加值比重较大，意味着该产业为贸易伙伴提供了中间产品，即该国这一产业处于上游。其计算公式如下：

$$GVC(Position)_{ij} = \mathrm{Ln}(1+\frac{TDV_{ij}}{EX_{ij}}) - \mathrm{Ln}(1+\frac{FV_{ij}}{EX_{ij}}) \qquad (7\text{-}3)$$

其中，$GVC(Position)_{ij}$ 表示 j 国 i 产业在全球价值链中的位置，该指数的值越大，说明 j 国 i 产业在全球价值链中的位置越高；TDV_{ij} 表示进口商生产第三国所需商品的中间品；FV_{ij} 表示国外附加值出口；EX_{ij} 表示一国某产业的总出口，可以分为国内附加值出口（DV_{ij}）和国外附加值出口（FV_{ij}）。国内附加值出口（DV_{ij}）可进一步细分为进口商直接消费的最终品和服务（FDV_{ij}），进口商生产国内所需的最终品和服务的中间品（NDV_{ij}），进口商生产第三国所需商品的中间品（TDV_{ij}）和进口商生产本国所需商品的中间品（RDV_{ij}）。

EVA 为附加值指数。本书使用经济附加值作为替代变量，该变量是税后营业净利润扣除债务资本和权益资本后，经过调整得到的剩余收益。其计算公式如下：

$$EVA_{ij}=NOPAT_{ij}-TC_{ij} \times WACC_{ij} \qquad (7\text{-}4)$$

其中，$NOPAT_{ij}$ 表示税后营业净利润，即息前利润。在净利润指标的基础上，调整应计入的递延所得税负债、资产减值损失并去除递延所得税等。其计算公式为 $NOPAT_{ij}$= 税后净利润 + 财务费用 ×（1- 所得税税率）+ 少数股东权益 +（营业外支出 – 营业外收入）×（1- 所得税税率）+ 资产减值损失 + 递延所得税负债 – 递延所得税资产。TC_{ij} 表示资本总额，包括固定资产、流动资产、无形资产等；$WACC_{ij}$ 表示加权资本成本率，按各类资本占总资本的比重进行加权平均计算得到。其计算方法为加权资本成本率 =（债务资本 / 资本总额）× 债务资本成本率 +（权益资本 / 资本总额）× 权益资本成本率。债务资本成本率是指公司借款和发行债券的成本；权益资本成本率（*rec*）使用资本资产定价模型（Capital Asset Pricing Model，CAPM）进行计算，其计算公式为 $rec=rf+\beta\times erp$。其中，*rf* 为无风险利率，本书使用一年期定期存款利率作为无风险利率；β 系数使用企业收益率与上证综指收益率比较统计所得；*erp* 为风险溢价，参考 Damodaran（2003）的研究，市场风险溢价为 6%。

（二）控制变量

SMA 为东道国市场规模。通常情况下，东道国的市场规模越大，吸引的直接投资越多。跨国公司倾向于在具有市场潜力的地区开展生产经营，在规模经济效应下获取较高利润。本书使用实际 GDP 衡量东道国市场规模，预期东道国实际 GDP 越高，企业采取市场渗透或多元发展投资模式的可能性越大。

EFF 为企业生产效率。通常情况下，生产效率较高的企业更倾向于开展对外直接投资，生产效率次之的企业一般以国际贸易的形式进行国际化。同时，生产效率较高的企业经济实力往往更强，可以采取多元发展或市场渗透的方式进行投资。本书使用企业人均产值（总产值 / 员工人数）衡量企业的生产效率。需要指出的是，虽然企业人均产值并不完全等同于企业生产效率，但是如果在研究中控制资本密集度这一指标后，可以将其看作生产效率的替代变量。

BIT 为双边投资协定。两国签订双边投资协定后，跨国公司的对外投资环境和投资权益都将得到很大程度的保障，因此国内企业更愿意到与中国签订双边投资协定的东道国开展投资。对于签订了双边投资协定的国家，企业可以采取战略联盟的模式进行投资。本书使用虚拟变量衡量该指标，将同中国签订双边投资协定的赋值为 1，否则赋值为 0。

EXP 为企业国际经验。跨国公司的对外直接投资经验能够有效降低企业海外经营的不确定性，有助于企业形成所有权优势。在具有国际投资经验的情况下，企业可以采取多元发展或纵向整合的投资模式。本章使用虚拟变量衡量企业国际经验，如果样本企业以往开展过对外直接投资活动，则该指标赋值为 1，否则赋值为 0。

三、数据来源

本书的对外直接投资微观数据主要来自上市公司数据库，通过与《境外投资企业（机构）名录》进行比对，筛选中国企业对“一带一路”沿线国家开展的 275 次直接投资活动。样本企业特征数据主要来自上市公司数据库，并删除营业收入、固定资产等样本异常数据。企业总资产使用行业工业品出厂价格指数调整为 2013 年不变价，固定资产投资使用固定资产价格指数调整为 2013 年不变价，相关价格指数来自《中国统计年鉴》。计算价值链位置指数使用的国家间投入产出数据及直接增加值系数来自世界投入产出表（WIOD）。东道国 GDP 数据来自国泰安数据库，并调整为 2013 年不变价。双边投资协定数据来自联合国贸易和发展会议（UNCTAD）的双边投资协定数据库，并在此基础上与商务部网站中中国签订的双边投资协定一览表进行比对。

第三节　实证结果与分析

本书以市场渗透投资模式为基准，检验多元 Logit 模型中是否所有自变量的偏回归系数都为 0。检验结果显示，最终模型与不含自变量只含常数项的模型相比，χ^2 值为 809.81，显著性水平为 0.000，这说明至少有一个自变量系数不为 0，该模型有意义。Hausman 检验结果显示，所有原假设均不能被拒绝（见表 7–1），模型设定符合 IIA 假定，即不同投资模式之间是相互独立的。

表 7–1 对“一带一路”沿线国家直接投资模式 Hausman 检验结果

Omitted	chi2	df	P>chi2	evidence
1	–24.620	12	1.000	for Ho
2	–40.310	14	1.000	for Ho
3	4.822	12	0.964	for Ho
4	14.013	12	0.300	for Ho

进一步的参数估计结果见表 7–2。可以看出，价值链位置指数、附加值指数对企业对外直接投资模式的选择在统计上显著，同时东道国的市场规模、技术水平、是否签订双边投资协定和对外直接投资经验对 OFDI 模式也具有一定影响。

表 7–2 对“一带一路”沿线国家直接投资模式实证分析结果

回归结果	MODE	Coef.	z	p>|z|
（1）	*GVC*	–0.675	–8.110	0.000
	EVA	–0.438	–5.540	0.000
	SMA	0.240	2.050	0.041
	EFF	0.029	0.750	0.455
	BIT	–0.052	–1.250	0.212
	EXP	0.258	1.340	0.181
	_cons	101.809	9.910	0.000

续表

回归结果	MODE	Coef.	z	p>|z|
（2）	*GVC*	0.154	3.070	0.002
	EVA	–0.436	–6.810	0.000
	SMA	0.014	0.330	0.739
	EFF	0.009	2.740	0.006
	BIT	–0.011	–2.550	0.011
	EXP	0.066	1.740	0.082
	_cons	27.839	6.430	0.000
（3）	*GVC*	–0.625	–7.480	0.000
	EVA	–0.677	–8.270	0.000
	SMA	–0.039	–0.320	0.748
	EFF	–0.093	–2.570	0.010
	BIT	0.094	2.660	0.008
	EXP	–0.278	–1.510	0.132
	_cons	120.596	11.610	0.000
Log likelihood		–456.994	N	275
Pseudo R^2		0.470	LR chi2（18）	809.810

在回归结果（1）和回归结果（3）中，价值链位置指数的系数符号分别为 –0.675 和 –0.625。这说明价值链位置指数越低，则企业处于全球价值链上游时越倾向于采用多元发展投资模式和战略联盟投资模式。本书将全球价值链上游的企业分为上游高附加值和上游低附加值两类。中国属于价值链上游的高附加值企业，如新材料、生物工程企业等，与发达国家大型跨国公司相比还有一定差距，技术研发能力较弱，很难依靠技术优势在日益激烈的全球竞争中站稳脚跟。而采用多元发展投资模式，能够降低企业投资风险、提高投资收益。具体而言，中国对“一带一路”沿线国家进行投资的企业，可以向与企业现有产品相关联的多个领域同时布局，进行多元化生产经营，扩张企业规模，提升企业国际竞争力。中国属于全球价值

链上游的低附加值企业，如钢铁生产、水泥制造企业等，普遍存在产能过剩、产业链条短等问题。这类企业对“一带一路”沿线国家进行投资时，往往面临复杂的投资风险，通过采取战略联盟投资模式，可以有效缓解利益冲突、平衡国内企业和东道国之间的利益诉求，以弥补这类中国企业在技术、市场等方面的劣势，实现合作共赢。

回归结果（2）和回归结果（3）中，附加值指数系数符号为负，分别为 –0.436 和 –0.677。这说明附加值指数越低，即企业增值能力越低时，企业越倾向于采用纵向整合和战略联盟投资模式。本书将低附加值企业分为上游低附加值企业和下游低附加值企业。中国属于全球价值链下游的低附加值企业包括加工装配、服装生产等，同发达国家企业相比具有一定的竞争优势，尤其是家电行业、电子设备行业，“中国制造”更是物美价廉的代名词，但此类产品的增值能力有限，且与“一带一路”沿线国家的企业有一定的竞争关系。另外，“一带一路”沿线国家投资环境复杂，中国企业通过对产业链上优势资源的整合，加强与相关企业的合作，有助于提升企业竞争力。中国属于全球价值链上游的低附加值企业，在“一带一路”沿线国家直接投资过程中，可能与东道国在资源、环境等方面产生问题，因此这类企业应当与东道国企业建立战略联盟，共建共享、互利共赢，以平衡国内企业与东道国之间的利益诉求。

东道国市场规模是影响多元发展投资模式的显著性变量。从估计结果中可以发现，回归结果（1）中该变量在 5% 水平下显著，回归系数为 0.240。这表明东道国市场规模越大，企业越倾向于首先采用多元发展投资模式，其次才是市场渗透模式。这种现象是与中国对外直接投资的动机分不开的，随着中国自主创新能力显著提升，部分优势产业在国内市场出现产能过剩的现象，因此这些产业具有明显的市场寻求动机。

企业生产效率是影响纵向整合投资模式、战略联盟投资模式的显著性因素。本书的实证结果显示，回归结果（2）和回归结果（3）中该指标均通过 1% 的显著性检验，系数分别为 0.009 和 –0.093。这说明生产效率高的企业在对外投资过程中，首选的模式是纵向整合投资模式，其次是市场渗透模式和战略联盟投资模式。在企业生产效率较高时，跨国公司为分散行业市场风险，将拓宽公司发展方向，从单一产业逐步向多元化发展转型，以实现企业长期可持续发展。

双边投资协定对纵向整合投资模式和战略联盟投资模式具有显著影响。前者通过 5% 的显著性检验，后者通过 1% 的显著性检验，上述两个模型中的系数在回归结果（2）和回归结果（3）中分别为 –0.011 和 0.094。这说明在对与中国签订双边投资协定的国家进行投资过程中，企业首先采用战略联盟投资模式，其次采用市场渗透投资模式，最后采用纵向整合投资模式。这说明在“一带一路”倡议背景下，国内企业的对外直接投资更加注重与东道国企业的互利共赢、平衡双方利益诉求，而非仅仅关注企业自身利益。

对外直接投资经验是影响纵向整合投资模式的显著性因素，可通过 1% 的显著性检验。这说明，具有对外直接投资经验的企业更倾向于采用纵向整合投资模式。可以说，纵向整合投资模式具有盈利点较多、风险承受能力强等优点，被具有对外直接投资经验的跨国公司广泛采用。

第四节　稳健性检验

为保证回归结果的稳健性，本书以战略联盟投资模式为基准，再次进行多元 Logit 回归，回归结果见表 7–3。可以看出，在回归结果（5）和回归结果（6）中，价值链位置指数系数在 1% 置信度下显著为正，分别为 0.625 和 0.779。这说明相比战略联盟投资模式，价值链位置指数越高，企业越容易选择市场渗透和纵向整合投资模式。本书将价值链位置指数较高的企业分为下游高附加值企业和下游低附加值企业。中国的下游高附加值企业以高端机械设备制造、产业深加工类企业为代表，与发达国家的大型跨国公司相比，市场竞争能力尚待提高，此时应当通过拓宽营销渠道、改善产品功能、降低生产成本等方式，不断拓展现有市场；在基础方面，针对不同需求提供多样化产品，在市场中获得比较优势，从而实现市场扩张。中国的下游低附加值企业，如服装加工企业，通常采取纵向整合的投资模式。其原因在于此类企业的附加值不高，利润率有限，通过向上游扩展、延长产业链条，企业可以增加附加价值。

表 7–3　对“一带一路”沿线国家直接投资模式稳健性检验

回归结果	MODE	Coef.	z	p>|z|
（4）	*GVC*	−0.495	−2.010	0.045
	EVA	0.238	5.410	0.000
	SMA	0.278	3.080	0.002
	EFF	0.122	2.990	0.003
	BIT	−0.146	−3.240	0.001
	EXP	0.536	3.200	0.001
	_cons	−18.786	−5.160	0.000
（5）	*GVC*	0.625	7.480	0.000
	EVA	0.677	8.270	0.000
	SMA	0.039	0.320	0.748
	EFF	0.093	2.570	0.010
	BIT	−0.094	−2.660	0.008
	EXP	0.278	1.510	0.132
	_cons	−120.596	−11.610	0.000

续表

回归结果	MODE	Coef.	z	p>|z|
(6)	*GVC*	0.779	8.660	0.000
	EVA	0.240	2.790	0.005
	SMA	0.053	0.440	0.662
	EFF	0.102	2.810	0.005
	BIT	−0.105	−2.970	0.003
	EXP	0.344	1.860	0.063
	_cons	−92.757	−9.220	0.000
Log likelihood		−456.994	N	275
Pseudo R^2		0.4698	LR chi2（18）	809.81

回归结果（4）和回归结果（5）中的附加值指数系数符号显著为正。这说明附加值指数越高，企业越倾向于选择多元发展投资模式和市场渗透投资模式。

第五节 本章小结

选择合适的对外直接投资模式有利于企业经营绩效和竞争能力的提升。东道国与国内的政策环境、社会环境等方面均存在差异，中国对外直接投资企业的发展战略也相应存在差异，为明确企业发展定位、提高海外经营绩效，企业需要根据自身竞争优势，结合东道国客观条件，采用适合自身发展的对外投资模式。本章首先从全球价值链视角，以企业竞争优势作为中间变量，建立“全球价值链地位—企业竞争优势—对外直接投资模式”的分析框架。然后使用多元 Logit 模型，基于上市公司对外直接投资数据，实证研究价值链位置指数和附加值指数对 OFDI 模式的影响。实证结果表明，全球价值链地位对中国企业对“一带一路”沿线国家直接投资模式具有显著影响。附加值指数越高，企业越倾向于选择多元发展投资模式和市场渗透投资模式；附加值指数越低，企业越倾向于选择纵向整合投资模式和战略联盟投资模式；价值链位置指数越高，企业越倾向于选择市场渗透投资模式和纵向整合投资模式；价值链位置指数越低，企业越倾向于选择多元发展投资模式和战略联盟投资模式。

第八章
“一带一路”倡议下对外直接投资模式对企业创新绩效的影响研究

对于新型工业化国家来说，通过对外直接投资获取逆向技术溢出，是提升母国企业创新绩效的有效途径（吴友、刘乃全，2016）。以往的研究表明，国际化给跨国公司提供了接触先进技术的机会，在投资母国技术水平较高且人力资本较丰富时，企业能够有效吸收对外直接投资产生的逆向技术溢出效应。新兴工业化国家在技术水平上扮演追赶者的角色，希望通过学习、模仿东道国的先进技术、管理经验，弥补自身研发实力的不足，实现技术创新突破。

当前，中国经济处于由高速增长向高质量发展转变的关键阶段，国内企业面临发展中国家低成本竞争和发达国家技术垄断两个方面的压力，对外直接投资是优化资源配置、获取逆向技术溢出、提升企业国际竞争力的重要渠道。对外直接投资模式对企业创新绩效有哪些影响路径，中国企业对“一带一路”沿线国家直接投资的技术创新效应如何产生，在中国与“一带一路”沿线国家资本流动日益密切的背景下，深入探讨上述问题具有深远的现实意义。本章阐述 OFDI 模式对创新绩效的影响机制，使用倾向得分匹配倍差法实证检验 OFDI 模式对母国企业创新绩效的影响，希望为国内企业对“一带一路”沿线国家进行直接投资提供参考。

第一节 OFDI 模式对企业创新绩效的影响机制

OFDI 对投资母国技术进步具有积极效应，本书认为不同的 OFDI 模式具有差异化的海外研发传导机制、研发成果反馈机制、研发费用分摊机制与外围研发剥离机制，导致不同投资模式的技术创新效应产生差异。

一、海外研发传导机制

企业开展创新活动需要信息、技术、研发团队的支持，而获取信息和知识的途径除了自身积累外，外部技术引进也是一种常见的方式。外部技术引进渠道既包括国内企业之间的交流，也包括通过对外直接投资从东道国获取相关知识和信息。但是，受固有创新模式的影响，国内企业之间的交流存在一定的局限性和滞后性，而对外直接投资有利于企业近距离接触其他国家的技术创新动向，进而扩展企业自身知识储备，促进多样化知识融合，激励企业创新。先进的管理经验可以提升跨国公司的组织能力，有利于研发能力的提升和组织效率的改善。

跨国公司为了获取先进的技术、扩张海外市场，通常选择跨国并购或者绿地投资方式进行对外投资，进而开展跨国经营、参与国际技术合作。市场寻求型对外直接投资面临消费者国际化，而消费者需求之间的差异正是促进企业自主创新的动力，企业为了开拓海外市场，需要不断进行技术研发，生产符合东道国消费者需求偏好的新产品，该过程被称为适应型

R&D。技术寻求型对外直接投资通常伴随创新型 R&D，企业利用产业集聚效应以及横向、纵向一体化，通过与东道国创新要素、研发机构、前沿信息等进行密切交流，接触国外先进技术和创新理念；通过不断地学习、模仿东道国的先进技术、管理经验等，提升企业创新绩效。另外，不同国家之间技术水平的差异和生产成本差异均高于国内企业，对外直接投资通常伴随生产要素从效率低的国家转移至效率较高的国家，这推动了研发要素更加合理的配置。对外直接投资的研发传导机制还体现在能够及时了解东道国消费者需求、最新的产品设计及未来的发展趋势上。

一国企业单独开展创新可能面临较高的失败风险，高昂的研发费用也阻碍了很多企业创新的步伐，而与东道国技术先进的机构合作共同开展研发，可以有效利用东道国现有资源、提升创新成功率。事实上，国内很多企业如华为、海尔、小米等均在海外建有研发中心，通过与东道国企业联合开发，实现自身创新能力的提升，但东道国的核心技术能否被跨国公司有效吸收是海外研发传导机制的关键所在。当前，各国普遍重视提高科技创新能力，不断强化知识产权保护力度，由此提高了技术寻求型对外直接投资的成本。在东道国建立完善的知识产权保护制度的背景下，企业不仅获取先进技术的难度增加，通过研发传导机制获取技术也存在侵犯知识产权的可能性。因此，跨国公司需要支付额外成本，如通过购买专利技术提升企业在东道国的综合竞争力。可以看出，东道国对外商直接投资的态度以及本国知识产权的保护力度，将直接影响海外研发传导机制的发挥。另外，这一过程要求母公司具备一定的吸收能力，这样企业才能更好地获取外部知识，进行技术消化吸收，有效提升企业自身的研发能力和技术水平。

二、研发成果反馈机制

研发成果反馈机制是指跨国公司的海外子公司将在东道国学习到的先进技术反馈给母公司，促进母公司技术水平的提高。跨国公司对技术先进国家进行直接投资，其子公司的本土化能够促使跨国公司快速融入全球价值链，通过产业集聚以及企业的纵向、横向一体化，使企业更加直接高效地获取东道国的先进技术、管理经验等，达到逆向技术转移的效果。Blomstrom 等（2000）发现，日本对欧美国家的直接投资，使日本企业近距离地接触东道国的先进技术、创新氛围和研发资源，通过学习效应掌握和利用这些资源，并促进日本企业创新绩效的提升。Guadalupe 等（2012）研究发现，对外直接投资能提升跨国公司的技术创新能力，并推动投资母国产业升级。Dunning（1990）发现，海外子公司申请的专利数量占跨国公司申请专利总量的比重越来越大，这说明海外子公司的研发成果反馈对母国技术进步的贡献呈上升趋势。尤其对于发展中国家而言，跨国并购直接促进技术创新能力快速提升。

子公司本土化能够消除文化差异带来的信息交流障碍，在促进技术溢出的同时，还能够通过与东道国企业员工的交流实现隐性知识外溢。子公司通过与上、下游企业的密切联系与合作，能够直接获得上、下游企业的技术溢出，提升企业技术水平；海外子公司将这些先进技术、管理经验以及产品生产的高标准反馈给母公司，从而促进母公司的技术创新。对于发展中国家而言，很多企业难以承担研发的高成本，而通过对外直接投资接触国外成熟技术，将在很大程度上降低跨国公司初始研发的投入成本，因此对外直接投资能够推动企业开展研发活动，促进创新绩效的提升。刘岳平和付晓东（2018）等指出，企业的研发活动通常受到当地高校、研发机构等科研投入的影响，技术溢出效应也会随着投资区位距离的增加而减弱，因此子公司本土化带来的研发成果反馈是跨国公司提升自主创新能力的重要因素。

三、研发费用分摊机制

企业想在激烈的国际竞争中保持技术优势，就必须不断增加研发投入，但高昂的研发费用阻碍了许多发展中国家企业的技术提升。研发费用分摊机制能够有效缓解企业研发经费不足的问题，有利于提升企业的创新能力。Mansfield（1982）发现，由于美国跨国公司的海外子公司为母公司分摊了研发费用，导致母公司研发费用下降 15% 左右，这样推动母公司将更多的研发资金投入技术创新，促进企业技术进步。

首先，对外直接投资有助于跨国公司扩大海外市场，增加企业的营业收入，弥补企业在研发资金方面的不足。例如，在东道国设立子公司能够帮助母公司开发潜在客户，在更广泛的范围布局营销网络；在东道国设立物流部门或批发零售部门有助于母公司降低销售成本，推动母公司的出口业务；在东道国设立市场开发部门有助于提升跨国公司的国际形象和品牌价值，使母公司能够及时解决消费者提出的问题。在市场规模扩大的情况下，东道国市场可以分摊跨国公司自主创新的高额费用，大幅度降低创新的平均成本，增加企业创新的预期收益，提高跨国公司创新积极性（范红忠，2007）。即使投资东南亚、非洲、拉丁美洲等技术水平相对较低的地区，虽然这些东道国知识溢出效应较小，但规模经济导致跨国公司平均成本降低，企业也能够通过扩张海外市场增加收益，且将这些收益投入母公司研发，还能够提升企业的核心技术和创新能力。因此，通过对外直接投资分摊单位产品的研发费用，有利于企业增加研发投入、提升创新绩效。

其次，创新是一种前沿性研究活动，通常需要投入较高的成本，因此，研发投入是影响企业技术水平和创新能力的关键因素。但金融机构和企业之间的信息不对称容易使企业创新受到融资约束，导致研发投入不足，从资金链条上阻碍企业创新（薛军、苏二豆，2020）。相对于国内企业而言，跨国公司对外直接投资通常需要付出较高的沉没成本，以适应东道国的市场环境，只有生产率较高的企业才有进行对外直接投资的能力。因此，OFDI本身能够释放积极信号，金融机构更愿意向这些企业提供信贷，进而缓解这些企业的融资约束。

最后，东道国通常希望通过引进外资来缓解本国发展资金不足，因此跨国公司对外直接投资能够刺激东道国政府或企业更有意愿分摊部分研发费用，使跨国公司能够腾出部分资金用于研发投入。通过对外直接投资来利用东道国的研发要素，使跨国公司在更广的范围优化研发资源配置。因此，对外直接投资通过研发费用分摊机制，能够促进企业整体技术水平和创新能力的有效提升。

四、外围研发剥离机制

外围研发剥离机制，即企业将外围研发技术进行剥离，通过对外直接投资的方式转移到国外，使母公司将人力、物力、财力集中于对核心项目的研发。对外直接投资可能导致母公司研发资金减少，降低母公司研发水平，但如果对外直接投资项目为外围技术，那么母公司因专注于主营业务和核心技术的开发，其核心业务的研发能力反而会提升。被剥离的外围技术不仅可以利用海外优质研发资源，而且母公司并未完全放弃外围技术，保留了外围技术的突破带来收益的可能性（吕宁，2015）。

外围研发剥离机制有助于提升企业创新绩效。首先，海外研发具有低成本优势，跨国公司通过对外直接投资的方式将外围研发剥离，将子公司转移到海外研发高地，子公司通过与拥有先进技术的海外企业合作，利用国外特定的知识网络，或通过与国外高级技术工人、研发人员之间的信息交流，以及借助高校或研究机构等强化母公司自主创新能力。其次，企业通过对外直接投资将外围研发剥离，将节省的研发费用投入核心业务，能够优化母公司的资源配置、降低生产成本。

第二节 OFDI 模式对企业创新绩效影响的实证研究

一、实证模型设定

不同的对外直接投资模式具有差异化的海外研发传导机制、研发成果反馈机制、研发费用分摊机制与外围研发剥离机制，因此其产生的创新绩效也有所差异。为了验证这一观点，本章基于上市公司数据，分析对外直接投资模式对创新绩效的实际影响。本书将对外直接投资模式划分为多元发展投资模式、市场渗透投资模式、纵向整合投资模式、战略联盟投资模式。

下面分析多元发展投资模式对企业创新绩效的影响。如果对外直接投资模式的选择是一种随机行为，那么通过比较处理组和对照组企业之间的创新绩效差异，就可以得出 OFDI 模式对创新绩效的影响。但事实上，对外直接投资模式的选择并非随机的，企业生产效率、对外直接投资经验等因素均会给 OFDI 模式的选择带来影响，对非随机样本直接进行估计将导致选择性偏差。鉴于上述原因，本书采用倾向得分匹配（Propensity Score Matching，PSM）的方法，找到与采用多元发展投资模式倾向得分相近的企业，然后用双重差分法估计该模式对企业创新绩效的真实影响，以消除样本选择偏差，提高实证结果的准确性。

具体地，采用多元发展投资模式（PD）的企业（处理组），PD_i=1，否则 PD_i=0。另外，对外直接投资之前，T_t=0；对外直接投资之后，T_t=1。用 $\triangle INNOV_{it}^{1}$ 表示处理组企业在 T_t=1 和 T_t=0 的创新绩效差异，同时用 $\triangle INNOV_{it}^{0}$ 表示如果处理组企业未采用多元发展投资模式，则在 T_t=1 和 T_t=0 时期的创新绩效差异。多元发展投资模式对企业创新绩效的影响 τ 可用式（8–1）中“双重差分”表示：

$$\tau = E(\tau \mid PD_i=1) = E(\triangle INNOV_{it}^{1} \mid PD_i=1) - E(\triangle INNOV_{it}^{0} \mid D_i=1) \quad (8\text{–}1)$$

式（8–1）右端第一项可以观测，而反事实情形 $E(\triangle INNOV_{it}^{0} \mid D_i=1)$ 不可观测。本书通过倾向得分匹配的方式，从对照组选择与处理组“近似”的企业，用“近似”企业在 T_t=1 时的状态模拟处理组企业不进行对外直接投资的状态，构建一种反事实情形，以消除选择性偏差。利用 Logit 模型估计企业 i 在 t 时期采用多元发展投资模式（PD）的概率，即倾向得分（Propensity Score）：

$$p(X_i) = Pr(D_i=1 \mid X_i) = E(D_i \mid X_i) \quad (8\text{–}2)$$

其中，D_i=1 表示企业采用多元发展投资模式（PD）；X_i 表示影响 OFDI 模式选择的一组协变量，包括企业规模、生产效率等变量及其高次项。通过式（8–2）可以估计出企业采用多元发展投资模式（PD）的预测概率值 $p(X_i)$，再将预测概率值相近的企业进行配对，从而得到一组与处理组有类似特征的对照组企业。

令匹配后符合条件的对照组企业在 T_t=1 和 T_t=0 时期的企业创新绩效差异为 $\widetilde{E}(\triangle INNOV_{it}^{0} \mid D_i=0)$，并以其替换式（8–1）中的 $E(\triangle INNOV_{it}^{0} \mid D_i=1)$，式（8–1）转化为：

$$\tau = E(\tau \mid D_i=1) = E(\triangle INNOV_{it}^{1} \mid D_i=1) - \widetilde{E}(\triangle INNOV_{it}^{0} \mid D_i=0) \quad (8\text{–}3)$$

为估计对外直接投资模式对企业创新绩效的影响 τ，构建如下模型：

$$INNOV_{it}=\alpha+\beta_1PD_i+\beta_2T_t+\tau PD_i\cdot T_t+X_{it}\gamma+\varepsilon_{it} \qquad (8\text{–}4)$$

式（8–4）中，$INNOV_{it}$ 为衡量创新绩效大小的被解释变量；X_{it} 为企业规模（*ESC*）、资产负债率（*ALR*）、从业人数（*NOP*）、研发强度（*R&D*）等一系列变量；γ 为 X_{it} 的系数向量；ε_{it} 为随机干扰项。

可以看出，处理组企业在对外直接投资前后的创新绩效分别为 $\alpha+\beta_1+X_{it}\gamma$ 和 $\alpha+\beta_1+\beta_2+\tau+X_{it}\gamma$，二者之差，即创新绩效变化为 $E(\triangle INNOV_{it}^1 \mid D_i=1)=\beta_2+\tau$；对照组企业在 $T_t=0$ 和 $T_t=1$ 时期的创新绩效分别为 $\alpha+X_{it}\gamma$ 和 $\alpha+\beta_2+X_{it}\gamma$，二者之差，即创新绩效变化为 $\widetilde{E}(\triangle INNOV_{it}^0 \mid D_i=0)=\beta_2$；处理组和对照组创新绩效变化的差异，即“差异的差异”为 $\beta_2+\tau-\beta_2=\tau$。因此，式（8–4）中交互项 $PD_i\cdot T_t$ 的系数 τ，即对外直接投资技术创新效应的 PSM–DID 估计结果。

二、数据来源及变量说明

本书的样本数据主要来源于三个方面。一是上市公司数据库。考虑企业微观数据的可获得性和真实性，本书选取沪、深两市 A 股上市公司作为研究对象。二是商务部《境外投资企业（机构）名录》。该数据库包含境内投资主体名称、所在省份，境外投资企业、经营范围、核准日期等信息。葛顺奇和罗伟（2013）曾对《境外投资企业（机构）名录》的准确性进行分析，通过与《中国对外直接投资统计公报》进行核对后发现，随着时间的推移，二者数据的差距越来越小。三是国家知识产权局网站。本书主要从该网站获取上市公司专利申请数和专利批准数。本书将上市公司数据库与商务部《境外投资企业（机构）名录》数据库进行匹配，得到上市公司中对外直接投资企业名单；对 ST、*ST 企业样本以及关键变量缺失的企业样本进行剔除，最终获得 1069 家上市公司样本，以及 275 个对“一带一路”沿线国家直接投资的观测值。

（1）创新绩效（*INNOV*）。参考 Laursen 和 Stern（2009）、白让让和谭诗羽（2016）的研究，以专利授权数量衡量上市公司的创新绩效，考虑专利授权与创新行为之间具有一定的滞后性，因此本书以滞后一期的专利授权数量作为被解释变量。本书的企业专利授权数据通过对国家知识产权局专利检索网站相关内容搜集整理获得。

（2）对外直接投资模式（*MODE*）。本书从全球价值链嵌入位置和附加值两个维度，将对外投资企业分为四类，并针对其特点提出四种投资模式，即多元发展投资模式（*PD*）、战略联盟投资模式（*SA*）、市场渗透投资模式（*MP*）、纵向整合投资模式（*VI*）。①多元发展投资模式。位于全球价值链上游并拥有较高附加值的企业，与国际先进水平尚有一定差距，很难依靠技术上的优势在日益激烈的全球竞争中站稳脚跟。为此本书提出多元发展投资模式，即中国对“一带一路”沿线国家进行投资的企业，同时对与企业现有产品相关联的多个领域布局，进行多元化生产经营、扩张企业生产规模，进而提升企业的国际竞争力。②市场渗透投资模式。位于全球价值链下游并拥有高附加值的营销、服务类企业，在投资过程中应通过提高生产能力、增加产品功能、拓宽营销渠道等策略，在利用现有产品不断开拓市场的同时，针对不同的市场需求提供新的产品，在市场中获得比较优势，从而实现市场扩张。③纵向整合投资模式。以加工、组装为代表的传统制造企业，位于全球价值链下游且产品附加值较低，应通过对上、下游优势资源的整合，充分利用产业链，加强与相关企业的合作，以提升企业竞争力。④战略联盟投资模式。位于全球价值链上游的低附加值企业，如钢铁企业、水泥生产企业等，在对“一带一路”沿线国家投资时面临复杂的环境与风险，可以通过采取战略联盟投资的模式缓解冲突，平衡中国与东道国之间的利益诉求，实现合作共赢。

本书预期，采用价值链投资模式，从整体上可以推动企业创新绩效的显著提升。首先，嵌入全球价值链为跨国公司获取外部资源、实现技术升级创造条件，使其能在更广的范围实现知识共享，进而推动新技术的创新应用。单个企业的实力有限，仅依靠自身实现技术创新有很大局限性，而在全球价值链中开展开放式创新，利用外部创新要素能够实现企业创新绩效的不断提升。其次，嵌入全球价值链降低了创新资源的获取成本。一方面，价值链主导企业为保证供给稳定和产品质量，会提供有关市场需求、技术标准等方面的信息，为其他企业提供更多的学习机会；另一方面，价值链投资模式将上、下游企业紧密联系在一起，在很大程度上消除了企业之间技术扩散的障碍，有助于创新资源的外溢，降低了跨国公司获取创新资源的成本。最后，价值链投资模式提升了跨国公司的吸收能力。当企业缺乏先验知识时，即使能够获取外部创新资源，企业也很难进行合理运用，而且价值链嵌入有助于推动企业之间知识、技术的转移，强化企业的吸收能力。价值链伙伴关系的基础在于互惠互信，创新要素共享提升了跨国公司的知识广度与深度，推动其不断积累先验知识，提升吸收能力。

本书的控制变量包括以下四个方面。①企业规模（*ESC*）。以上市公司总资产进行衡量，该变量对企业创新往往具有正向影响，本书预期企业规模越大，产生技术创新的可能性越大。②资产负债率（*ALR*）。以上市公司总负债与总资产的比率进行衡量，通常当资产负债率增加时，企业将减少研发费用的支出，企业创新绩效降低。③从业人数（*NOP*）。通常情况下，企业员工数量越大，企业创新绩效越突出。④研发强度（*R&D*）。以研发费用支出占上市公司营业总收入的比重进行衡量，研发强度对创新绩效具有显著的促进作用。

第三节 实证结果及分析

使用倾向得分匹配需要进行平衡性检验，以确保匹配后的控制变量无系统性差异。本书在匹配后进行了平衡性检验，结果显示倾向得分匹配显著降低了解释变量的系统性差异，能够更精确地评价多元发展投资模式对企业创新绩效的影响。本书采用相同的方法，估计其他三种投资模式对企业创新绩效的影响，实证分析结果见表 8-1。从回归结果来看，回归结果（1）至回归结果（4）均通过显著性检验，且 *T* 与 *PD*、*SA*、*MP*、*VI* 交互项的系数均显著为正。这说明，多元发展投资模式、市场渗透投资模式、纵向整合投资模式、战略联盟投资模式均产生显著的技术创新效应。

表 8-1 对外直接投资模式对企业创新绩效的影响

变量	回归结果（1）	回归结果（2）	回归结果（3）	回归结果（4）
T	0.247*** （3.750）	0.523*** （6.190）	0.595 （0.010）	0.525* （1.730）
PD	0.625*** （2.430）			
SA		0.263*** （25.550）		
MP			0.860*** （5.390）	
VI				0.289*** （3.450）

续表

变量	回归结果（1）	回归结果（2）	回归结果（3）	回归结果（4）
*T*PD*	0.174*** （3.740）			
*T*SA*		0.082*** （5.520）		
*T*MP*			0.286*** （8.850）	
*T*VI*				0.175* （1.940）
ESC	0.646 （1.480）	0.031** （2.230）	0.047* （1.800）	0.423*** （5.550）
ALR	0.625*** （2.400）	0.111 （0.490）	0.120*** （4.340）	0.124*** （8.180）
NOP	0.506*** （3.360）	0.378*** （8.540）	0.709* （1.720）	0.988* （1.970）
R&D	0.210*** （2.860）	0.991*** （5.920）	0.939*** （3.480）	0.989 （0.960）
R^2	0.179	0.218	0.136	0.298
处理组	456	396	330	468
对照组	5958	6018	6084	5946

注：系数下方括号内为各回归系数 *t* 值，*、**、*** 分别表示显著性水平为 10%、5%、1%。

回归结果（1）显示，多元发展投资模式（*PD*）是国内企业在面对“一带一路”沿线国家复杂投资环境进行对外投资时的一种理性选择。本书的结论与之前相关研究的结论一致，多元发展有助于企业规避投资风险、实现规模经济、发掘市场潜力，同时有助于企业创新绩效的提升（Brusoni and Prencipe，2001；Fai，2003）。一是多元发展投资模式有助于企业内部创新资源的整合。虽然跨国公司需要具备专业化技术来提升核心竞争力，但应当看到，很多突破性技术来自多个领域知识技术的交叉创新。多元化是现代企业技术创新的重要特征，为协调和应对内外部技术变革，跨国公司不仅需要核心（core）技术能力，更需要具备分布式（distributed）能力，因此大量企业将业务领域扩展至价值链条上的相关领域（Granstrand et al., 1997）。二是多元发展投资模式增加了资源获取渠道。多元化给跨国公司带来探索与识别新技术的机会，帮助企业获取更加丰富的资源和更多学习的机会，有利于企业对相关领域的知识进行多重组合，降低某种专有技术锁定效应带来的不利影响，提高企业创新成功率。三是多元发展投资模式有利于逆向技术溢出。创新绩效和企业间的技术溢出效应密切相关，多元发展的跨国公司，便在外部技术合作中获得技术溢出的机会更多、范围更广。

回归结果（2）显示，战略联盟投资模式（*SA*）有助于企业突破现有资源限制，有效实现知识获取，促进企业知识积累，实现产品升级；联盟企业内部的知识交流可以加深知识运用的广度和深度，有助于企业更好地理解和使用现有知识，更准确地把握市场需求，在新的高度开展创新；跨国公司战略联盟有助于企业创新效率的提升，从合作伙伴获得的互补性知识减少了资源投入，缩短了创新所需的时间，有效提升了企业创新绩效（舒成利等，2015）。但需要认识到，虽然从战略联盟获取知识的成本较低、效率较高，但企业过度依赖从战略联盟获取成熟知识，可能导致企业视野受限，忽视内部研发及广阔的战略联盟外部研发环境；同时，随着企业从战略联盟获取的知识不断积累，需要整合、处理、筛选的也不断增加，这对企业的吸收能力提出更大挑战，可能影响企业创新。因此，虽然战略联盟投资模式可以提升企业绩效，但其弱于纵向整合模式及市场渗透模式的作用。

回归结果（3）显示，市场渗透投资模式（*MP*）的系数显著为正，这说明采用市场渗透投资模式有助于企业提升创新绩效。首先，市场渗透投资模式更注重市场导向战略，其核心理念是获取、整合和运用市场信息来影响企业开放程度，有助于企业营造高效的组织文化，促进企业为客户创造卓越价值，提高产品开发速度及市场推广成功概率。在市场导向战略指导下，企业通过搜集、整理客户及竞争对手的最新信息，准确把握市场需求，进行更加精准的产品和服务开发，可以有效提升企业创新绩效，保持企业持续竞争力（耿紫珍等，2012）。其次，市场规模扩大是企业开展技术创新的基础。“一带一路”沿线国家多为发展中国家，市场容量较大，具有较大投资潜力，规模经济效应为跨国公司研发投入提供了资金支持。最后，良好的政策环境是市场渗透模式推动企业创新绩效提升的重要保障。《推动共建丝绸之路经济带和21世纪海上丝绸之路的愿景与行动》等政策文件，为跨国公司向“一带一路”沿线国家进行直接投资提供了有力的支持，良好的投资环境能够加速资本积累，促进企业产出，间接地提高企业的自主创新意愿。另外，中国与多国签订了共建“一带一路”谅解备忘录，“一带一路”倡议也得到上海合作组织、东南亚国家联盟等多边合作组织的广泛认同，降低了中国企业对“一带一路”沿线国家投资时面临的不确定性，在很大程度上促进了企业创新绩效的提升。

回归结果（4）显示，纵向整合投资模式（*VI*）系数显著为正，这说明采用纵向整合投资模式有助于企业创新绩效的提升。纵向整合不仅有助于跨国公司发现已有资源的新用途，还有助于企业识别与开发新技术。当前，产品更新速度越来越快，产品创新需要集成的技术也越来越多，单个企业的力量是有限的，而纵向整合可以有效获取技术创新的重要知识，有利于企业产品和服务的优化。通过对价值链上的企业进行并购，能够有效促进上、下游环节之间的技术交流，同时价值链内的资源整合有利于保护企业的知识和技术产权，从而提升企业的创新绩效。在对“一带一路”沿线国家直接投资过程中，跨国公司采取纵向整合投资模式，对上游供应商进行整合，强化与供应商之间的信息交流，能够为企业获取更丰富的资源，同时有助于企业优化、改进现有技术以及产生新技术；对下游经销商进行整合，有助于企业随时掌握市场动态、充分把握产品创新的方向。

第四节　稳健性检验

为保证模型的稳健性，本书使用专利申请数量作为因变量进行回归，本书的专利申请数据来自国家知识产权局网站，实证分析结果见表 8–2。从表 8–2 可以看出，各变量除了数值大小差异外，符号并无变化。这说明实证研究结果是稳健的，采用多元发展投资模式、市场渗透投资模式、纵向整合投资模式、战略联盟投资模式能够显著提升企业的创新绩效。

表 8–2　稳健性检验结果

变量	检验结果（1）	检验结果（2）	检验结果（3）	检验结果（4）
T	0.023** (2.230)	0.729* (1.720)	0.528 (0.840)	0.817 (1.240)
PD	0.111*** (3.200)			
SA		0.510*** (2.510)		
MP			0.017* (1.930)	
VI				0.780*** (5.640)

续表

变量	检验结果（1）	检验结果（2）	检验结果（3）	检验结果（4）
*T*PD*	0.283*** （5.040）			
*T*SA*		0.178*** （4.190）		
*T*MP*			0.335*** （5.010）	
*T*VI*				0.110 （0.020）
ESC	0.170*** （6.370）	0.028 （1.180）	0.816*** （9.650）	0.865 （0.120）
ALR	0.262** （2.290）	0.323* （1.900）	0.874*** （2.680）	0.611*** （3.970）
NOP	0.999 （0.760）	0.944*** （3.750）	0.839 （1.320）	0.542*** （3.300）
R&D	0.662* （1.820）	0.772*** （2.990）	0.224** （2.080）	0.150*** （3.040）
R^2	0.170	0.208	0.178	0.543
处理组	456	396	330	468
对照组	5958	6018	6084	5946

注：系数下方括号内为各回归系数 t 值，*、**、*** 分别表示显著性水平为 10%、5%、1%。

第五节 本章小结

中国作为新兴工业化国家，企业竞争力与欧美发达国家的企业相比存在一定差距，国内很多企业希望通过对外直接投资来获取优势资源，并将其作为实现技术能力跃升的战略杠杆，开展技术研发和产品创新，建立企业竞争优势。虽然对外直接投资和创新绩效之间的关系在实践中得到证实，但中间的传导机制仍然有待进一步研究，尤其是不同的投资模式之间传导机制存在较大差异性，有必要对在不同模式下的对外直接投资的创新绩效开展研究。

本书从四个方面分析 OFDI 对企业创新绩效的作用。一是海外研发传导机制。通过直接购买东道国企业的相关技术，或者近距离接触东道国技术创新动向，企业进一步扩展知识储备，促进多样化知识的融合，激励企业在其研发资源基础上开展创新，从而推动跨国公司技术进步。二是研发成果反馈机制。对外直接投资能够促使跨国公司快速融入全球价值链，通过产业集聚以及企业的纵向、横向一体化，更加直接高效地获取东道国的先进技术、管理经验等。跨国公司的海外子公司将在东道国学习的先进技术反馈回母公司，这有利于母公司技术水平的提高。三是研发费用分摊机制。研发费用投入是跨国公司在国际竞争中保持技术优势的前提，但高额的研发费用阻碍了很多发展中国家企业的技术提升。对外直接投资有助于企业扩大海外市场、增加营业收入、缓解融资约束，因此研发费用分摊机制能够弥补企业在研发资金方面的不足，有利于提升企业的创新能力。四是外围研发剥离机制。企业将外围研发技术进行剥离，通过对外直接投资的方式将其转移到国外，母公司集中优势资源开展核心项目研发。

由于不同的对外直接投资模式具有差异化海外研发传导机制、研发成果反馈机制、研发费用分摊机制与外围研发剥离机制，因此产生的创新绩效也有所不同。为验证这一观点，本章基于上市公司数据分别分析了多元发展投资模式、市场渗透投资模式、纵向整合投资模式和战略联盟投资模式对企业创新绩效的实际影响。市场渗透投资模式更注重市场寻求导向，通过获取、整合和运用市场信息，提高产品开发速度及市场推广成功概率。市场规模扩大是企业开展技术创新的基础，在市场寻求导向的指导下，企业通过搜集、整理客户及竞争对手的最新信息，准确把握市场需求，进行更加精准的产品和服务开发，可以有效扩大企业市场份额，实现研发活动的规模经济。纵向整合投资模式有助于跨国公司发现已有资源的新用途，从外部获取技术创新的重要知识，推动产品和服务的优化。纵向整合能够有效强化企业和供应商之间的信息交流，以便随时掌握市场动态，充分把握产品创新方向，有效促进上、下游环节的技术交流。同时价值链的资源整合有利于保护企业的知识和技术产权，从而提升企业创新绩效。战略联盟投资模式有助于促进跨国公司的知识积累、弥补知识欠缺，同时加深企业知识运用的广度和深度，有助于企业更好地理解和使用现有知识，更准确地把握市场需求，在新的高度开展创新。从合作伙伴获得的互补性知识减少了企业的资源投入，缩短了创新时间，有效提升了企业创新绩效。多元发展投资模式有助于企业内部创新资源整合、增加资源获取渠道，给跨国公司带来获取新技术的机会，使企业在外部技术合作中获得技术溢出的机会更多、范围更广，有利于企业对相关领域的知识进行多重组合，提高企业的创新成功率。

第九章

“一带一路”倡议下对外直接投资模式对企业经营绩效的影响

现有研究基于交易成本理论、内部化理论、制度理论、组织学习理论等不同视角，从国家、产业、企业等不同层面，对 OFDI 模式选择的影响因素进行较为深入的分析。对外直接投资作为跨国公司寻求自然资源、开发市场、获取战略资产、提升技术水平的方式，对企业经营绩效提升具有重要影响（王灏、孙谦，2018）。在全球经济增长动力不足、国际形势瞬息万变的背景下，跨国公司经营绩效关系对外直接投资的质量和效率。中国提出“一带一路”倡议以来，与沿线国家的经贸合作取得丰硕成果，经贸往来更加畅通，跨国投资稳步增加，多边互信合作成效显著。“一带一路”倡议为世界经济的复苏提供了重要动力，也为中国及“一带一路”沿线国家的经济发展提供了新机遇。

从现有文献来看，国外相关研究多是基于各国自身对外直接投资情况，其结论并不完全适用于中国；国内文献由于研究视角、研究对象的差异，尚未达成共识。另外，现有文献缺少对对外直接投资模式与企业绩效之间作用机制的分析。为此，本书基于组织学习理论、资源基础理论、制度理论，系统梳理了对外直接投资模式对企业绩效的影响机制；在全球价值链视角下，基于中国上市公司微观数据，检验 OFDI 模式对企业绩效的具体影响，为国内企业更好地开展对外投资活动、提高资金利用效率提供参考。

第一节 OFDI 模式对企业经营绩效的影响机制

不同的对外直接投资模式具有不同的协调成本，跨国公司需要投入不同种类的资源、承担不同的风险，因此对外直接投资绩效具有较大差异。本书从控制程度、规模经济、学习曲线等传导机制，分析对外直接投资模式对企业经营绩效的影响。

一、控制程度

跨国公司采取特定的对外直接投资模式时面临两种成本变化，即内部一致性成本和外部一致性成本。跨国公司对子公司的控制程度不同，会导致其对外直接投资绩效产生差异。制度经济学理论认为，跨国公司既要承担母公司干预带来的内部一致性成本，也要承担因制度环境不同带来的外部一致性成本，这两种成本的大小会影响企业的绩效表现（Slangen and Hennart，2008）。其中，前者表示海外子公司在生产、运营、管理等方面与母公司协调产生的成本。部分对外直接投资企业之所以产生高昂的内部一致性成本，是因为企业需要根据母公司的战略布局和发展规划调整子公司的经营理念及组织架构，需要开展企业文化培养及员工技能培训。后者表示跨国公司需要遵循东道国的制度规范、市场规则所产生的成本。如果跨国公司对东道国的制度规范、市场规则较熟悉，具有成熟的供应商和营销渠道，或者建立具有一定商誉的品牌，就会选择外部一致性成本较低的对外直接投资模式，这种模式与当地市场、法律、法规等外部环境的融合度较高，企业绩效表现较好。

易靖韬和戴丽华（2017）研究发现，子公司的企业文化及技能培训成本受母公司控制程度的影响显著，协调成本的差异导致企业绩效的差异。母公司对子公司控制程度的加强，会引起子公司内部一致性成本的提高，其原因是母公司为提高对子公司的控制程度，往往会采取较严格的组织规范及管理层控制，如派遣母公司员工到海外子公司任职等；企业文化、交流方式的差异也会带来内部一致性成本的提高。但这种企业内部一致性成本并非一成不变的，其原因是母公司控制程度增加的同时意味着将海外子公司纳入自身的全球化发展战略，并通过前后向关联效应，使海外子公司适应外部市场的压力降低，内部一致性成本也随之下降。

二、规模经济

经营绩效受企业规模影响，不同的对外直接投资模式会产生不同的规模经济效应。规模经济理论认为，随着产品生产数量的增加，单位产品的生产成本将不断下降。规模经济包括内部规模经济和外部规模经济。内部规模经济是指厂商因生产规模的扩大导致平均生产成本下降；外部规模经济是指企业所在行业生产规模的扩大带来行业平均成本的下降。规模经济除了带来成本优势外，还有利于提升企业的市场竞争力、市场占有率、定价能力和盈利能力，有利于实现资金积累，进一步扩大企业规模、提升创新能力、开展市场营销等，从而形成良性循环。诸多研究证实，扩大企业规模会对生产率等指标产生影响，通常情况下有利于提升企业绩效。例如，孙晓华和王昀（2014）研究发现，企业规模与生产率之间呈倒“U”

形关系，尽管二者呈非线性正相关关系，但多数企业生产规模的扩大有利于其生产率的提高。对外直接投资模式可以对企业的规模经济效应产生不同影响，跨国公司在具备所有权优势的条件下，如果采用跨国并购方式，借助目标企业现有设备、厂房、技术、采购渠道等完备的生产体系，可以在短期内提升企业规模、提高销售能力、获取规模经济。如果企业选择其他投资模式，需要通过更新设备、调整员工、采购原材料等保证生产能力，而且拓宽营销渠道、获取市场份额均需要一定的时间，因此这样的企业短期内难以形成规模经济。

三、学习曲线

企业绩效会随企业经营时间发生改变，跨国公司采用不同的对外直接投资模式，可能由于其处于学习曲线不同的位置而产生差异化的学习效应。组织学习理论探讨了企业如何通过学习知识、技术等提升核心竞争力，以实现企业的可持续发展。跨国公司通常需要一定的时间适应东道国的制度环境、经济环境、法律环境及社会环境，事实上这一适应过程也是企业不断学习的过程，通过“干中学”、人员流动、技术溢出等，企业绩效可能随着企业的持续经营沿着学习曲线不断上升。对外直接投资模式的差异性使企业处于学习曲线的不同位置，对企业经营时间与绩效的关系产生不同影响。一方面，合适的投资模式使跨国公司处于学习曲线的初始阶段，企业更善于通过学习提升竞争能力；另一方面，与跨国公司不相匹配的投资模式将使企业处于接近学习曲线上升阶段的末端位置，产生一定程度的路径依赖，其学习动机不强。当跨国公司在东道国生产经营一定时间后，不同的对外直接投资模式的学习曲线边际效应也会存在差异。

四、要素密集度

Helpman 等（2004）认为生产率最高的企业选择对外直接投资，生产率次之的企业选择出口贸易，生产率更低的企业在国内市场进行生产销售。其实证研究结果显示，行业资本密集度较高的企业倾向于以对外投资代替出口。基础资源论认为，如果企业拥有难以被竞争对手模仿的稀缺资源，那么该企业就能凭借垄断地位持续获得竞争优势。Anand 和 Delios（2002）进行的实证研究显示，要素密集度是影响企业对外直接投资模式的重要因素，技术密集度、销售密集度、广告密集度高的企业具有品牌并购的动机。李国学（2013）认为，为获取有助于企业革新的能力，资本密集型的中国企业会采取一系列较激进和有风险的投资模式。在不同投资模式下，资源投入既可能是有形的（如机器设备、厂房等），也可能是无形的（如专利技术），甚至包括难以被配置到其他用途中的专用型资产，要素密集度的改变将导致企业经营绩效和公司规模之间的差异（Crozet and Trionfetti，2013）。从企业角度来看，严兵等（2014）认为，资本密集度对企业对外直接投资决策产生重要影响。叶娇等（2018）认为，劳动密集型企业更倾向于选择出口，资本密集型企业选择对外投资的概率更大。金晓梅等（2019）认为，资本密集度越高表明要素投入越趋向机器替代人工，企业的生产效率越高、市场竞争力越强；资本密集度越高，企业资本化的优势要素（如品牌、技术、专利、管理能力等）就越多，这进一步提高了企业的竞争力。

五、逆向技术溢出效应

对外直接投资模式与跨国公司开展投资的动机密切相关，并使企业生产要素与生产环节发生转移。例如，母公司基于效率寻求动机开展对外投资，往往表示跨国公司将子公司作为其全球化战略的一部分，企业虽然将研发中心设立在母国，但将生产、组装环节转移到东道国，这种形式的对外直接投资并未发生大规模技术流动，而仅仅是生产环节的跨国转移。如果母公司对外直接投资的动机为寻求更广阔的市场，那么其往往把东道国当作区域或国际营销中心。跨国公司为提升综合竞争力和扩大市场份额，往往向东道国转移部分生产技术和研发成果，以降低海外子公司的生产成本、提升产品的竞争力。如果投资母国基于技术寻求动机开展对外直接投资，那么其通常将海外子公司作为研发基地构建全球研发网络，以实现开放式创新。这种形式的直接投资通常表现出较强的技术转移、知识融合倾向。由于内外资企业存在技术差距，母公司将通过东道国研发资本溢出、前向后关联效应等途径，学习东道国的先进技术，这种技术流动方向与外商直接投资技术溢出流动方向相反，因此被称为逆向技术溢出。逆向技术溢出可以优化企业生产工艺、生产流程并增加专利权、提高企业所有权优势；可以使企业在激烈的国际市场环境中保持竞争优势，提升风险防范能力；企业通过研发活动实现对现有产品和技术的改造升级，有利于降低企业生产成本、延长产品生命周期。综上所述，不同的对外直接投资模式会产生差异化的逆向技术溢出效应，进而给企业绩效带来不同的影响。

第二节　OFDI 模式对企业经营绩效影响的实证研究

一、数据来源及样本选择

中国开始对外直接投资进行官方统计的时间较晚，2003 年商务部、国家统计局开始对外联合发布《中国对外直接投资统计公报》。该统计公报涵盖中国全部对外投资主体，数据汇总后与国家外汇管理局进行资本核对，同时与中国驻外机构进行数据核查，因此《中国对外直接投资企业统计公报》具有非常强的权威性。但有学者指出，中国对外直接投资具有一定的"返程投资"现象，即跨国公司在中国香港地区、英属维尔京群岛、开曼群岛等避税港进行注册，然后以直接投资的形式将资金投向中国内地或其他国家和地区，因此《中国对外直接投资统计公报》中的数据可能高估了中国实际对外直接投资额（Sutherland and Ning，2011）。也有学者指出，《中国对外直接投资统计公报》中的对外投资数据未包括跨国公司利润再投资，因此可能低估对外直接投资额（Buckley et al.，2007）。另外，《中国对外直接投资统计公报》中虽提供了关于东道国和行业层面的详细数据，但并无企业层面的相关信息。为获取企业层面的数据，本书把《上市公司数据库》与《境外投资企业（机构）名录》进行匹配，得到中国对"一带一路"沿线国家直接投资企业的固定资产投资、研发费用投入、销售额、净利润等相关数据。《境外投资企业（机构）名录》提供了跨国公司投资流向，但未提供投资模式。本书通过查阅上市公司官方网站、年报，获取投资特征的关键词，结合专家咨询法补充对外投资模式。整理后的数据包含对外直接投资企业上市公司代码、投资东道国、投资模式、研发投入、销售额、净利润等重要数据，这为接下来研究中国 OFDI 模式对企业经营绩效的影响打下良好基础。本书对初始样本做了如下处理：①删除 ST 和 *ST 的上市公司；②删除金融行业上市公司；③删除固定资产投资、研发投入、无形资产等指标缺失严重或者为负值的企业样本。

二、实证模型及变量说明

（一）模型设定

首先研究多元发展投资模式的影响，本书采用倾向得分匹配的方法，找到与采用多元发展投资模式倾向得分相近的企业，然后用双重差分法估计该模式对企业经营创新绩效的真实影响。

具体地，采用纵向整合投资模式的企业（处理组），PD_i=1，否则 PD_i=0。对外直接投资前，T_i=0；对外直接投资后，T_i=1。用 ΔIGR^1_{it} 表示处理组企业在 T_i=1 和 T_i=0 的经营绩效差异，同时用 IGR^0_{it} 表示如果处理组企业未采用多元发展投资模式，那么在 T_i=1 和 T_i=0 时期的经营绩效差异。多元发展投资模式对企业经营绩效的影响 τ 可用式（9–1）中的“双重差分”表示：

$$\tau=E(\tau \mid PD_i=1)=E(\Delta IGR^1_{it} \mid PD_i=1)-E(\Delta IGR^0_{it} \mid PD_i=1) \quad (9\text{–}1)$$

本书通过倾向得分匹配的方法，从对照组选择与处理组“近似”的企业，代替不可观测的反事实情形 $E(\Delta IGR^0_{it} \mid PD_i=1)$，以消除选择性偏差。为估计对外直接投资模式对企业绩效的影响 τ，构建模型（9–2）：

$$IGR_{it}=\alpha+\beta_1 PD_i+\beta_2 T_t+\tau PD_i\times T_i+X_{it}\gamma+\varepsilon_{it} \quad (9\text{–}2)$$

模型（9–2）中，IGR_{it} 为经营绩效。为全面反映跨国公司经营绩效，本书除了用“主营业务收入增长率”作为因变量外，还使用“总资产净利润率”（*POA*）作为因变量进行实证研究。X_{it} 为影响企业经营绩效的一系列控制变量，具体包括固定资产（*FXA*）、无形资产（*INT*）、资产负债率（*ALR*）等；γ 为 X_{it} 的系数向量；ε_{it} 为随机干扰项。

（二）变量说明

（1）主营业务收入增长率（*IGR*）。该指标反映企业的成长能力，体现企业的经营业绩情况。其计算方法为主营业务收入增长率 =（本期主营业务收入 - 上期主营业务收入）/ 上期主营业务收入。企业成长能力是企业绩效的重要指标之一，主营业务收入增长率越大，表明市场拓展速度越快，企业的市场占有率越高（单春霞等，2017）。

（2）总资产净利润率（*POA*）。总资产净利润率是衡量企业盈利能力的常用指标，总资产净利润率越高，说明企业获利能力越强（李卫宁等，2016）。该指标计算公式如下：

总资产净利润率 = 净利润 / 年平均资产总额

其中，年平均资产总额为企业年初资产总额和年末资产总额的均值。

（3）对外直接投资模式（*MODE*）。该指标包括多元发展投资模式（*PD*）、战略联盟投资模式（*SA*）、市场渗透投资模式、（*MP*）、纵向整合投资模式（*VI*）。本书从上市公司年报、官方网站、新闻披露等多种渠道获取相关信息，提取上市公司对外直接投资的关键词，结合专家咨询法补充完善对外直接投资模式。

另外，控制变量主要包括上市公司固定资产投资（*FXA*）、无形资产（*INT*）、资产负债率（*ALR*）等相关变量。①固定资产是企业生产经营的主要资产，对企业绩效产生重要影响；过高的固定资产投资可能导致企业流动资金不足，降低企业偿债能力，为企业绩效带来负面影响。②无形资产在一定程度上反映企业在研发方面的投入，影响企业未来的业绩。研究表明，无形资产的投入与企业盈利之间存在正相关关系（Lev，1999）。③资产负债率不仅与企业财务状况、治理结构、代理成本等直接相关，而且影响企业经营绩效及未来的发展能力。通常情况下，资产负债率越高，企业绩效越好。

第三节 实证结果及分析

本书使用 PSM-DID 对模型（9-2）进行回归分析，得到多元发展投资模式（*PD*）对跨国公司主营业务收入增长率的影响，具体内容见表 9-1 中的回归结果（1）；多元发展投资模式（*PD*）对跨国公司净利润增长率的影响，具体内容见表 9-1 中的回归结果（5）。本书采用相同的方法，估计其他三种投资模式对企业主营业务收入增长率和净利润增长率的影响，具体内容见表 9-1。

表 9-1 中，回归结果（1）至回归结果（4）用来验证对外直接投资对主营业务收入增长率的影响。从整体来看，中国企业对“一带一路”沿线国家直接投资促进其主营业务收入增长率明显提高。诸多研究表明，双边关系的改善可以在一定程度上降低中国企业对外直接投资风险（杨连星等，2016）。近年来，中国与许多“一带一路”沿线国家签订了双边投资协定，这不仅降低了企业对外直接投资风险，也使企业能够更快速地获得东道国消费者的认可，进而扩大企业市场占有率，促进提高主营业务收入增长率。

表 9-1 中国企业对外直接投资模式对企业经营绩效的影响

	回归结果（1）	回归结果（2）	回归结果（3）	回归结果（4）	回归结果（5）	回归结果（6）	回归结果（7）	回归结果（8）
变量	*IGR*	*IGR*	*IGR*	*IGR*	*POA*	*POA*	*POA*	*POA*

续表

	回归结果（1）	回归结果（2）	回归结果（3）	回归结果（4）	回归结果（5）	回归结果（6）	回归结果（7）	回归结果（8）
T	0.34** （2.03）	0.81 （0.77）	0.45 （1.09）	0.71*** （5.55）	0.20 （0.39）	−0.98* （−1.89）	−0.13** （−2.05）	0.93*** （7.70）
PD	0.58*** （2.58）				0.99 （1.04）			
MP		0.75 （0.21）				0.96*** （3.83）		
VI			0.46 （0.61）				0.12*** （2.53）	
SA				0.80*** （2.65）				0.29 （1.21）
*T*PD*	0.44*** （2.38）				0.52* （1.87）			
*T*MP*		0.39*** （2.20）				−0.62* （−1.90）		
*T*VI*			0.68* （1.82）				−0.93*** （−2.31）	
*T*SA*				0.02*** （2.79）				8.60** （1.99）
FXA	0.32 （0.47）	0.01*** （22.35）	0.09*** （3.35）	0.07* （1.77）	0.01 （0.29）	0.42*** （4.67）	0.33 （1.36）	0.10 0.46）
INT	0.72* （1.67）	0.83*** （19.51）	0.054** （2.49）	0.33*** （2.84）	0.01 （0.85）	0.02 （1.25）	0.37*** （6.87）	0.02 （0.97）
ALR	0.79*** （2.82）	0.20*** （24.85）	0.06*** （3.28）	0.61*** （2.68）	0.08*** （12.52）	0.42*** （5.18）	0.22 （0.61）	0.43 （0.72）
R^2	0.16	0.18	0.25	0.19	0.10	0.26	0.33	0.16
处理组	456	330	468	396	456	330	468	396
对照组	5958	6084	5946	6018	5958	6084	5946	6018

注：系数下方括号内为回归结果 *t* 值。*、**、*** 分别表示显著性水平为 10%、5%、1%。

从回归结果（1）至回归结果（4）可以看出，*T*PD*、*T*MP*、*T*VI*、*T*SA* 的系数符号均显著为正，这说明采用价值链投资模式的跨国公司，在对外直接投资过程中，具有更高的主营业务收入增长率。本书认为，中国跨国公司在对“一带一路”沿线国家进行直接投资的过程中，往往结合自身价值链地位和东道国客观条件，选择合适的对外直接投资模式。为表述方便，本书将其统称为“价值链投资模式”。具体而言，附加值指数越高，企业越倾向于选择多元发展投资模式和市场渗透投资模式；附加值指数越低，企业越倾向于选择纵向整合投资模式和战略联盟投资模式。价值链位置指数越高，企业越倾向于选择市场渗透投资模式和纵向整合投资模式；价值链位置指数越低，企业越倾向于选择多元发展投资模式和战略联盟投资模式。

表 9-1 中的回归结果（5）至回归结果（8）检验对外直接投资模式对总资产净利润率的影响。可以看出，*T*PD*（多元发展投资模式）、*T*SA*（战略联盟投资模式）系数符号显著为正，这说明采用这两种对外直接投资模式企业的总资产净利润率有所增加。中国与“一带一路”沿线国家的产业互补性强，通过开展对外直接投资，中国企业将国内不具备比较优势的行业转移至“一带一路”沿线国家，这不仅有助于“一带一路”沿线国家提高就业率，也可以提升中国企业的利润率。跨国公司在对“一带一路”沿线国家进行直接投资时，可以近距离地接触东道国的技术、知识等，企业采用多元发展投资模式或战略联盟投资模式，通过母公司与子公司人力资本的双向流动，产生逆向技术溢出效应，可以促进全要素生产率的提高。同时，将中国不具备比较优势的产业或生产环节通过对外投资从国内分离出来，为具有比较优势的产业或者高技术环节提供足够的生产要素和发展空间，也可以提高企业的总资产净利润率。

*T*MP*（市场渗透投资模式）、*T*VI*（纵向整合投资模式）系数符号为负，这说明对外直接投资导致总资产净利润率有所下降。需要指出的是系数符号为负并非投资失败，而是利润率增长有所放缓。其原因可能是，一方面，采用市场渗透投资模式与纵向整合模式的企业，在对“一带一路”沿

线国家开展直接投资活动时，着眼于企业长期发展战略，注重长期经营绩效，短期内的利润率下降是为了企业的长远发展。例如，中国企业对南亚地区的投资主要集中在设备制造、基础设施、能源开采等方面，这些投资活动在前期往往需要投入大量成本，这就导致企业短期利润率的降低（张述存，2017）。另一方面，对"一带一路"沿线国家进行直接投资的企业不仅需要生产方式、技术水平、管理经验方面的提升改进，还需要面临文化差距等诸多问题，企业相关经验的积累以及后期整合都需要时间，因而企业短期的总资产利润率有所下降。

从控制变量来看，固定资产投资、无形资产和资产负债率均与主营业务收入增长率呈正相关关系。这意味着，企业的固定资产、无形资产投资越高，资产负债率越大，主营业务收入增长率就越高。固定资产是企业生产经营的前提条件，无形资产反映了企业在研发方面的投入，均对企业经营绩效产生正向影响。资产负债率不仅与企业财务状况、治理结构、代理成本等直接相关，还是企业可持续发展的重要保障。通常情况下，企业的资产负债率越高，绩效越好。同时，上述因素也是推动总资产净利润率提高的重要因素，此结论与现实情况基本一致。

第三节　本章小结

对外直接投资是跨国公司扩大市场份额、提升技术水平、获取各种资源的重要方式，对企业经营绩效具有显著影响。当前，国际形势复杂、全球经济增长动力不足，对外直接投资模式的合理与否关系到企业海外投资的质量和效率。在此背景下，本章基于组织学习理论、资源基础理论、制度理论，系统地梳理了对外直接投资模式对企业绩效的影响机制。本书认为，不同的对外直接投资模式具有不同的协调成本，跨国公司需要承担的风险、投入的资源也有所差异，进而影响跨国公司的经营绩效。概括地说，对外直接投资模式可以通过控制程度、规模经济、时间效应、要素转移等传导机制，影响企业经营绩效。

在机制分析的基础上，本章基于上市公司数据库与《境外投资企业（机构）名录》匹配后的数据，实证研究了对外直接投资模式对跨国公司主营业务收入增长率和总资产净利润率的影响。分析结果显示：①采用价值链投资模式，扩大了企业市场占有率，促进了主营业务收入增长率的提高；②多元发展投资模式和战略联盟投资模式对总资产净利润率的影响显著为正，说明采用这两种对外直接投资模式的企业，总资产净利润率有所增加；③市场渗透投资模式和纵向整合投资模式对总资产净利润率的影响为负，说明对外直接投资导致总资产净利润率下降，其原因是企业在海外开展直接投资活动时，着眼于企业长期发展战略，注重长期经营绩效，导致企业短期内的利润率有所下降。

第四部分

对策研究篇

第十章
对外直接投资的国际经验借鉴

近年来，中国的对外直接投资虽然发展迅速，但由于其开展的时间较短，仍存在不少误区和有待提升之处。本章对各国对外直接投资的发展历程及阶段性特征进行梳理，总结经验、吸取教训，并结合中国具体情况提出推动国内企业更好地“走出去”的对策建议。

第一节　德国对外直接投资的经验和启示

德国是对外直接投资大国，根据联合国贸发会议（UNCTAD）公布的数据，2018 年德国的对外直接投资额为 770 亿美元，居全球第五位。德国积极支持企业“走出去”开拓海外市场，从税收、金融、保险、信息等多方面为进行对外直接投资的企业提供支持，并与超过 130 个国家和地区签订了双边投资保护协定。德国企业国际化成绩斐然，其中有很多经验值得中国借鉴。本节首先回顾第二次世界大战以来德国开展对外直接投资的历史进程，然后对其投资过程中的经验教训进行总结，为中国开展对外直接投资提供参考。

一、德国对外直接投资历程

第二次世界大战结束初期，德国被美国、英国、法国和苏联分区管理，其海外资产被没收，并且禁止对外资本输出，直到1951年资本输出禁令才被解除。本部分从德国对外直接投资的规模、增速、流向、产业分布等方面，将德国对外直接投资划分为起步阶段、快速增长阶段、稳步发展阶段。

（一）起步阶段（1951—1965年）

1951年，美国、英国、法国取消了对德国的资本输出禁令，德国开始进行对外直接投资活动。这一时期德国经济发展急需资金，企业开展国内投资可以享受税收优惠，并且当时的工资水平普遍较低，因此对外直接投资增速缓慢。1952年，德国的对外投资总额仅为1.1亿马克（1948年币值改革之后的新德国马克）。随着欧洲共同市场的成立，德国逐渐开始重视国际市场，对外直接投资开始缓慢增长，1955—1962年的年均对外直接投资额增至5亿马克。20世纪50至60年代，德国国内投资需求和消费需求有所下降，大型企业开始寻求对外发展机遇，但整体来看，这一时期德国的对外直接投资额不仅低于美国、英国、法国等，也低于外国对德国的直接投资。这一时期德国的对外直接投资主要流向法国、西班牙、加拿大等欧美国家。1952—1958年，德国对欧洲、美洲地区的投资额占投资总额的86.5%，对亚洲、非洲、大洋洲地区的投资额仅占投资总额的13.5%。从行业分布来看，制造业占较大部分，其中以钢铁、化工、电气、机械、汽车的比重最大，服务业的对外直接投资比重仅为15.8%。这一时期德国的对外直接投资企业以大型企业为主，如拜耳公司与美国孟山多公司合资成立了莫贝化学品公司，戴姆勒—奔驰汽车公司建立巴西奔驰公司，巴夫斯公司与美国道化学公司合资成立怀恩多特化学制品公司。同时，开展跨国投资的企业还有西门子公司、汉高公司、克虏伯公司、博世公司等，德国的对外直接投资开始起步。

（二）快速增长阶段（1966—1999 年）

不良的国内投资环境是德国这一阶段对外直接投资快速增长的重要原因。经过一段时期的经济恢复，德国的资本回报率开始出现下滑；相反地，海外投资的高回报刺激了德国对外直接投资快速发展。20 世纪 60 年代至 80 年代，德国共经历了 3 次较为严重的经济危机，这导致德国的资本投资和消费增长放缓，企业开始寻求海外投资机会。

20 世纪 60 年代中期经济危机之后，德国开始调整经济政策，鼓励私人企业开展对外投资，这一时期德国的对外直接投资金额稳步增长。1967—1971 年德国年均对外直接投资额为 25.8 亿马克，1972—1979 年的年均投资额为 57.5 亿马克，增长速度明显加快。1979 年，德国不仅超过法国成为仅次于美国、英国的第三大对外直接投资国，而且对外直接投资也超过外商直接投资而成为资本净流出国。70 年代出现的美元危机导致德国马克不断升值，这成为德国开展对外直接投资的大好机遇，这一时期德国对美国的直接投资增速较快。欧洲共同市场的建立使其成员内部的贸易往来发展较快，各国企业之间的激烈竞争使生产专业化程度提高，这势必要求欧洲共同市场各成员要在更广范围内配置生产资源，因此这一时期的海外投资日益频繁。德国的投资资金流向以美国、西欧国家等为主，亚洲、非洲、拉丁美洲所占比重较小。80 年代，欧洲经济整体复苏，德国和其他发达国家一样对外直接投资增速较快，投资流向也更加集中，以西欧国家为主，对美国直接投资比例则迅速下降。1990 年东西德统一，在全球化浪潮中越来越多的德国企业将目光投向国外，使德国对外投资的步伐加快。这一时期德国跨国公司的竞争力显著提升。例如，1990 年德国拜耳公司在并购加拿大宝兰山橡胶公司后，成为全球领先的橡胶生产企业；大众汽车在亚洲、欧洲、拉丁美洲建立多个生产基地，1994 年海外销售额达 290 亿美元，占其总销售额的 58.8%。

从德国的对外直接投资产业结构来看，钢铁产业的直接投资增幅不大，化工、电气、机械、汽车产业增幅比较明显。虽然工业对外直接投资额有所增加，但占比显著下降；第三产业增速明显增加，占整体对外直接投资的比重从 1958 年的 15.8% 增长至 1979 年的 46.8%，1989 年升至 65.9%。20 世纪 60 年代后，德国化工产品的出口增速放缓，许多化工企业开始进行结构性调整。这些企业在减少资源依赖性产品生产的同时，在发展中国家建立基础化工产品生产基地，在欧美国家开展精细化工产业投资。德国的化工产业竞争力显著提升，如 1979 年德国的赫希斯特、拜耳、巴夫斯三家企业的销售额稳居世界化工行业前 3 位。德国在机械、钢铁、石化、电子等方面的技术进步，推动了汽车产业的蓬勃发展，如德国发明的贝赛玛炼钢法使钢铁产业成本下降，产品质量显著提升，德国的汽车产业迅速形成对外直接投资的垄断优势。德国电子行业起步较晚，技术水平明显落后于美国和日本，为改变这种局面，德国通过对外直接投资的方式兼并出现财务问题的美国和日本的电子企业，消化吸收被兼并企业的相关技术，使德国的电子信息行业迅速发展。例如，西门子公司通过开展对外投资获取美国微电子企业的先进技术，其产品的技术水平和质量显著提升，如西门子、博世等一批德国电气公司蓬勃发展，奠定了德国电气工业的全球地位。在经济快速发展的同时，德国经济对国外原材料进口的依赖性越来越突出，为降低资源依赖性，德国开始对资源丰富的国家投资。德国企业向东道国提供资金和技术，参与东道国的资源开发，然后将原材料输回国内。德国联邦政府也大力支持这类投资，在投资政策上给予企业诸多优惠。

（三）稳步发展阶段（2000 年至今）

从投资流向来看，这一时期德国的对外直接投资主要流向发达国家。德国联邦银行公布的数据显示，2006 年德国对发达国家的投资流量占投资总额的 84.3%。由于地理位置、文化背景等方面原因，欧盟是吸引德国对外投资最多的地区。2006 年末，德国对外直接投资存量为 8113 亿欧元，其中对欧盟的投资存量接近 4500 亿欧元，占德国对外直接投资总存量的一半以上。美国是除欧盟之外吸引德国境外投资较多的国家，德国对美国直接投资最多的产业是加工制造业，其中又以汽车产业和化工产业为重点领域。2000 年之前，德国对亚洲、东欧、拉丁美洲等地区的直接投资金额非常少，但随着亚洲、东欧等地区新兴工业化国家的快速发展，这些地区逐渐成为德国对外直接投资的重要目的地。

从产业分布来看，加工制造业是德国对外直接投资的重要领域。2006 年末，德国对外直接投资存量的 38.3% 流向加工制造业，共有 9354 家海外加工制造企业，年营业额高达 5050 亿欧元。在海外投资主体中，大型企业占据绝对优势，德国联邦银行对 8304 家海外投资企业进行调查，结果显示德国排名前 10 的海外投资企业的投资总额为 1370 亿欧元，占对外直接投资总额的 33.8%，排名前 50 的海外投资企业的投资总额为 2300 亿欧元，占对外直接投资总额的 56.7%。2018 年，德国的对外直接投资流量为 770 亿美元，居全球第五位，其中金融保险、制造业、通信业是德国对外直接投资的主要行业，欧盟是德国对外直接投资的主要流入地。

二、德国对外直接投资的主要发展策略

（一）多元发展策略

德国的跨国公司为应对激烈的市场竞争，多采取纵向整合、横向兼并的方式，由一种产品的生产转向多种产品的生产和销售。例如，戴姆勒—奔驰公司不仅生产轿车，在海外投资的过程中，其投资领域还扩展到卡车、航天产品，甚至电气设备、软件服务等行业。通过投资行业多元化，戴姆勒—奔驰公司不仅分散了经营风险，也提升了经营绩效。西门子公司成立之初虽然以生产通信设备和发电设备为主，但在第二次世界大战以后便开始拓展生产领域。例如，1972 年西门子公司在美国投资生产大功率汽轮发电机，1990 年在日本成立 Asahi 公司生产核磁共振成像系统，1991 年与 IBM 公司共同在法国投资建立存储芯片生产企业。多元化投资使西门子公司成为全球领先的电气公司。

（二）全球化布局策略

德国的跨国公司在国际化进程中，从一开始便采取全球化布局策略，在全球范围内投资建厂。例如，1984 年德国大众汽车与上海轿车厂成立合资公司，借助先发优势占据中国汽车行业的大部分份额。此外，大众汽车在全球有 68 家全资或合资公司，业务范围包括汽车研发、生产、租赁、金融服务等。通过实施全球化布局策略，德国的跨国公司增加了收益、规避了风险。目前，德国很多跨国公司在海外设有常驻代表机构，一旦投资机会成熟便通过并购或绿地投资方式进入海外市场。德国的跨国公司在全球化过程中往往选择部分国家作为重点，以点带面逐步拓展，从而形成全球化的网络体系。

（三）战略联盟策略

为壮大实力，德国很多跨国公司与其他国家的大型企业建立战略联盟。例如，1997 年德国汉莎航空公司与北欧航空公司、加拿大航空公司等大型企业共同组建“星空联盟”（Star Alliance），将航线网络、值机服务、票务及其他服务融为一体，为客户提供无缝转机的优质服务。德国制药巨头赛诺菲在全球拥有 5 个研发总部，覆盖欧洲、北美和亚太地区，并于 2014 年在中国上海成立亚太研发总部，旨在将创新药物引入亚太地区。2016 年，赛诺菲与 Jubilant Life Sciences 同印度的子公司 Jubilant Biosys 宣布组建战略联盟。根据协议，Jubilant Biosys 为赛诺菲提供合成化学、生物学、计算等方面的前期开发服务，相关项目主要在印度 Jubilant Biosys 进行，双方通过组建战略联盟，实现互惠互利。

（四）技术寻求策略

德国在开展对外直接投资的过程中，十分重视母公司与子公司之间的双向技术溢出，尤其重视对发达国家技术水平较高企业的跨国并购，以弥补自身在技术水平方面的不足。例如，1978 年拜耳公司收购了美国迈尔斯实验室，运用其研发实力开发出一种口服抗生素，使其在制药行业的地位得以巩固；作为汽车制造强国，德国高度重视对汽车产业的研发投入，努力提高核心竞争力，2007 年仅在德国汽车产业就投入 160 亿欧元，行业研发人员约 8.5 万人，拥有 3600 余项专利，这些都保障了德国汽车产业在全球的技术领先地位。除了加大国内研发力度外，德国各大汽车制造商也加快实施全球化战略，在全球布局汽车产业链；在国内核心企业进行高端技术研发、整车设计、质量控制等；在海外建厂进行简单生产或将生产环节外包，通过将研发任务转移给汽配企业；扎根市场、贴近用户，充分调动各地区的有利资源，提升技术水平和企业竞争力。

三、德国对外直接投资的启示

（一）创造良好的对外投资环境

对外直接投资对促进德国经济发展具有重要的作用。德国通过特有的对外经贸促进机制，为企业海外投资创造良好条件，并制定完善的法律、法规及相关制度，鼓励本国企业开拓海外市场。德国在1961年颁布了《对外经济法》和《对外经济条例》，有效促进对外投资便利化。除了敏感的企业和军工企业外，德国对境外投资一般无限制条件，且不论投资者类型、投资方式、投资国别，均一视同仁。即使是未建交国家，德国原则上也不阻止对其投资，但由于没有双边投资协定的保护，对这些国家或地区投资的风险较大。德国在对外投资实践中，形成以联邦经济部为主体，以联邦对外经济信息局、驻外使领馆、海外商会等官方机构与非官方组织为支撑的对外经贸促进机制。有关方面共同参与、分工协作，为实现和促进海外投资目标共同努力，实践证明这一对外经贸促进机制是行之有效的。其中，联邦经济部作为主管对外经贸的政府部门，在海外投资促进中发挥主导作用，规划制定了一揽子对外经贸促进措施，包括国际投资担保、出口咨询等。联邦经济部与联邦州政府、工商联合会、海外商会等70余家机构共同打造综合服务平台，为德国海外投资企业提供便利信息。

（二）实行境外投资者保护制度

企业海外投资可能遇到各种难以预测的风险，尤其是对政局不稳的国家进行投资，出现风险的可能性更大。德国为本国海外投资者因战争、动乱等产生的投资风险提供担保，担保期限一般为15年，特殊情况下为20年，担保期满可以延期，每次最多延期5年。德国联邦经济部《对外投资担保年度报告》公布的数据显示，2003—2007年，德国企业共提出807项担保申请，担保金额高达264亿欧元，联邦政府共承担527项担保，承担担保金170.43亿欧元。这种直接投资担保政策为保护德国企业对外直接投资，避免或减少境外投资风险起到重要作用。德国联邦经济部是负责对外经济事务的主管部门，代表政府与其他国家签订境外投资者保护协定，促进双边经济贸易发展。当德国企业的海外项目遇到困难时，联邦经济部可以为其提供贯穿全过程的项目援助，包括项目国际招标、项目执行、国外设备运转以及处理项目后期遗留问题等。另外，德国工商总会在全球建立110多个商会或代表处，对海外德资企业进行指导性管理，当出现矛盾或纠纷时，这些商会或代表处具有一定的斡旋能力。

（三）强化境外投资融资服务

德国通过投资发展公司、复兴信贷银行、技术合作公司等有关机构，为海外投资企业提供灵活、有效、形式多样的融资服务。德国投资发展公司主要通过参与资本投资，为中小企业向发展中国家和新型工业化国家投资提供资金支持，并为海外投资企业投资提供咨询服务。德国复兴信贷银行为德国中小企业的海外投资提供融资服务，同时为德国海外大型投资项目如交通、电力、通信等提供长期优惠贷款，这为德国海外投资项目的启动、生产规模的扩大提供了有力支持。德国技术合作公司是一家旨在促进德国与发展中国家进行经济技术合作的公司，隶属于德国经济合作部，为德国企业在发展中国家寻找良好的投资机会，必要时协助德国企业在东道国培养专业技术人才。

（四）完善境外投资信息服务

经过多年探索，德国形成一套官方和民间共同参与、相互协调、各有侧重且行之有效的对外直接投资信息服务体系。其中，德国联邦经济部与各州经济部提供对外直接投资政策方面的信息；驻外使领馆、海外商会、工商会代表处为海外投资者提供东道国在经济条件、税收政策、法律法规方面的信息；联邦对外经济信息局提供东道国市场方面的信息，并接受企业委托就某一投资领域开展专题调研。此外，还有其他促进境外投资的有关机构，为德国海外投资企业提供多种形式的信息咨询服务，使企业对外直接投资效益更高，投资更加安全可靠。

第二节　日本对外直接投资的经验和启示

第二次世界大战后，日本经历了较长时间的经济萧条，直到 20 世纪 50 年代末，日本经济才开始进入快速发展阶段。与此同时，对外投资得到日本政府的重视，其相继出台多项鼓励对外直接投资的政策，有力地促进了日本企业对外直接投资的快速发展。日本快速赶超德国、法国、英国，成为全球前 3 位的对外直接投资国。第二次世界大战后，日本的对外投资在不同时期具有鲜明的阶段性特征，本节将其分为五个阶段，以梳理日本对外投资的历程，总结其经验和启示。

一、日本对外直接投资发展历程

（一）初期阶段（20 世纪 50 至 60 年代）

第二次世界大战结束后，日本虽然逐渐恢复对外投资活动，但由于经济尚处于战后恢复阶段，对外投资规模较小。1951 年，日本对印度果阿邦铁矿进行投资，以满足国内对日益短缺的铁矿石的需求，这开启了日本第二次世界大战后的对外投资进程。在对外直接投资初期，日本投资的区域集中在邻近地区，且投资规模较小，1951—1962 年，日本的平均投资额不到 450 万美元。日本的对外投资领域集中在资源开发性产业以及劳动密集型产业，如对菲律宾、印度两国分别投资铜矿、铁矿石等资源。这一阶段，日本主要通过对外投资满足国内资源需求，以发展本国工业。

（二）平稳增长阶段（20 世纪 70 年代）

日本经过近 20 年的发展，经济得到快速恢复，1960—1970 年的平均经济增长率高达 11.3%，并在 1968 年国民生产总值超越德国，成为经济强国；同时积累大量资本，为随后对外直接投资奠定基础。数据显示，20 世纪 70 年代，日本对外直接投资持续增加，其中 1972 年和 1973 年的对外直接投资流量增速均超过 100%；投资范围持续扩张，在继续原有资源开发型投资的基础上，持续加大对商业、制造业的投资力度。日本这种相对分散的投资方式，能够减少与欧美国家的经贸摩擦，在保持自身市场份额的同时，进一步提高国际竞争力。从投资的地区分布来看，这一时期日本对北美的投资占比逐渐超过对亚洲地区的投资。

（三）急剧增长阶段（20 世纪 80 年代）

经过前期的经济发展与资本积累，日本对美国经济的依赖性逐渐降低，同时日本对外投资的快速发展也不断加大美日之间的经济摩擦。经过第一次石油危机和经济负增长，日本经济由高速增长转向低速增长，国内经济的发展模式急需转型。这一时期，日本对外投资进入急剧增长阶段。1985 年《广场协定》的签订，促使日元不断升值，日本国内资金不断流向国外，企业境外投资活动大幅度增加，各种收购、兼并活动络绎不绝。1980 年日本的对外直接投资额为 23.85 亿美元，1990 年的对外直接投资额增加到 507.75 亿美元。同时，日本对外投资存量由 1980 年的 196.12 亿美元增加到 1990 年的 2014.41 亿美元，其中 1990 年的对外直接投资存量占全球对外直接投资存量总额的 11.6%。这一阶段，日本对外投资具有多样化特点，企业投资遍布产品生产、技术研发、销售等众多领域，也有相当一部分资金流向房地产行业。经过多年发展，20 世纪 80 年代末，日本成为对外投资大国，对北美地区的投资进一步增加。

（四）深度调整阶段（20 世纪 90 年代至 21 世纪初）

20 世纪 90 年代初，日本“泡沫经济”破裂导致对外投资呈急剧下降趋势，虽然日本 1990 年的对外投资流量超过 500 亿美元，但到 1993 年急剧下降了 70%。此后日本的对外直接投资保持在较低水平，直到 2006 年才恢复到“泡沫经济”破裂前的水平。值得一提的是，日本在这个阶段虽然对外投资低迷，但是在投资时更加注重投资区域分布。日本逐渐加大对亚洲国家的投资力度，减少对欧美国家的投资，其间中国成为日本投资的主要国家。这一时期，日本的对外直接投资进入深度调整阶段。

（五）高位震荡阶段（2008 年至今）

从 2008 年开始，受国际金融危机的影响，日本的对外直接投资额持续下降，并于 2010 年降至 562.63 亿美元；随后日本受国内需求萎缩、出生率持续下降、人口老龄化加速等因素的影响，对外直接投资有所增加，尤其是自 2011 年以来，日本借助日元升值的机会积极开展海外并购活动。2013 年，日本对外直接投资总额恢复至金融危机前的水平。此后，新兴经济体、发展中国家不断加大对外投资力度，日本对外投资地位受到前所未有的挑战。截至 2017 年末，日本对外直接投资存量的全球占比为 4.96%，这与 20 世纪 90 年代日本对外投资最鼎盛时期的比重相比减少很多。就投资区域布局而言，日本持续加大对亚洲地区的投资，对欧美地区的投资比例有所下降。

二、日本对外直接投资的主要特征

（一）注重对外援助与对外直接投资的互动发展

对外援助作为日本改善与东道国外交关系，提升本国国家形象的一种方式，对日本企业顺利开展对外贸易、对外投资起到重要作用。近年来，日本不断加大对东南亚、非洲地区的投资，通过帮助这些国家或地区建设基础设施、民生工程，提高了东道国民众对日本投资企业的认可度，甚至取得东道国政府的政策优惠。1989 年至今，日本在全球的对外援助排名基本保持在前 5 位。但是近年来，面对新兴国家带来的发展压力，日本在对外援助过程中更加注重经济效益。

日本对外援助的地区集中度较高，东南亚是重点地区，其中对印度尼西亚、越南、菲律宾等的援助金额最多。近年来，日本对非洲地区的对外援助也不断增加。日本对外援助的形式主要有无偿援助、有偿援助及技术援助。援外初期，日本主要以无偿援助的方式对东道国进行基础设施建设，包括铁路建设、港口建设等。后来，由于经济不景气等原因，日本的援助方式逐渐转变为有偿援助，如对东道国实行低息贷款，以支持相应基础设施、民生工程建设。与此同时，日本的援助项目需要经过严格的审核评估，援助政策与方案评估由外务省负责，通过日本国际协力机构（Japan International Cooperation Agency，JICA）形成有效性评估报告，并向全社会公开，以求最大限度保证对外援助的质量和效益。实践证明，对外援助使日本的国际形象得到提升，东道国民众对日本的态度明显改善。

（二）不断完善政策性金融体系

日本不断完善政策性金融体系，以推动跨国公司对外直接投资的发展。与国内投资相比，跨国公司在开展对外投资时，在东道国融资渠道受到诸多限制。基于此，日本积极运用政策性金融工具，并取得较大成果。其中，日本输出银行、海外经济协力基金等都是在第二次世界大战后建立的政策性金融机构，二者都为满足日本企业在对外投资方面的资金需求提供帮助。

1995 年，日本输出银行、海外经济协力基金合并组建为日本国际协力银行（Japan Bank for International Cooperation，JBIC）。该银行作为政策性银行在日本对外投资中扮演着重要角色。日本政府为日本国际协力银行提供了充足的资金和稳定的融资渠道，除了政府拨款之外，该银行的资金还来自政府借款或发行债券等。日本国际协力银行的业务包括进出口信贷、海外投资信贷、对外国政府（机构）的信贷和担保等。该银行充分体现了“政府的银行”特点，如在亚洲金融危机期间，日本国际协力银行向泰国、马来西亚等受金融危机影响较大的国家提供无附加条件贷款，既稳定了这些国家的金融体系，也减轻了金融危机对日本经济的影响。随着日本经济由出口导向转向对外投资，日本国际协力银行的业务不断演变，既有出口信贷与对外援助，也包括支持海外投资，如通过向日本的跨国公司提供长期低息贷款，保证其对外直接投资活动的顺利开展。在实践过程中，该银行对海外投资的贷款包括两种方式：一种方式是直接贷款，将中小企业、海外战略资源项目及海外并购项目作为关注重点，解决日本对外投资企业融资难的问题，为其高效开展海外投资活动提供有力的帮助；另一种方式是企业通过与国际协力银行合作的东道国银行，或者日本银行在东道国的分行，获得相应贷款金额，其贷款对象不仅有日本对外投资企业、海外附属机构等，还有参与日企股权投资的合作伙伴。

（三）多措并举降低对外直接投资风险

企业在对外投资过程中会面临各类风险，因此建立完善的对外投资保险体系是非常必要的。为此，日本在1950年出台了《贸易保险法》，建立贸易保险制度；通产省专门建立海外投资保险部，负责海外投资保险制度及海外投资损失准备金制度的审批工作。日本企业如果在东道国遭遇战争、社会动乱等风险，海外投资保险制度将为其提供保险服务；如果在对发展中国家投资时遭受损失，海外投资损失准备金制度将为其提供补贴。随后，日本相继设立对外投资利润保险、海外矿物资源投资保险制度等。日本的对外投资保险以国家信用保险制度为基础，由国家财政作为理赔的后盾，保险内容较丰富，涉及战争险、不可抗力险、征用险、外汇险等诸多险种，自然人、法人在开展对外直接投资时均可以申请保险。不同种类保险的理赔金额虽各有差异，但整体十分可观。例如，在海外投资保险制度中，如果投资企业在东道国遭受战争、社会动乱等风险，那么补偿率可达95%；如果对外投资企业的海外投资伙伴遭遇破产，那么企业的补偿率可达损失总额的40%。通过施行这些切实有效的保险制度，企业开展对外投资面临的风险损失可以得到很大程度的减少。

为降低中小企业开展对外投资活动时的风险，日本政府出台多项措施。例如，精简行政审批程序、破解融资难题、提供情报信息服务等。为提高企业的对外投资效率，日本政府精简原来烦琐的、周期较长的审批程序。日本对外直接投资分为特许、事前申报、事后申报三类，对于多数对外投资而言，允许其先开展投资活动实行事后报告，这样大大提高了企业对外投资审批效率。在融资方面，大型企业由于实力较强、信用较好，因此融资渠道相对较多，但中小企业却面临融资难的现实问题。日本从政府担保和政策性金融两个方面破解中小企业的融资难题。一是由政府出资设立信用保证协会，为中小企业融资进行信用担保。日本颁布《中小企业基本法》《信用保证协会法》等法律、法规，各都道府县根据行政区划设立信用保证协会，不以营利为目的，通过为中小企业的债务进行担保，提高金融机构向中小企业发放信贷的积极性，以解决中小企业融资不足的问题。二是对中小企业开展政策性金融支持。如日本国际协力银行为中小企业设立专门的政策性金融支持项目；日本中小企业金融公库为中小企业开展对外投资活动提供低息贷款等。

中小企业“走出去”面临较高的投资风险，为减轻其对外投资压力，日本以中小企业厅为代表的政府机构出资成立一批中小企业服务机构，专门为开展境外投资的中小企业提供投资培训、法律援助、信息服务。另外，为促进日本企业对中国投资，在1990年成立日中投资促进机构，专门向企业提供中国投资环境信息，以提高中小企业的投资成功率。

三、日本对外直接投资的启示

（一）提高援外资金利用率

一是加强对外援助的顶层设计，进一步协调各援助部门建立更加全面、系统的对外援助框架，从而提高对外援助的系统性和有效性。二是对外援助应量力而行，绝不能不考虑经济利益，因此应当慎重选择投资项目。日本对外援助项目主要集中在铁路、桥梁、发电等基础设施建设方面，受援国需要购买日本的原材料、设备，既为日本企业开展项目承包提供机会，也有利于日本从发展中国家获取资源，这对中国对外直接投资与对外援助的相互协调提供了一定启示。三是改革援外资金的使用方式，扩大直接投资、优惠贷款的规模，适当减少无偿援助等，从而提高援外资金使用效率。四是对于对外援助项目要加强第三方评估。专业评估机构在前期项目选择、可行性论证、中期建设进度检查、后期项目效果评价等环节中发挥重要作用。加强专业机构在对外投资活动中的评估作用，能够显著地促进对外投资企业各种经营活动的顺利开展，提升中国在东道国民众心目中的形象。

（二）大力发展政策性金融

中国企业开展对外投资面临融资难题，国内金融企业“走出去”的速度远远满足不了对外直接投资企业的需求，很多中国对外投资企业在海外不具备较多的固定资产，难以通过当地金融机构进行融资；中国特定的金融市场体系也在一定程度上限制了对外投资企业利用国内资产“内保外贷”。中国可以借鉴日本在政策性金融方面的做法。一是继续大力推动金融体系市场化改革，有序推进资本项目可兑换，鼓励金融机构支持海外投资企业的融资业务，推动有竞争力的国内企业走出国门。二是借鉴日本国际协力银行的成功经验，进一步明确政策性金融机构的角色定位，充分发挥国家开发银行、中国进出口银行等政策性金融机构的作用，撬动商业银行对支持国内企业“走出去”的兴趣。三是形成分工合理、特色鲜明的金融机构“走出去”梯队，积极推动中国金融机构形成海外网络化布局，为境内外投资企业提供高效的融资服务。

（三）完善对外投资制度体系

日本在鼓励中小企业开展对外投资活动方面采取多种措施，不断完善对外投资制度体系，从而达到为中小企业保驾护航的目的，其相关措施对中国完善对外投资制度体系具有一定的借鉴意义。中国对外直接投资存在“重审批、轻管理”的问题，如多头审批管理、项目审批烦琐、缺乏有效监管等，出现境内资金外逃、国内企业在国际热点市场无序竞争的现象，因此对外投资管理体系有待进一步完善。自 2013 年起，中国深入推进“简政放权”，积极进行对外投资管理制度改革。2014 年，商务部发布的《境外投资管理办法》指出，除涉及敏感国家和地区、敏感行业需实行核准管理外，其余均实行备案管理。这极大地简化了境外投资核准范围，提升了国内企业境外投资的便利化水平。但是，当前国内企业的对外投资仍存在收益率较低、投资风险大、海外市场无序竞争等问题，因此应当继续完善对外投资管理制度改革，加强对“走出去”企业的管理，合理引导企业开展对外投资，做好对外投资长远规划，进一步提升企业的国际化经营管理能力。

（四）完善对外投资风险保障制度

开展对外投资面临各类风险，由于缺乏较为全面的对外投资风险控制体系，国内企业在对东道国开展投资活动时，常常由于信息不对称而遭受投资损失。因此，政府部门应该与行业协会、智库等密切沟通，对投资东道国进行系统性研究，深入了解各国的政治、经济、社会等各方面情况，为对外投资企业提供全面的信息服务，如通过开展国别投资产业指导目录、法律服务、风险识别等工作，使企业获得有关东道国法律法规、风俗习惯等关键信息，并在投资前引导、支持企业积极进行投资咨询、风险评估，以降低对外投资企业面临的潜在风险。2019年，商务部发布70个国家和地区的《对外投资合作国别（地区）指南》，这对企业开展对外直接投资起到积极的引导作用。

同时，中国需要建立完善的对外直接投资保险体系。目前，中国出口信用保险公司作为国内唯一的政策性保险机构，虽然涵盖的出口信用保险服务种类较齐全，但在对外投资领域的相关保险种类、规模及服务方面还无法满足中国对外投资企业的实际需求，因此海外投资保险体系还有很大的改进空间。

（五）对外投资与产业结构调整协调发展

日本在对外投资过程中遵循边际产业扩张理论，投资的重点领域从资源类产业到劳动力密集型产业，再到资本密集型产业和技术密集型产业，这样做不但为国内生产提供资源保障，也通过对外直接投资逐步推进国内经济转型、产业结构升级。另外，日本的技术寻求型对外直接投资成效显著，通过对欧美国家开展对外投资来吸收学习先进技术，再根据市场进行创新，获得了巨大成功。中国的对外直接投资可以借鉴此类经验，将对外投资重点与产业结构调整相结合。中国虽然劳动力资源充裕，但在东部地区劳动力密集型产业的优势地位正在被削弱，而在东南亚、拉美等地区，纺织、服装、电器等劳动密集型产业具有明显的比较优势，因此中国可以将劳动密集型产业转移至上述地区。尤其是中国与东盟地区邻近，经贸关系十分密切，该地区也是“21世纪海上丝绸之路”的重点区域，中国应充分挖掘东盟各国的投资潜力，这对促进“一带一路”建设具有重要意义。当前，中国企业国际竞争力显著提升，与发达国家跨国公司的技术差距明显缩小，通过向技术先进的国家开展投资，可以有效促进逆向技术溢出效应的充分发挥，提升国内企业的技术水平。

（六）以创新方式应对国际经济新形势

在借鉴经验的同时，中国也应当吸取日本对外直接投资的教训，并针对当前国际经济新形势，以创新方式解决对外直接投资过程中遇到的问题。20 世纪 80 年代是日本对外直接投资大规模扩张的时期，这一时期微电子技术取得重大进展，并迅速应用到电视机、电冰箱、洗衣机、照相机及汽车等产品的生产上，这些产品呈现自动化、轻型化、多样化的发展趋势，产品成本大幅降低，相关企业的国际竞争力显著提升，日本对欧美国家贸易顺差急剧增加。为避免日益严重的贸易摩擦，日本开始将此类产业转移至海外，此时正是国际经济一体化迅猛发展的时期，国际商品、劳务、资本流动规模和速度大幅提高，经济全球化客观上要求各国按照比较利益，在全球范围内安排生产、销售，以获得最大的经济收益，这为日本对外直接投资提供了良好的发展环境。但是，日本在对外直接投资时出现“并排式投资”现象，尤其在对美国的服务业、房地产等领域的投资上，出现“一窝蜂”式的投资，投资企业缺乏风险意识，盲目跟风或经营不善导致投资者蒙受巨大损失。例如，三菱土地公司并购美国洛克菲勒中心 80% 的股份，不仅没有获利，反而损失 880 亿日元。因此，中国在对外直接投资过程中应当避免出现此类“并排式投资”现象，要做好投资规划和引导，完善投资责任机制，提高投资风险意识。

当前，中国面对的国际经济形势更加复杂，国内企业在对外投资进程中面临“逆全球化”潮流及更加严苛的审批条件等挑战，因此中国需要创新投资方式以应对国际经济新形势。另外，很多“一带一路”沿线国家经济发展水平较低，营商环境和基础设施建设有待进一步完善，中国需要不断创新、优化同这些地区的经贸往来方式。

四、中国和日本对外投资发展阶段的相似之处

通过分析日本对外投资的发展阶段及特征可以发现，中国和日本在对外直接投资发展历程方面有许多相似之处。分析中、日两国对外投资发展历程的相似之处，对于借鉴日本对外投资经验、完善中国对外投资政策体系具有重要意义。

（一）经历从经济长期高速增长到成为对外投资大国的发展历程

由日本对外投资的阶段性特征可以看出，第二次世界大战后日本国内经济经历高速发展时期，同时日本的对外投资规模不断扩大。虽然《广场协议》给日本经济带来隐患，但这也促使日本国内很多企业去海外寻求投资机会，这在一定程度上推动了日本国内产业结构的优化升级。

20 世纪末，中国经济经历了 20 多年的快速增长，国内资本较为充裕，这与日本对外投资初始阶段至急剧增长阶段的发展过程相似。中国加入世界贸易组织（WTO）以来，参与全球化进程的速度进一步加快，同时国内部分企业开始大规模对外投资，人民币升值也推动了越来越多的企业“走出去”。2015 年，中国对外直接投资额高于外商直接投资额。商务部相关统计数据显示，2015—2017 年，中国连续 3 年双向直接投资项目呈资本净输出态势，其中 2017 年的资本净输出达 272.5 亿美元。由此可见，通过积极开展对外直接投资活动，中国已由原来的吸收外商直接投资国转变为对外直接投资国。

（二）对外投资在地区和行业分布上较为相似

第二次世界大战后，日本大力发展国际贸易，形成以出口为导向的发展模式。大量高附加值产品从日本出口至欧美国家，而外国产品进入日本

市场则受到严格限制。日本长期的贸易顺差引发欧美国家的不满，为了缓和贸易摩擦、规避贸易壁垒，日本开展大规模的对外直接投资。通过海外投资，日本为国内上游市场提供保障、缓解资源约束。20世纪70年代前，日本的对外投资主要集中在东南亚、南美等地区，目的是获取该地区的自然资源，比如能源、矿产等。80年代后，随着日本与欧美国家的贸易摩擦频发，日本开始直接在欧美地区进行投资，以规避贸易壁垒；而在生产成本更低的地区则开展生产经营活动，也可以有效利用第三国转口贸易规避贸易壁垒，促进日本对外贸易的健康发展。这一时期，大量日资企业进入美国并购美国的地产企业、服务业，推动了日本对外投资地区的均衡。当前，日本主要的对外直接投资地区包括欧美国家、中国、东南亚国家以及一些资源较充裕的国家，投资行业逐渐从制造业、资源产业向服务业转变。

中国对外投资的地区分布与日本类似。早期中国倾向于投资资源较充裕的地区，包括拉丁美洲、非洲等地区。随着中国产业结构的转型升级，制造业快速发展，为了降低企业用工成本，中国企业开始向东南亚地区进行投资。部分企业为了寻求新技术、拓展品牌等，开始向发达国家的企业进行投资；中国的对外投资行业也从资源类产业、制造业向服务业转变。当前，中国对服务业的投资额远远大于制造业、采矿业等。截至2017年末，中国以租赁和商务服务业为代表的现代服务业投资存量已达6157.7亿美元，占中国OFDI存量总额的34.1%。

（三）对外投资形式相似

中国和日本的对外投资形式开始均以绿地投资为主，由大型企业主导；后来逐渐演变为以并购为主、大中小企业均衡发展的状态。日本早期主要以绿地投资的方式投资东道国的资源开发类产业及制造业，这种投资方式的回报周期较长，适用于核心竞争力较强的大型企业。相关数据显示，1979—1986 年，日本的对外直接投资以绿地投资为主，跨国并购只占 23%。《广场协议》签订后，日元大幅升值导致日本资金外流的速度加快，大量企业在海外开展跨国并购。1986 年，并购在日本对外直接投资总量中的占比达 31%，1989 年占比上升到 55%。此外，20 世纪 90 年代后，日本对外投资的主体逐渐转变为中小企业。

中国早期开展对外投资的企业虽然也多采用绿地投资，但近年来，并购在企业对外投资中所占比重越来越大。2018 年《世界投资报告》公布的数据显示，2010—2017 年，中国跨国并购规模持续扩大，2018 年上半年实施 140 起跨国并购，交易总额达 261.1 亿美元。中国对外直接投资的主体最初是国有企业，其原因是国有企业资金充裕、风险承担能力较强，在对外直接投资中具有显著优势。随着中国进一步扩大对外开放，越来越多的非国有企业开始走出国门，积极参与对外投资活动，中国的对外直接投资主体日益多元化。最近十几年来，非国有企业在中国 OFDI 企业中的占比逐年稳步上升，国有企业的占比呈逐年下降的态势。2017 年，非国有企业的占比首次超过国有企业的占比，达到 50.9%。从投资主体来看，中国和日本的对外投资过程相似，均为先大型企业、后均衡发展。

第三节 韩国对外直接投资的经验和启示

韩国对外直接投资经历了一个逐渐调整的过程。经过 40 余年的发展，韩国涌现了现代、三星、LG 等一批国际知名跨国公司。从当前韩国对外直接投资的行业分布来看，制造业、批发零售业、商贸服务业占比超过

50%，这与中国的对外直接投资有许多相似之处，其投资经验和启示具有一定的借鉴意义。

一、韩国对外直接投资的发展历程

韩国的政治局势稳定后，凭借地理位置和劳动力优势，劳动力密集型产业取得较快发展。韩国抓住机会，大力引进外资并采取出口奖励政策，使外向型经济得到一定发展。但与其他发展中国家一样，韩国经济对发达国家的依赖性较强，难以摆脱在价值链低端环节徘徊的困境。韩国在纺织、服装等轻工业领域积累了丰富的经验后，虽陆续开展一些小规模的对外直接投资活动，但这些投资多以销售网点、经销商的形式存在，金额相对较少，商品出口仍是韩国企业国际化的主要途径。1968 年，韩国南方开发股份有限公司在印度尼西亚开展直接投资，生产胶合板原料，投资金额为 300 万美元。这是韩国第一笔真正意义上的、具有一定规模的对外直接投资。此后，韩国的对外直接投资经历起步阶段、快速发展阶段、转型发展阶段、稳定发展阶段。

（一）起步阶段（1968—1984 年）

由于经济实力相对较弱，相较于美国、日本等发达国家，韩国的对外直接投资起步较晚。以加入关贸总协定为契机，韩国在引进外资的同时，逐渐向其他国家输出资本和技术。随着国内劳动力成本的提高，韩国逐渐失去在服装、纺织等劳动力密集型产业上的比较优势，部分大型企业开始转移至劳动力成本更低的东南亚地区。但鉴于外汇储备有限、技术水平较低，韩国当时的对外直接投资表现出较强的区域和产业集中性，20 世纪 80 年代以前，韩国的对外直接投资以市场寻求和资源寻求动机为主。从资金流向来看，其市场寻求型对外直接投资主要将资金投向欧美国家和邻近的亚洲国家；资源寻求型对外直接投资和技术含量较低的传统制造业主要流向东南亚地区和中东地区。总体而言，韩国在这一阶段的对外直接投资金额较小，截至 1979 年底，累计对外直接投资额仅为 7700 万美元。

从 20 世纪 80 年代开始，韩国经济快速发展、工业化水平不断提高，其国内经济虽从以轻纺工业为主转向以重化工业为主，但由于国内资源和原材料供给相对有限，因此对资源进口的依赖性非常强，相当一部分出口创汇需要集中在原材料进口上，且原材料进口价格十分不稳定，一旦价格发生波动，其工业将受到较大影响。为缓解资源约束，韩国通过政策引导来推动企业对采矿业、石油天然气开采、木材等的海外投资，这在一定程度上保障了韩国经济发展过程中对资源能源的需求。但这一阶段韩国将资源开发作为投资的主要领域，对海外投资的金融支持政策也仅限于此类行业。

另外，随着贸易摩擦的增加，韩国政府放宽企业对海外投资的限制，加速企业对外直接投资的进程。这一阶段，石油价格飞涨导致以美国为首的西方发达国家的经济增速明显放缓，经济发展进入经济停滞和通货膨胀并存的时期。发达国家为保护本国工商业，纷纷提高关税或设置非关税壁垒，贸易保护主义重新抬头，这使韩国商品出口受到较大限制。此时，韩国经济对外依存度始终位于 60% 的高风险位置，尤其对美国的贸易依存度较高，这导致韩国与发达国家的贸易摩擦频发。为避开贸易壁垒，韩国采取迂回的方式，即在国外投资建厂，将对外贸易转化为直接投资。如拉丁美洲地区在向北美地区出口时享有一定优惠，因此拉丁美洲地区得到韩国跨国公司的投资青睐；澳大利亚、新西兰等享有与英联邦之间的贸易优惠，吸引了大量韩国企业前往这两国进行投资。

（二）快速发展阶段（1985—1996年）

这一阶段韩国的经济快速发展，1986年韩国的GDP增速达11.6%，贸易顺差达42亿美元，企业的国际竞争力显著提升。这一时期韩国的对外直接投资策略发生重大转变，从以往的资源寻求型、市场寻求型的对外直接投资逐渐过渡为技术寻求型、战略资产寻求型的对外直接投资。从产业分布来看，韩国从以往的以采矿业、能源业、农林牧渔业为主，转向制造业、采矿业、商务服务业并重。随着工业化进程的加快，韩国国内的资源约束越来越突出，20世纪80年代中期以后劳动力价格攀升，加之国内生产资料匮乏，资源寻求动机使韩国的对外直接投资开始向中东地区、拉丁美洲地区转移，对外投资领域主要集中于劳动力密集型产业。同时，技术和市场寻求动机推动韩国企业向欧美国家进行大规模的海外投资。从整体投资流向上看，这一时期韩国对欧美发达国家和亚洲地区的投资并重，对欧美发达国家以技术寻求型、市场寻求型对外直接投资为主，对亚洲地区投资的主要目的是产业转移和寻求廉价劳动力资源。1986—1996年，韩国对亚洲地区的投资迅速增长，逐渐超过对北美地区的投资。

由于对外直接投资使韩国企业的市场份额提高、产业结构优化，以及企业竞争能力提高，韩国政府对OFDI的管制政策进一步放松。1986年，韩国中小企业的对外直接投资仅有17笔，投资额占全部对外投资额的3.4%。但随着韩国企业竞争能力的提升，中小企业逐渐具备对外直接投资的实力，同时由于韩国国内劳动力成本的提高，韩元升值带来的压力，增加了中小企业向海外发展的需求。

（三）转型发展阶段（1997—2007年）

20世纪90年代，韩国开始实施更加积极的对外直接投资政策，使对外投资快速发展，1995 年的累计净额超过 100 亿美元。这一时期中国大力引进外资，韩国对中国的服装、纺织等劳动力密集型产业展开大规模投资。1997 年爆发的亚洲金融危机致使韩元急剧贬值，经济严重衰退。由于资金短缺，韩国的对外直接投资额从 1996 年的 45.25 亿美元下降至 1999 年的 33.85 亿美元，同时韩国的对外直接投资领域呈现多元化特征。亚洲金融危机使韩国政府发现金融监管方面的不足，因此在金融危机后，采取风险预防措施和资金管理制度，并赋予韩国进出口保险公司对海外投资企业担保的职责，以降低海外经营风险。韩国政府为跨国公司提供税收、融资、信息等方面的支持，在税收方面制定海外投资损失准备金制度，企业可以将总资本金额的 20% 作为损失准备金予以免税。在融资方面，韩国进出口银行等金融机构积极鼓励技术寻求型、资源寻求型的海外投资。受鼓励海外投资政策的影响，到 2000 年，韩国走出金融危机的阴影，对外直接投资迅速增至 52.45 亿美元。2000 年以后，韩国对外直接投资目的地逐渐稳定在欧美发达国家和距离较近的亚洲地区。从对外投资集中度来看，韩国对外直接投资前 10 位的国家占投资总额的 66.89%，集中度相对较高。韩国的对外直接投资在 2003 年前后再次开始活跃，这一阶段的投资自由化政策推动了企业对外直接投资的快速发展，韩国对外直接投资出现爆发式增长，2008 年投资金额达到 238.45 亿美元。从投资产业来看，这一阶段韩国的对外投资类型增加了商务服务业、通信业、咨询业等第三产业，且基本与制造业的比重持平。

（四）稳定发展阶段（2009 年至今）

2008 年国际金融危机爆发，国际经济下行趋势明显，韩国对外直接投资在波动中增长。虽然 2008 年国际金融危机使韩国的对外直接投资飞速增长势头放缓，但 2011 年韩国对外直接投资重新呈现增长态势。截至

2018年，韩国累计对外直接投资额达4536亿美元。从整体来看，韩国的海外投资虽然与发达国家相比在规模上存在差距，但增长趋势明显，经过发展，近年来韩国对外直接投资在高位波动。从投资流向来看，韩国的对外投资呈现显著的多元化特点，由于受欧债危机的影响，韩国流向欧洲的直接投资有所减少，对亚洲、北美等地区的投资稳步增加；从行业分布来看，制造业占比不断下降，第三产业占比显著上升。

二、韩国对外直接投资的基本特征

（一）不断向高附加值领域转变

从国际直接投资实践来看，发达国家的OFDI集中于金融业、商贸服务业、电子信息行业等高附加值行业，而发展中国家的OFDI以附加值较低的传统制造业为主。韩国在对外直接投资初期，投资领域主要是农林牧渔业、采矿业等，20世纪70年代因劳动力成本增加，使韩国劳动力密集型产业的比较优势被削弱，并开始将此类产业向东南亚地区转移；从20世纪80年代开始，受发达国家贸易保护政策的影响，韩国的制造业出口受限，开始将技术密集型产业作为国内的重点发展产业，而将资本密集型产业向外转移。例如，1987年韩国采矿业对外直接投资额为21.91亿美元，占当年对外直接投资总额的53.49%；此后一个阶段，为吸收国际先进技术并将其向国内转移，韩国向发达国家的新材料、半导体、电子计算机等高新技术领域投资，加速了产业结构优化升级的速度；2000年后，开始向商务服务业、通信业、咨询业等第三产业转变，对传统制造业的投资显著下降。可以看出，韩国的对外直接投资领域逐渐从资源密集型行业转向资本密集型行业，再到技术密集型行业，不断向高附加值行业转变。

（二）投资方式多元化

韩国的企业比较重视经营主导权，其早期的对外直接投资方式以独资为主。1995 年，韩国对欧美国家的投资中，独资占比 70%，即使在对外商独资限制严格的东南亚地区，韩国企业股权比重在 50%~100% 的投资也超过 77%。但是，这种对外直接投资模式也为韩国企业带来诸多隐患，如资金不足导致的负债经营、对当地市场状况的不适应等。为解决这些问题，韩国企业根据投资目的地、投资领域的不同，将对外直接投资方式变为多元化，以适应全球化竞争的需要。近年来，韩国跨国公司不仅并购了美国、日本的多家高新技术企业，获得被并购企业的先进技术、营销渠道、市场份额，还通过产业关联效应带动韩国国内企业技术水平的提高。此外，韩国通过战略联盟在技术水平较高的地区设立研发机构，实现研发水平的快速提升。

（三）投资主体为大型企业

20 世纪 80 年代以来，韩国经济快速发展，形成一批具有国际竞争力的大型企业，这些企业成为韩国对外直接投资的主要力量，并凭借较强的经济实力，在国际市场上与跨国公司展开竞争。例如，2019 年三星电子在《财富》杂志世界 500 强中居第 15 位，竞争优势明显。其通过在北京、纽约、伦敦、新加坡建立地区本部，在世界各地建立综合性生产基地，形成集“研发—生产—销售—服务”于一体的跨国公司。虽然近年来韩国对中小企业的支持力度有所加大，但大型企业在对外直接投资中的地位没有改变。

三、韩国对外直接投资的启示

（一）明确政府职责，把握干预力度

为实现韩国企业的国际化，韩国从20世纪70年代开始在金融、税收等方面制定相关政策，支持大型企业集团开展对外直接投资。通过韩国进出口银行、中小企业振兴公团等，韩国为海外投资提供政策性资金支持。此类资金数额大、期限长、利率低，在很大程度上推动了韩国对外投资进程。20世纪80年代，韩国进一步简化审批流程、放松对外投资限制，推动海外投资的便利化；在税收政策方面对海外投资者实行税收减免、海外投资损失准备金制度、海外纳税额减免等优惠制度。1981年，韩国银行下设海外投资事业审议委员会，负责对外直接投资的审批，适当放宽了对海外投资的审批；1987年进一步调整为500万美元以上的对外投资，需提交海外投资审议委员会审议，其他由主管行长直接审批即可。20世纪90年代，韩国从产业政策角度制定了一系列有利于对外投资的政策措施。韩国根据实际情况不断调整对外投资政策，积极推动企业开展对外投资，其政策实践对中国开展对外投资具有一定的借鉴意义。中国应当按照社会主义市场经济体制的要求和国际资本流动的一般规律，简化审批流程、缩短审批周期，为企业创造良好的政策条件；同时要严格审批条件，保证海外投资项目的经济效益，企业自主经营权需要以规范为前提，只批不管或批管脱节可能导致盲目投资，形成外汇资源和国有资产流失。因此，中国应当尽快出台对外投资法，为企业开展对外投资保驾护航，让中国企业更好地“走出去”、融入世界经济。

韩国政府在推动企业对外直接投资的过程中推出了一系列扶持政策。在对外直接投资初期，由于国内经济薄弱，韩国没有复制欧美发达国家鼓

励中小企业自由发展的模式，而是充分调动国内有限资源全力扶持大型企业，并指定三星、LG、现代等 13 家大型企业作为综合商社，为其提供融资政策、税收减免、信息情报等方面的支持。20 世纪 80 年代，韩国对外直接投资快速增长之前，大财团投资份额占据了同期对外投资总额的绝大部分；之后受金融危机、海外投资自由化政策等因素的影响，中小企业的投资份额虽然有所增加，但大财团投资所占比例仍保持在 60% 以上。政府干预是一把“双刃剑”，虽然对经济发展起到重要的推动作用，但这种干预行为也导致一系列问题，如企业盲目开展对外投资，企业、银行、政府关系过密导致出现政企不分、贪腐现象。因此，在政府干预的过程中，应当注重介入方法，把握干预力度，给予企业充分的自主权；应当明确政府职责，正确处理企业和市场的关系，政企分开、各司其职；应当鼓励企业创新，推动良性竞争，制定并严格执行各种质量标准、安全标准，规范产品市场，增强企业竞争力。

（二）打造良好的对外直接投资环境

海外投资需要企业适应新的投资环境，由于受政策、社会文化、经济等因素的影响，企业进行对外直接投资时存在较大的风险。为此，韩国政府积极与相关国家签订双边投资协定（Bilateral Investment Treaty，BIT）、包含投资条款的自由贸易协定（Free Trade Agreement，FTA）、避免双重征税协定（Avoidance of Double Taxation Agreements，DTAs）等，加入多边投资担保机构（Multilateral Investment Guarantee Agency，MIGA），完善对外投资信息平台等，以保障投资者权益，促进企业国际化进程。

双边投资协定是两国之间签订的以鼓励、保护、促进国际资本流动为目的，具有法律约束力的协定。东道国制度环境是影响海外投资者持续获取收益的关键因素，稳定、透明、公平、非歧视性的投资环境有利于东道国吸引外资，而动荡的投资环境将给投资者带来较大风险。随着经济全球化进程的不断深入，各国为了给对外投资企业提供法律保护，纷纷签订双边投资协定和自由贸易协定，从准入条件、投资待遇、争端解决办法等方面入手，做出明确的规定。韩国积极与其他国家开展贸易、投资合作，于20世纪90年代签订了50多个双边投资协定，目前已签订的双边投资协定近90个，从韩国投资者在投资国的国民待遇、最惠国待遇、投资纠纷解决途径等方面进行了明确规定，为企业开展对外投资提供有效的法律保护。另外，韩国建立完善的对外投资信息平台，通过韩国进出口银行、大韩贸易投资振兴公社、大韩商工会议所等金融机构，向投资者提供投资国政治经济环境、财政税收政策、外汇政策、投资风险等方面的信息。

当前，中国处于对外直接投资高速发展期，“一带一路”沿线国家逐渐成为中国对外直接投资的重要目的地。2013—2018年，中国企业对“一带一路”沿线国家的直接投资金额超过900亿美元。“一带一路”沿线国家多为新兴经济体和发展中国家，其制度水平、法制建设、社会文化差异较大，甚至有些国家政局动荡，需要政府采取有效措施，保障中国企业的海外利益。通过借鉴韩国对外直接投资的经验，中国应当加快与“一带一路”沿线国家签订经贸协定，从准入条件、投资待遇、争端解决途径等方面，对海外投资者的责任和权利进行明确规定，以规范的制度保护中国海外投资者的利益。

（三）提升对外直接投资企业的技术创新能力

韩国在发展外向型经济之初，通过引进国外的先进技术，虽有效地促进了国内技术的进步，但随着韩国企业竞争能力的提高及国际保护主义的不断增强，韩国很难通过直接引进的方式提高技术水平。因此，韩国开始注重技术寻求型对外直接投资，通过并购美国、日本、欧洲国家等的高新技术企业，获得相关产业的关键技术、生产能力、营销网络等，产生显著的逆向技术溢出效应，推动国内技术进步。例如，三星电子并购了美国AST虹志电脑公司、德国光学设备制造企业Rollei公司等企业，通过并购发达国家技术先进的企业，韩国公司获取自身不具备的先进技术、领先的生产设备、稀缺的科技人才，并带动国内整体技术水平提升，为韩国企业进一步提升国际竞争力打下坚实基础。

当不具备兼并收购条件时，韩国企业选择在国外设立研发机构，与东道国展开国际科技合作，或与发达国家的企业建立战略联盟，联合研发高新技术产品，这些不仅使企业降低了技术获取的成本和风险，还取得技术溢出效应。例如，韩国三星电子通过与日本东芝联合开发闪存芯片，在全球闪存领域占据领先地位，并保持至今。韩国现代汽车在成立之初，既与美国福特公司合作生产“哥蒂拉”牌轿车，又与日本三菱汽车部门开展技术合作，生产“小马”（Pony）牌汽车并远销海外，奠定了现代汽车在国际汽车市场上的地位。韩国企业通过在海外设立研发机构、聘请高级技术人才，将吸收的先进技术应用于国内生产，带动了国内高新技术产业的发展。韩国1998年制定的科技发展长远规划《2025年构想》提出，除了通过对外直接投资提升国内技术水平外，还要吸引其他国家的企业到韩国设立研发中心，展开更广泛的国际技术合作。可以看出，韩国在推动国内企业“走出去”的过程中，十分注重企业技术水平的提升。

（四）对外直接投资与产业结构调整相结合

韩国经济的快速发展得益于抓住发达国家产业转移的机遇，通过地理优势和劳动力优势取得经济发展。但由于劳动力成本上升、韩元升值、自然资源约束等因素，韩国进行产业结构调整，开始将服装、纺织等劳动力密集型产业转移至东南亚地区；随着中韩经贸关系的不断发展，韩国不仅向中国转移了一定数量的电子设备、服装纺织、机械制造等企业，还包括一些研发机构。经过多年发展，韩国形成以第三产业为主，以第一产业、第二产业为辅的产业结构，这对中国的对外直接投资产业选择具有一定的借鉴意义。

第四节 本章小结

本章对德国、日本、韩国的对外直接投资历程进行回顾，总结各国对外直接投资的阶段性特征、投资流向、投资产业等。整体来看，德国对外直接投资的主要发展策略包括多元发展策略、全球化布局策略、战略联盟策略、技术寻求策略等；日本对外直接投资的特点是注重对外援助与对外直接投资的互动发展、不断完善政策性金融体系、多措并举降低对外直接投资风险等；韩国对外直接投资的特点是不断向高附加值领域转变、投资方式多元化、投资主体为大型企业。通过对以上各国对外直接投资的历程及特征进行梳理，总结经验、吸取教训，有利于推动中国对外直接投资的健康发展。

第十一章 研究结论及对策建议

本书基于全球价值链视角，构建中国对“一带一路”沿线国家直接投资模式选择的理论模型，在此基础上使用上市公司数据，实证检验全球价值链地位对投资模式的影响，以及“一带一路”倡议背景下中国对外直接投资产生的投资绩效。本章主要对研究结论进行总结，并据此得出优化中国企业对“一带一路”沿线国家直接投资模式的启示。

第一节 研究结论

一、“一带一路”沿线国家投资机遇与风险并存

中国对“一带一路”沿线国家直接投资在面临新的发展机遇的同时，也存在很多不容忽视的严峻挑战。当前，不稳定因素持续存在，贸易保护主义等阻碍不同国家企业之间的交流与合作，而“一带一路”倡议是有效缓解上述状况的一剂良方。 自“一带一路”倡议提出以来，“一带一路”

沿线各国积极响应，主动参与的国家数量不断增加，中国也在这一过程中进一步融入全球化浪潮，对外直接投资持续增加，国际影响力显著提升。

但是，中国对外直接投资面临来自国际社会多个领域不稳定因素的阻力。面对地缘政治冲突、国际贸易争端日益加剧等国际背景，在对“一带一路”沿线国家直接投资的过程中，中国必须充分考虑投资风险及东道国营商环境的影响。“一带一路”沿线部分国家的政治、经济等环境，可能导致中国企业对这些国家进行直接投资时面临各种风险。其中，政治风险主要包括东道国政局动荡风险、主权信用风险、地缘政治风险、政府干预风险；经济风险主要包括宏观经济风险、汇率风险、投资结构风险；制度风险主要包括法律制度风险、征税制度风险、环境规制风险等。跨国公司在对外直接投资的过程中，需要对可能遇到的各种风险进行全方位的评估，采取措施规避风险，以取得预期收益，提升跨国公司竞争力。

二、全球价值链地位是影响企业对外直接投资模式的重要因素

企业选择合适的对外直接投资模式有利于企业经营绩效和竞争能力的提升。不仅东道国制度环境、文化环境、市场规则、经济发展程度与中国国内相比存在一定差异，而且对外直接投资企业的自身发展战略也具有一定的不确定性。为提高跨国公司海外经营绩效、保障合法投资收益，企业需要根据自身实际情况，明确发展定位，并结合东道国的客观条件，选择适合自身发展的对外直接投资模式。跨国公司的全球价值链地位全面反映了企业的竞争优势，而竞争优势是企业选择对外直接投资模式最重要的影响因素。企业在价值链的相应环节，利用已有资源或在价值链上获取新资源，改变或者塑造新的竞争优势，进而获得可持续发展。企业对外直接投资模式的选择是根据成本优势、差异化优势等，进行综合选择和决策的结

果。本书从全球价值链视角，建立“全球价值链地位—企业竞争优势—对外直接投资模式”的分析框架，从全球价值链的价值属性和结构属性分析价值链地位与企业竞争优势的关系，从成本优势和差异化优势方面研究竞争优势对 OFDI 模式的影响。

本书选取对外直接投资模式为因变量，对外直接投资企业的价值链位置指数和附加值指数为自变量，采用多元 Logit 模型，通过极大似然法对企业选择 OFDI 模式的概率进行估计，考察对外直接投资模式与企业价值链位置指数、附加值指数之间的关系。结果显示，全球价值链地位对中国企业对“一带一路”沿线国家直接投资模式的选择具有显著影响。附加值指数越高，企业越倾向于选择多元发展投资模式和市场渗透投资模式；附加值指数越低，企业越倾向于选择纵向整合投资模式和战略联盟投资模式；价值链位置指数越高，企业越倾向于选择市场渗透投资模式和纵向整合投资模式；价值链位置指数越低，企业越倾向于选择多元发展投资模式和战略联盟投资模式。

三、对“一带一路”沿线国家直接投资显著提升企业经营绩效

在全球经济增长动力不足、国际形势瞬息万变的背景下，OFDI 对企业绩效的影响关系跨国投资的质量和效率。不同的对外直接投资模式具有不同的协调成本，跨国公司也需要承担不同的风险、投入不同的资源，因此对外直接投资绩效具有差异性。本书基于组织学习理论、资源基础理论、制度理论等，从控制程度、规模经济、学习曲线等传导机制入手，系统梳理了对外直接投资模式对企业绩效的影响；基于中国上市公司微观数据，检验了 OFDI 模式对企业绩效的具体影响。结果显示，采用价值链投资模式的跨国公司，在对外直接投资过程中具有更高的主营业务收入增长

率。价值链投资模式可以在一定程度上降低企业的对外直接投资风险，使企业能够更快速地获得东道国消费者的认可，进而扩大企业市场占有率，促进主营业务收入增长率的提高。

采用多元发展投资模式、战略联盟投资模式，企业的总资产净利润率会有所增加。跨国公司在对“一带一路”沿线国家进行直接投资时，将近距离地接触东道国的技术、知识等，企业采用多元发展投资模式或战略联盟投资模式，通过母公司与子公司人力资本的双向流动，产生逆向技术溢出效应，进而促进全要素生产率的提高。同时，中国将不具有比较优势的产业或生产环节通过对外投资从国内分离，为具有比较优势的产业或者高技术环节提供足够的生产要素和发展空间，从而提高企业总资产净利润率。但市场渗透投资模式、纵向整合投资模式可以导致总资产净利润率的下降。其原因在于，采用市场渗透投资模式与纵向整合模式的企业，在对“一带一路”沿线国家开展直接投资活动时，着眼于企业长期发展战略，注重长期经营绩效，短期的利润率下降是为了企业的长远发展。同时，对“一带一路”沿线国家直接投资不仅要求企业在生产方式、技术水平、管理经验方面进行提升和改进，还面临文化差距等诸多问题，企业相关经验积累以及后期整合都需要时间，因而使企业短期总资产利润率下降。

同时，对“一带一路”沿线国家直接投资有助于企业创新能力的提高。当前，中国经济处于由高速增长向高质量增长转变的关键阶段，国内企业面临发展中国家低成本竞争和发达国家技术垄断两个方面的压力，而对外直接投资是优化资源配置、获取逆向技术溢出、提升企业国际竞争力的重要渠道。国际化给跨国公司提供了接触先进技术的机会，投资母国在技术水平较高且人力资本较为丰富时，能够有效吸收对外直接投资产生的逆向技术溢出效应。目前，中国在很多领域仍然扮演技术水平追赶者的角色，希望通过学习、模仿东道国的先进技术、管理经验来弥补自身研发实力的不足，实现技术创新突破。因此，对中国而言，通过对外直接投资获取先进技术，实现技术追赶，是非常重要的现实问题。

本书认为，不同的OFDI模式具有差异化的海外研发传导机制、研发成果反馈机制、研发费用分摊机制与外围研发剥离机制，这导致不同投资模式的技术创新效应产生差异性。基于上市公司数据的实证分析结果显示，市场渗透投资模式更注重市场寻求导向，通过获取、整合和运用市场信息，提高产品开发的速度及市场推广成功的概率。纵向整合投资模式能够有效强化与供应商之间的信息交流，以及随时掌握市场动态，充分把握产品创新的方向，并且有助于跨国公司从外部获取技术创新的重要知识，推动产品和服务的优化。战略联盟投资模式有助于促进跨国公司的知识积累、弥补知识欠缺，同时加深知识运用的广度和深度，有助于企业更好地理解和使用现有知识，更准确地把握市场需求，在新高度进行创新。多元发展投资模式有助于企业内部创新资源的整合，增加资源获取渠道，给跨国公司带来了获取新技术的机会，在外部技术合作中获得技术溢出的机会更多、范围更广，有利于企业对相关领域的知识进行多重组合，提高企业创新成功率。

四、对“一带一路”沿线国家进行直接投资有助于实现全球价值链升级

在全球价值链分工模式下，跨国公司可以在全球范围内优化资源配置，有利于提升企业的竞争力，带动国内产业结构的转型升级。但在发达国家主导的分工体系中，中国虽然已处于“世界工厂”的地位，但在价值链上的收益较低。在“一带一路”倡议背景下，构建以中国为主的全球价值链，实质上是后发国家如何从被动融入全球价值链到主动参与全

球资源整合和国际经贸规则制定的过程。以中国为主的全球价值链，要求中国企业在全球价值链中占据主导地位，而非被动嵌入，这通常需要企业在技术研发、品牌、营销等方面具有一定优势。近年来，中国企业一方面通过技术研发、品牌建设等途径不断实现转型升级；另一方面积极抓住机遇，通过跨国并购获得技术、品牌等战略性资源，构建自身主导的研发、生产、销售网络，并整合国内外资源，开始向全球价值链中高端环节攀升。

本书从模仿示范机制、并购适用技术企业机制、研发成果反馈机制以及市场竞争效应等方面，分析对发达国家进行直接投资对中国全球价值链升级的影响；从利润反馈机制、边际产业转移机制、研发费用分摊机制等方面，分析对发展中国家进行直接投资对中国全球价值链升级的影响。自“一带一路”倡议提出以来，中国与“一带一路”沿线国家不断加强政策沟通，投资便利化程度不断加深。“一带一路”沿线国家多为发展中国家，市场容量较大，且与中国产业的互补性较强，有较大的投资潜力。《推动共建丝绸之路经济带和21世纪海上丝绸之路的愿景与行动》等政策文件，为跨国公司向“一带一路”沿线国家进行直接投资提供了有力的政策支持。长远来看，持续开展对“一带一路”沿线国家直接投资，对国内外资源整合、产业结构升级、全球价值链升级等方面具有重要的推动作用。

第二节　对策建议

一、提升对“一带一路”沿线国家直接投资风险的防范能力

中国要做好顶层设计，完善国际投资磋商机制，加强与“一带一路”

沿线国家之间的政策沟通。同时应当加强产业引导，激发企业活力，优化对外直接投资环境，减少企业对“一带一路”沿线国家直接投资的后顾之忧。通过政治互访、项目洽谈会、博览会、展览会等形式，加强与“一带一路”沿线国家发展战略的对接，使投资项目与沿线国家的发展规划有机结合，不断扩大共识，建立互信关系，降低对外直接投资风险。

为减少投资不确定性，中国应当积极开展与“一带一路”沿线各国的文化交流、互遣留学生、科学研讨等活动，增进东道国对中国文化、中国企业的了解，使其充分认识到“一带一路”倡议能够创造合作共赢的局面；应尽快完善对外投资法律体系，既要立足国内经济安全和经济利益的基础，规范对外投资行为、避免无序竞争，提高国内企业的国际竞争力，又要与国际相关规定接轨，避免海外投资风险。

中国要进一步整合社会各方力量，针对企业的对外投资需求，为企业提供东道国投资项目信息、法律法规、行业状况、竞争环境等方面的动态信息，尽快搭建国际化、专业化、市场化的对外投资项目信息平台，为企业对外投资提供良好的保障服务；加强国别投资环境指导，完善对外投资风险识别及预警机制，提高“走出去”企业的风险应对能力。

中国的对外直接投资企业应当充分考虑东道国的现实需求和经济发展水平，严格遵守东道国的法律、法规，尊重东道国的风俗习惯，积极主动承担环境保护、慈善救助等方面的企业责任，与当地社会形成“利益共同体”，进而降低对外投资风险。

二、优化对“一带一路”沿线国家直接投资模式

在对“一带一路”沿线国家直接投资过程中，企业应有针对性地、有重点地开展国际投资合作。“一带一路”东临亚太经济区，西接欧洲经济

圈，中间腹地包括中亚、西亚、南亚等地区的新兴经济体。由于“一带一路”沿线国家的经济发展程度及其在全球价值链中的地位差异较大，各国国情也相对复杂，所以中国国内企业在对外直接投资前，必须对东道国的投资风险、投资效益以及可能产生的环境问题、社会问题作出合理的评估，进而选择合适的投资模式。

从全球价值链的角度来看，上游高附加值企业如新材料、生物制药等的技术研发能力较弱，与国际先进水平之间的差距明显，很难依靠技术上的优势在日益激烈的全球竞争中站稳脚跟。为此，中国企业在对“一带一路”沿线国家进行投资的过程中，可以同时对与企业现有产品相关联的多个领域进行布局，多元化生产经营，提升企业的国际竞争力。下游高附加值企业如营销服务类企业的竞争力有待进一步提高，应当采取市场渗透的方式对“一带一路”沿线国家投资，通过提高生产能力、拓宽销售渠道、降低生产成本等组合策略，实现市场份额的逐步扩张和投资规模的不断扩大。以简单零部件生产、加工组装为代表的国内传统制造企业，位于全球价值链下游且附加值较低，加之“一带一路”沿线国家投资环境较为复杂，此类企业应当向上游设计研发环节逐步延伸，整合优势资源，与相关企业合作，采取纵向整合投资模式。上游低附加值企业如钢铁、水泥等，出现产能过剩、产业链条短等问题，通过采用战略联盟投资模式，不仅可以关注本国企业的利益，还可以关注对东道国环境和社会的影响，以便实现互利共赢，平衡中国企业与东道国企业之间的利益诉求。

三、构建中国主导的全球价值链

在对“一带一路”沿线国家进行直接投资的过程中，企业应当充分挖掘跨国公司的竞争优势，向全球价值链的高端攀升。鼓励研发设计、新能源、人工智能等新兴产业开展对外投资，与发达国家企业高起点合作，实现经营管理理念现代化，使其更多地嵌入全球价值链中的高附加值环节。在积极融入发达国家主导的全球价值链的同时，需要构建以中国为主导的全球价值链。结合中国现有的产业优势和对外直接投资基础，以及中国重点发展的产业方向，发挥国内企业的比较优势，将这种优势与“一带一路”沿线国家的要素禀赋有机结合，延长产业链条，逐步推进对外直接投资从全球价值链低端向中高端攀升。本书的理论及实证结果显示，对“一带一路”沿线国家进行直接投资有利于企业经营绩效和创新绩效的提高。跨国公司应当在对外直接投资政策的指引下，通过创新投资模式，以合作共赢的资本流通机制为沟通纽带，充分释放投资潜力，逐步扩大对“一带一路”沿线国家直接投资规模。

各级政府应当完善对“一带一路”沿线国家直接投资的配套政策，优化对外直接投资的审批程序，加快企业“走出去”的步伐。当前，中国经济发展进入新常态，从高速发展向中高速发展转变，经济结构不断优化升级，生产方式由要素驱动转向创新驱动。在此背景下，中国对“一带一路”沿线国家进行直接投资有利于促进国内外优势资源的快速整合和国内产业结构的优化升级，突破国内经济面临的双重约束。“一带一路”沿线国家的资源和能源丰富，有利于国内充分利用好“两种资源”，以便缓解资源和能源缺口，化解能源消耗约束。当前，中国在钢铁、化工、建材等产业方面存在严重的产能过剩问题，而“一带一路”沿线国家多为发展中国家，其经济发展过程中急需此类产品，对“一带一路”沿线国家进行投资既有利于补齐沿线国家基础设施建设的短板，又能充分释放国内稀缺生产要素，达到互利共赢的目的。

四、提升跨国公司核心竞争力

跨国公司是对外直接投资的主体，要全面提升中国产业在全球价值链中的地位，必须不断提升国内企业的核心竞争力。通过打造国际知名品牌、抢占全球价值链中的高端环节，成为价值链治理的主导者。当前，中国科技创新不断取得新突破，研发设计分散化、外部化，开放式创新成为全球新趋势。因此，中国应当树立全球视野，利用外部优势建立海外研发中心，在国际产品研发网络中占有一席之地。利用逆向技术溢出效应，提升跨国公司的核心竞争力，在此基础上通过产业关联效应，提高上、下游企业的竞争优势。当前，中国国内企业对外直接投资以分散化的点式投资为主，各自为政，难以形成产业集聚优势。因此，应当更新投资理念，合理引导，推动上、下游产业形成一个整体“抱团出海”，进行关联式对外直接投资。

但是关联式对外直接投资绝非“全产业链”对外投资，也不能走“大而全”的道路，而是以龙头企业为引导，通过产业关联延长产业链条，提高国内企业的附加值。根据全球价值链分工原则，将部分环节、流程向海外拓展，利用关键节点先行带动地区资源整合的逐步扩大，取得更高收益。要根据中国企业竞争优势和“一带一路”沿线各国的产业特点，优化空间布局，提升各产业的空间集聚水平。中国在“一带一路”沿线国家建设的一批境外经贸合作区，累计投资超过 300 亿美元，目的就是整合优势资源，借助国内经济技术开发区的成功经验，将其打造成为海外资源整合的优势平台，为中国提升全球价值链地位提供重要渠道。

第三节 有待进一步研究的问题

全球价值链视角下的中国对外直接投资是一个系统性较强的研究方向，由于模型构建、数据收集等方面的局限，本书在一些方面还有待进一步地深入研究。

一、补充完善企业数据来源

本书使用上市公司数据库与商务部《境外投资企业（机构）名录》匹配后的数据进行研究，研究结论的普适性具有一定局限性。后续研究将补充完善非上市公司相关数据，以期得到更具价值的研究结论。

二、探讨“一带一路”倡议下中国对外直接投资产生的持续影响

本书仅从静态分析角度研究了不同的对外直接投资模式产生的经营绩效和创新绩效，但企业对外直接投资是一项长期战略，随着“一带一路”倡议的不断深化，动态评估对“一带一路”沿线国家直接投资的长期绩效具有十分重要的现实意义，这也是后续研究需要进一步深入之处。

参考文献

［1］白让让，谭诗羽．研发模式、纵向一体化与自主品牌导入期的创新绩效［J］．管理科学，2016，29（4）：70–79.

［2］曾颖颖．企业异质性视角下中国企业 FDI 模式选择的研究［D］．杭州：浙江工商大学，2013.

［3］陈菲琼，虞旭丹．企业对外直接投资对自主创新的反馈机制研究：以万向集团 OFDI 为例［J］．财贸经济，2009，30（3）：101–106+137.

［4］陈丽丽．国际投资模式与中国“走出去”企业绩效异质性：基于 KS 检验及分位数估计［J］．国际贸易问题，2015，41（7）：118–127.

［5］陈颂，卢晨．不同投资方式的 OFDI 逆向技术溢出效应研究［J］．国际商务（对外经济贸易大学学报），2017，41（6）：86–97.

［6］程时雄，刘丹．企业异质性、东道国特征与对外直接投资进入模式选择［J］．经济经纬，2018，35（4）：50–58.

［7］程衍生．影响中国对外直接投资区位选择因素研究［J］．华东经济管理，2019，33（5）：91–97.

［8］单春霞，仲伟周，张林鑫．中小板上市公司技术创新对企业绩效影响的实证研究：以企业成长性、员工受教育程度为调节变量［J］．经济问题，2017，39（10）：66–73.

［9］范红忠．有效需求规模假说、研发投入与国家自主创新能力［J］．经济研究，2007，53（3）：33–44.

［10］葛顺奇，罗伟．中国制造业企业对外直接投资和母公司竞争优势［J］．管理世界，2013，29（6）：28–42.

［11］耿紫珍，刘新梅，杨晨辉．战略导向、外部知识获取对组织创造力的影响［J］．南开管理评论，2012，15（4）：15–27.

［12］黄保东．中国企业对外直接投资动因和区位的国外研究述评［J］．经济社会体制比较，2010，26（2）：189–194.

［13］黄梅波，刘爱兰．中国对外援助中的经济动机和经济利益［J］．国际经济合作，2013，29（4）：62–67.

［14］黄梅波．中国对外援助机制：现状和趋势［J］．国际经济合作，2007，23（6）：4–11.

［15］黄涛，李甲．中国商业银行海外发展投资模式的决策研究：基于跨国并购与新建投资的实证分析［J］．国际金融研究，2010，27（10）：64–70.

［16］黄先海，金泽成，余林徽．出口、创新与企业加成率：基于要素密集度的考量［J］．世界经济，2018，41（5）：125–146.

［17］蒋冠宏，蒋殿春．绿地投资还是跨国并购：中国企业对外直接投资方式的选择［J］．世界经济，2017，40（7）：126–146.

［18］蒋冠宏，蒋殿春．中国企业对外直接投资的“出口效应”［J］．经济研究，2014，49（5）：160–173.

［19］金鹿．中国企业技术寻求型对外直接投资进入模式选择分析［J］．中国科技论坛，2018，34（8）：92–99.

［20］金晓梅，张幼文，赵瑞丽．行业要素结构与对外直接投资：来自中国工业企业的经验研究［J］．世界经济研究，2019，38（6）：109–123+136.

［21］阚放．推进中国在全球价值链分工中地位升级的路径研究［D］．沈阳：辽宁大学，2016.

［22］李国学．制度约束与对外直接投资模式［J］．国际经济评论，2013，21（1）：160–172.

［23］李杰，李捷瑜，黄先海．海外市场需求与跨国垂直并购：基于低端下游企业的视角［J］．经济研究，2011，46（5）：99–110.

［24］李婧，贺小刚，茆键．亲缘关系、创新能力与企业绩效［J］．南开管理评

论，2010，13（3）：117–124.

［25］李磊，郑昭阳 . 议中国对外直接投资是否为资源寻求型［J］. 国际贸易问题，2012，38（2）：146–157.

［26］李莉 . 东道国宏观因素对 FDI 进入方式的影响：基于面板数据的实证分析［J］. 经济与管理研究，2009，30（10）：61–66.

［27］李梅，余天骄 . 研发国际化是否促进了企业创新：基于中国信息技术企业的经验研究［J］. 管理世界，2016，32（11）：125–140.

［28］李平，徐登峰 . 独资还是合资：中国企业跨国直接投资进入模式的影响因素研究［J］. 经济管理，2010，32（5）：57–63.

［29］李卫宁，亢永，吕源 . 动态环境下 TMT 团队氛围、战略柔性与企业绩效关系研究［J］. 管理学报，2016，13（2）：195–202.

［30］林季红 . 跨国公司理论发展趋势探析：新新贸易理论与企业资源基础理论相互融合问题研究［J］. 中国经济问题，2008，51（6）：3–10.

［31］林丽 . 国际化模式、吸收能力与企业创新绩效关系研究［J］. 商业经济研究，2015，34（32）：105–108.

［32］林莎，雷井生，杨航 . 中国企业绿地投资与跨国并购的差异性研究：来自 223 家国内企业的经验分析［J］. 管理评论，2014，26（9）：139–148.

［33］刘斌，王杰，魏倩 . 对外直接投资与价值链参与：分工地位与升级模式［J］. 数量经济技术经济研究，2015，32（12）：39–56.

［34］刘仕国，吴海英，马涛，等 . 利用全球价值链促进产业升级［J］. 国际经济评论，2015，23（1）：64–84.

［35］刘卫东 .“一带一路”战略的科学内涵与科学问题［J］. 地理科学进展，2015，34（5）：538–544.

［36］刘晓宁 . 绿地投资还是跨国并购：中国企业 OFDI 模式选择研究［J］. 南方经济，2019，37（2）：69–85.

［37］刘岳平，付晓东 . 空间邻近、溢出效应对企业区位选择的影响［J］. 软科学，2018，32（4）：49–53.

［38］吕宁．技术寻求型对外直接投资的机理分析［J］．首都经济贸易大学学报，2015，17（3）：45–49.

［39］吕萍，郭晨曦．治理结构如何影响海外市场进入模式决策：基于中国上市公司对欧盟主要发达国家对外直接投资的数据［J］．财经研究，2015，41（3）：88–99.

［40］孟韬，周学仁．跨国并购、新建投资与经济增长［J］．财经问题研究，2010，32（4）：68–75.

［41］裴秋蕊，卢进勇．中国对外直接投资动机趋势变化研究：基于单边引力模型及面板数据的实证分析［J］．经济问题探索，2019，40（7）：111–121.

［42］彭澎，李佳熠．OFDI 与双边国家价值链地位的提升：基于“一带一路”沿线国家的实证研究［J］．产业经济研究，2018，17（6）：75–88.

［43］綦建红，杨丽．文化距离与中国企业 OFDI 的进入模式选择：基于大型企业的微观数据检验［J］．世界经济研究，2014，33（6）：55–61+88–89.

［44］邱丽萍，叶阿忠．对外直接投资的逆向技术溢出效应研究：基于半参数面板空间滞后模型［J］．软科学，2019，33（4）：29–33.

［45］汝毅，吕萍．绿地投资和跨国并购的绩效动态比较：基于制度理论和组织学习双重视角［J］．经济管理，2014，36（12）：146–156.

［46］沙文兵，李莹．OFDI 逆向技术溢出、知识管理与区域创新能力［J］．世界经济研究，2018，37（7）：80–94+136.

［47］沈坤荣，金刚．制度差异、“一带一路”倡议与中国大型对外投资：基于投资边际、模式与成败的三重视角［J］．经济理论与经济管理，2018（8）：20–33.

［48］舒成利，胡一飞，江旭．战略联盟中的双元学习、知识获取与创新绩效［J］．研究与发展管理，2015，27（6）：97–106.

［49］宋利芳，武晥．东道国风险、自然资源与国有企业对外直接投资［J］．国际贸易问题，2018，44（3）：149–162.

［50］苏丹妮，盛斌，邵朝对，等．全球价值链、本地化产业集聚与企业生产率的互动效应［J］．经济研究，2020，55（3）：100–115.

［51］孙华平，胡凌翔，杜运苏.中国企业 OFDI 影响因素及区位分异实证研究［J］.江苏大学学报（社会科学版），2018，20（5）：85-92.

［52］孙晓华，王昀.企业规模对生产率及其差异的影响：来自工业企业微观数据的实证研究［J］.中国工业经济，2014，31（5）：57-69.

［53］谭赛.对外直接投资、逆向技术溢出与中国创新能力：基于中国与“一带一路”沿线不同类型国家的实证分析［J］.湖南科技大学学报（社会科学版），2019，22（3）：60-66.

［54］田雅琼.中国企业对外直接投资宏观经济绩效的分析与评价［D］.天津：天津财经大学，2012.

［55］王保林，蒋建勋.新兴市场企业对外直接投资模式与企业创新绩效：内部研发是协同还是替代［J］.科学学与科学技术管理，2019，40（7）：61-74.

［56］王碧珺，王辉耀.中国制造业企业对外直接投资：模式、动机和挑战［M］// 黄益平，向帆，张永生.中国对外直接投资研究.北京：北京大学出版社，2013：132-150.

［57］王碧珺.被误读的官方数据：揭示真实的中国对外直接投资模式［J］.国际经济评论，2013，21（1）：61-74+5.

［58］王灏，孙谦.海外政治不确定性如何影响中国对外直接投资？［J］.上海经济研究，2018，35（6）：68-78.

［59］王杰，段瑞珍，孙学敏.对外直接投资与中国企业的全球价值链升级［J］.西安交通大学学报（社会科学版），2019，39（2）：43-50.

［60］王杰，段瑞珍，孙学敏.环境规制、产品质量与中国企业的全球价值链升级［J］.产业经济研究，2019，18（2）：64-75+101.

［61］王胜，田涛.中国对外直接投资区位选择的影响因素研究：基于国别差异的视角［J］.世界经济研究，2013，42（12）：60-66+86.

［62］王迎新.中国对外援助与外贸、对外投资的协调发展［J］.经济研究参考，2012，34（56）：56-64.

［63］吴航，陈劲.新兴经济国家企业国际化模式影响创新绩效机制：动态能

力理论视角［J］. 科学学研究，2014，32（8）：1262–1270.

［64］吴小节，谭晓霞，曾华 . 母国区域制度质量对民营企业海外市场进入模式的影响［J］. 管理科学，2018，31（4）：120–134.

［65］吴友，刘乃全 . 不同所有制企业创新的空间溢出效应［J］. 经济管理，2016（11）：45–59.

［66］肖慧敏，刘辉煌 . 中国企业对外直接投资的学习效应研究［J］. 财经研究，2014，40（4）：42–55.

［67］薛军，苏二豆 . 对外绿地投资与中国企业产能利用率研究：基于中国 A 股上市企业的实证分析［J］. 亚太经济，2019，36（3）：88–99+151–152.

［68］严兵，张禹，韩剑 . 企业异质性与对外直接投资：基于江苏省企业的检验［J］. 南开经济研究，2014，30（4）：50–63.

［69］阎大颖 . 中国企业对外直接投资的区位选择及其决定因素［J］. 国际贸易问题，2013，39（7）：128–135.

［70］阎大颖 . 中国企业国际直接投资模式选择的影响因素：对跨国并购与合资新建的实证分析［J］. 山西财经大学学报，2008，40（10）：24–33.

［71］杨连星，刘晓光，张杰 . 双边政治关系如何影响对外直接投资：基于二元边际和投资成败视角［J］. 中国工业经济，2016，33（11）：56–72.

［72］杨文龙，杜德斌，马亚华，等 ."一带一路"沿线国家贸易网络空间结构与邻近性［J］. 地理研究，2018，37（11）：2218–2235.

［73］叶广宇，海力皮提木·艾比卜拉 . 生产率差异与企业对外直接投资进入模式选择［J］. 运筹与管理，2019，28（5）：166–174.

［74］叶娇，赵云鹏，和珊 . 生产率、资本密集度对企业国际化模式选择决策的影响［J］. 统计研究，2018，35（1）：32–42.

［75］易靖韬，戴丽华 .FDI 进入模式、控制程度与企业绩效［J］. 管理评论，2017，29（6）：118–128.

［76］张宏，王建 . 中国对外直接投资与全球价值链升级［M］. 北京：中国人民大学出版社，2013.

［77］张辉．全球价值链动力机制与产业发展策略［J］．中国工业经济，2006，23（1）：40-48.

［78］张吉鹏，衣长军．东道国技术禀赋与中国企业 OFDI 区位选择：文化距离的调节作用［J］．工业技术经济，2014，33（4）：90-97.

［79］张述存．“一带一路”倡议下推进中国对外投资布局优化的对策［J］．经济研究参考，2017，39（30）：43-45.

［80］张树明，徐莉．中国企业 FDI 的海外进入模式及其投资绩效的实证研究［J］．山东大学学报（哲学社会科学版），2008，58（6）：130-136.

［81］赵伟，古广东，何元庆．外向 FDI 与中国技术进步：机理分析与尝试性实证［J］．管理世界，2006，22（7）：53-60.

［82］郑丹青．对外直接投资与全球价值链分工地位：来自中国微观企业的经验证据［J］．国际贸易问题，2019，45（8）：109-123.

［83］周茂，陆毅，陈丽丽．企业生产率与企业对外直接投资进入模式选择：来自中国企业的证据［J］．管理世界，2015，31（11）：70-86.

［84］周茂．中国企业生产率与海外投资进入模式选择关系研究［D］．成都：西南财经大学，2016.

［85］宗芳宇，路江涌，武常岐．双边投资协定、制度环境和企业对外直接投资区位选择［J］．经济研究，2012，47（5）：71-82.

［86］AGARWAL S，RAMASWAMI S N. Choice of foreign market entry mode：Impact of ownership，location and internalization factors［J］. Journal of international business studies，1992，23（1）：1-27.

［87］Al AZZAWI S. Innovation，productivity and foreign direct investment induced R&D spillovers［J］. The journal of international trade & economic development，2012，21（5）：615-653.

［88］ANAND J，DELIOS A. Absolute and relative resources as determinants of international acquisitions［J］. Strategic management journal，2010，23（2）：119-134.

［89］ANDERSON O. Internationalization and market entry mode：A review of theories and conceptual framework [J]. Management international review, 1997, 37 (2): 27–42.

[90] ANDERSON E, GATIGNON H. Modes of entry: A transactions cost analysis and proposition [J]. Journal of international business studies, 1986, 17 (3): 1–26.

[91] AULAKH P S, KOTABE M. Antecedents and performance implications of channel integration in foreign markets [J]. Journal of international business studies, 1997, 28 (1): 145–175.

[92] BAIR J, GEREFFI G. Local clusters in global chains: The causes and consequences of export dynamism in torreon' s blue jeans industry [J]. 2001, 29 (11): 1885–1903.

[93] BARNEY J B. Firm resource and sustained competitive advantage [J]. Journal of management, 1991, 17 (1): 99–120.

[94] BERTRAND M, KRAMARZ F, SCHOAR A, et al. Politicians, firms and the political business cycle: Evidence from france [R]. Working paper, university of Chicago, 2006.

[95] BEVAN A, ESTRIN S, MEYER K. Foreign investment location and institutional development in transition economies [J]. International business review, 2004, 13 (1): 43–64.

[96] BLOMSTRÖM M, KOKKO A, ZEJAN M. Foreign direct investment: Firm and host country strategies [M]. Macmillan, st. Martin' s press, 2000.

[97] BOEH K K, BEAMISH P W. Travel time and the liability of distance in foreign direct investment: location choice and entry mode [J]. Journal of international business studies, 2012, 43 (5): 525–535.

[98] BRACONIER H, EKHOLM K, MIDELFART K, et al. Locating foreign affiliates in germany: The case of swedish mnes [R]. Discussion paper series 26200, hamburg institute of international economics, 2001.

[99] BROUTHERS K D, HENNART J F. Boundaries of the firm: Insights from

international entry mode research [J]. Journal of management, 2007, 33 (3): 395–425.

[100] BROUTHERS K D. Institutional, Cultural and transactional costs on entry mode choice and performance[J] Journal of international business studies, 2002, 23(2): 357–381.

[101] BROUTHERS L E, BROUTHERS K D, WERNER S. Perceived environmental uncertainty, entry mode choice and satisfaction with EC - MNC performance [J]. British journal of management, 2000, 11 (3): 183–195.

[102] BRUSONI S, PRENCIPE A. Knowledge specialization, organizational coupling, and the boundaries of the firm: Why do firms know more than they make ? [J]. Administrative science quarterly, 2001, 46 (4): 597–621.

[103] BUCKLEY P J, CLEGG L J, CROSS A R, et al. The determinants of chinese outward foreign direct investment [J]. Journal of international business studies, 2007, 38: 499–518.

[104] CAPRON L, DUSSAUGE P, MITCHELL W. Resource redeployment following horizontal acquisitions [J]. Europe & North America, 1998, 19 (7): 1988–1992.

[105] CAVES R E. Multinational enterprise and economic analysis: The multinational enterprise as an economic organization [M]. Cambridge university press, 2007.

[106] CHAMBERLIN E. The theory of monopolistic competition [M]. Harvard university press, cambridge, ma, 1933.

[107] CHEN V Z, LI J, SHAPIRO D M. International reverse spillover effects on parent firms: Evidences from emerging–market mnes in developed markets [J]. European management journal, 2012, 30 (3): 204–218.

[108] CROZET M, TRIONFETTI F. Firm–Level comparative advantage [J]. Journal of international economics, 2013, 91 (2): 321–328.

[109]DAMODARAN A. Country risk and company exposur: Theory and practice[J]

Journal of applied finance, 2003 (10): 63-76.

[110] DEMIRBAG M, TATOGLU E. Competitive strategy choices of turkish manufacturing firms in European Union [J]. Journal of management development, 2008, 27 (7): 727-743.

[111] DIKOVA D, BROUTHERS K D. Establishment mode choice: Acquisition versus greenfield entry [J]. Journal of management studies, 2009, 47 (6): 1048-1071.

[112] DIKOVA D, VAN WITTELOOSTUIJN A. Foreign direct investment mode choice: Entry and establishment modes in transition economies [J]. Journal of international business studies, 2007, 38 (6), 1013-1033.

[113] DRIFFIELD N L, LOVE J H. Foreign direct investment, technology sourcing and reverse spillovers [J]. Manchester school, 2010, 71 (6): 659-672.

[114] DUNNING J H. LUNDAN S M. Institutions and the OLI paradigm of the multinational enterprise [J]. Asia pacific journal of management, 2008, 25 (4): 573-593.

[115] DUNNING J H. The globalization of business: The challenge of the 1990s [M]. Routledge London, 1993.

[116] DUNNING J H. Multinational enterprises and the globalization of capacity [J]. University of reading, 1990, 23 (1): 67-88.

[117] DUNNING J H. The international allocation of economic activity [M]. London: Macmillan, 1993.

[118] DUNNING J H. Trade, location of economic activity and the MNE a search for an eclectic approach [M]// In B. Ohlin, P.O. Hesselborn, P.M. Wijkman (eds) . The international allocation of economic activity: Proceedings of a nobel symposium held at Stockholm. London: Macmillan, 1977.

[119] DUNNING J H. Explaining the international direct investment position of countries: Towards a dynamic or development approach [J]. Weltwirtschaftliches archiv, 1981, 117 (1): 30-64.

[120] HELPMAN E, MELITZ M J, YEAPLE S R. Export versus FDI with

heterogenous Firms [J]. American economic review, 2004, 94 (1), 300–316,

[121] ERRAMILLI M K, DEV A C S. Choice between non–equity entry modes: An organizational capability perspective [J]. Journal of international business studies, 2002, 33 (2): 223–242.

[122] FAI F. The economics of choice, change and organisation: Essays in memory of Richard M. Cyert [J]. Journal of economic psychology, 2003, 24 (6): 789–794.

[123] FAMA E F. The behavior of stock–market prices [J]. Journal of business, 1965, 38: 34–105.

[124] GEREFFI G. The international competitiveness of Asian economies in the apparel commodity chain [J]. International journal of business & society, 2002.

[125] GEORGOPOULOS A, PREUSSE H G. Cross–border acquisitions vs. greenfield investment: A comparative performance analysis in Greece [J]. International business review, 2009, 18 (6): 592–605.

[126] GEREFFI G. Commodity chains and global capitalism [M]. Greenwood press, 1994.

[127] GEREFFI G. International trade and industrial upgrading in the apparel commodity chain [J]. Journal of international economics, 1999, 48 (1): 37–70.

[128] GEREFFI G. The organization of buyer–driven global commodity chains: How U.S. retailers shape overseas production networks [M]. Commodity chains and global capitalism, 1994.

[129] GEREFFI G, HUMPHREY J, STURGEON T. The governance of global value chains [J]. Review of international political economy, 2005, 12 (1): 78–104.

[130] GIULIANI E. Cluster absorptive capacitywhy do some clusters forge ahead and others lag behind [J]. European urban & regional studies, 2005, 12 (3): 269–288.

[131] GRANSTRAND O, PATEL P, PAVITT K. Multi–technology corporations: Why they have “distributed” rather than “distinctive core” competencies [J]. California management review, 1997, 39 (4): 8–25.